Jürgen Ritsert
Kurze Einleitung in die Sozialphilosophie

Gesellschaftsforschung und Kritik

Herausgegeben von
Albert Scherr | Stefan Müller

Die Reihe „Gesellschaftsforschung und Kritik“ bietet einen Ort für theoretische und empirische Analysen, die auf die Weiterentwicklung kritischer Gesellschaftsforschung zielen. Als grundlegendes Kennzeichen kritischer Gesellschaftsforschung gilt dabei das Interesse an der Frage, wie soziale Problematiken mit der Grundstruktur der Gegenwartsgesellschaft zusammenhängen. Die Reihe ist für Beiträge aus unterschiedlichen sozialwissenschaftlichen Theorietraditionen offen und steht für eine multiperspektivische Programmatik der Kritik.

Jürgen Ritsert

Kurze Einleitung in die Sozialphilosophie

Der Autor

Jürgen Ritsert, Dr. rer. pol., ist emeritierter Professor im FB Gesellschaftswissenschaften der J.W.-Goethe-Universität in Frankfurt/Main. Seine Arbeitsschwerpunkte sind Sozialphilosophie, Gesellschaftstheorie und Logik der Sozialwissenschaften.

Dieses Buch ist erhältlich als:
ISBN 978-3-7799-8275-3 Print
ISBN 978-3-7799-8276-0 E-Book (PDF)
ISBN 978-3-7799-8277-7 E-Book (ePub)

1. Auflage 2024

Herstellung: Myriam Frericks
Satz: le-tex, xerif
Druck und Bindung: Beltz Grafische Betriebe, Bad Langensalza
Beltz Grafische Betriebe ist ein klimaneutrales Unternehmen (ID 15985–2104-100)
Printed in Germany

Weitere Informationen zu unseren Autor:innen und Titeln finden Sie unter: www.beltz.de

Inhalt

Vorbemerkung

Diejenigen Fragestellungen und Antworten der Geisteswissenschaften, welche heute unter dem Begriff „Sozialphilosophie“ zusammengefasst werden, bilden – so wie etwa die Ontologie, die Erkenntnistheorie oder die Ethik – einen Teilbereich der Philosophie im Allgemeinen. Die Philosophie des Sozialen befasst sich mit Prinzipien menschlicher Vergesellschaftung und des gesellschaftlichen Wandels überhaupt. Gleichzeitig besteht ein Unterschied zu Fachwissenschaften wie die Soziologie, die Nationalökonomie, die Kulturwissenschaften etc., die sich ebenfalls mit den Erscheinungsformen und Problemen menschlicher Vergesellschaftung beschäftigen. Worin besteht die Differenz zwischen Philosophie und Fachwissenschaften? Mitunter wird die moderne Philosophie als Fachwissenschaft für das Allgemeine, für das Durchgängige, damit ihren besonderen Fragestellungen die Fächergrenzen überschreitende Denken verstanden. Dabei soll es „sich in der Philosophie um Dinge handeln, die wesentlich, für jeden Menschen wesentlich und die mit der Arbeitsteilung innerhalb der einzelnen Wissenschaften nicht erledigt werden können.“[1] „Wesentlich“ ist wahrscheinlich ähnlich wie „grundlegend“ als Ausdruck für eine Eigenschaft zu lesen, ohne die etwas nicht genau das wäre, was es ist. Was wäre der Hund ohne seinen Geruchssinn? In dieser Hinsicht geht es in der Sozialphilosophie um wesentliche Probleme des Mit- und Gegeneinanderlebens von Menschen, um Probleme, die eine *wesentliche* Bedeutung für ihre individuellen Lebenschancen sowie ihre kollektiven Existenzbedingungen haben und hatten. In diesem Sinne fallen sie ins Gewicht. Die Philosophie des Sozialen befasst sich überdies mit den Bedingungen der Möglichkeit, gesellschaftliche Gegebenheiten überhaupt begreifen sowie um grundsätzliche Möglichkeiten, damit praktisch umzugehen zu können oder nicht. Von daher kann umstandslos eine Brücke zur klassischen Idee der Sozialphilosophie als *philosophia practica universalis* geschlagen werden (s. u.). Diese unterlag und unterliegt selbstverständlich einigen Wandlungen aufgrund veränderter historischer Umstände sowie der Entwicklung der Philosophie überhaupt. Gleichwohl prägt eine bestimmte Deutung dieser überlieferten Idee die *Perspektive*, in der ich einige ausgewählte Themen der Sozialphilosophie als Beispiele erläutern möchte.

Kapitel 1
Philosophia practica universalis

Universelle praktische Philosophie

Systematische Befunde über das gesellige oder ungesellige Zusammenleben der Menschen in der Praxis ihrer jeweiligen Lebenswelt sind natürlich um Jahrtausende älter als Fachwissenschaften wie die Soziologie. Erfahrungen der Menschen mit ihren gesellschaftlichen Verhältnissen und Annahmen über deren mögliche Entwicklung schlagen sich schon in uralten Mythen nieder. Denn auf eine gewisse Weise steckt schon im ältesten Mythos immer auch ein Stück historischer Einsicht in das Verhältnis der Menschen zur Natur sowie in ihr Zusammenleben. „Der Mythos wollte berichten, nennen, den Ursprung sagen: damit aber darstellen, festhalten, erklären."[2] Darstellungen der Beziehungen zwischen Göttern und Geistern, ihrer Streitigkeiten und Intrigen, ihrer oftmaligen Unversöhnlichkeit trotz aller Opfer, welche Menschen ihnen darbieten, die Sagen über große Taten sagenhafter Helden, stellen allesamt Arten und Weisen dar, wie Sterbliche zu frühen geschichtlichen Zeiten ihre Erfahrungen bei der Auseinandersetzung mit der Natur und/oder mit der Praxis ihres Zusammenlebens verarbeitet haben.

Der Begriff der „Aufklärung" wird oftmals schon auf die ganz frühen Phasen der schrittweisen Ablösung der Philosophie vom Mythos bezogen. Max Weber (1864–1920) bezeichnet den geschichtlichen Grundzug des allgemeinen Aufklärungsprozesses als „Entzauberung der Welt" sowie als Vorgang der Entmythologisierung des menschlichen Wissens. Die griechische Antike gilt als ein besonders prägnantes Beispiel für diesen Prozess. Zwar durchziehen die Texte der griechischen Philosophie – auch die von Platon und Aristoteles – weiterhin Motive der klassischen Mythologie. Doch andererseits werden die Götter von den griechischen Naturphilosophen schrittweise z. B. durch Naturstoffe wie Feuer, Luft oder Wasser oder sogar – wie bei Demokrit (460/459- ca. 400) – durch Atome ersetzt. „Anaximenes erklärt die Luft für früher als das Wasser und durchaus für den Urgrund der einfachen Körper."[3] Aufklärungsprozesse erschüttern im Verlauf der Geschichte an verschiedenen Orten überlieferte Glaubens- und Wissensbestände immer wieder aufs Neue. „Die Mythologie selbst hat den endlosen Prozess der Aufklärung ins Spiel gesetzt, in dem mit unausweichlicher Notwendigkeit immer wieder jede bestimmte theoretische Ansicht der vernichtenden Kritik verfällt, nur ein Glauben zu sein, bis selbst noch die Begriffe des Geistes, der Wahrheit, ja der Aufklärung zum animistischen Zauber geworfen sind."[4] Doch meistens wird „Aufklärung" in einem spezielleren Sinn für jene Epoche des gesellschaftlichen und kulturellen Wandels ab dem 17. Jh. in Westeuropa verwendet, welche in Frankreich *les lumières* genannt wird. Gesellschaftliche „Aufklärung" bedeutet seit Francis Bacon (1561–1626) vor allem eine so weit wie möglich reichende Befreiung menschlichen Denkens und Wissens vom Aberglauben, vom Vorurteil und der Ideologie. An deren Stelle soll die (Natur-)Wissenschaft treten.

Das Wissen und die Philosophien über das menschliche Zusammenleben etwa im griechischen Stadtstaat oder in der römischen Republik werden zu den langen Zeiten vor der Entwicklung der modernen Wissenschaften natürlich noch nicht so säuberlich in arbeitsteilige Sparten und Subsparten eingeteilt, wie sie heutzutage mit Fächern wie Ökonomie, Jurisprudenz, Politikwissenschaft, Staatstheorie, Ethik, Psychologie, philosophische Anthropologie, Sprachwissenschaft etc. als Teilgebiete der Geisteswissenschaften vorzufinden sind. Antike Texte wie etwa Platons ‚Politeia' (seine Lehre vom Stadtstaat) berühren Motive aus all diesen Bereichen. Im Anschluss an den Sprachgebrauch von Christian Wolff (1679–1754) lassen sich derart umfassende Einsichten in das Leben und Zusammenleben von Menschen als *philosophia practica universalis*, d. h.: als allgemeine praktische Philosophie bezeichnen.[5] Auch Immanuel Kant benutzt diesen Ausdruck als Untertitel seiner Vorbegriffe zur ‚Metaphysik der Sitten'."[6] Die *philosophia practica universalis* verhandelt also noch mit aller Selbstverständlichkeit Themen und Thesen der politischen Philosophie in einem Zusammenhang, der heutzutage weitgehend nicht nur auf Fächer, sondern auch auf Spezialgebiete innerhalb der einzelnen Fächer ausdifferenziert ist. Auch wenn das inzwischen eine sehr strittige Position sein mag, hier wird jedoch davon ausgegangen, die Sozialphilosophie könne immer noch als *philosophia practica universalis* verstanden und weitergeführt werden – wenn auch nicht auf genau die klassische Art und Weise. Gleichwohl: Sie ist Philosophie, sie ist zugleich praktisch ausgerichtet und sie überschreitet bewusst und gezielt die Grenzen einschlägiger Disziplinen und Spezialgebiete, indem verschiedene von deren speziellen Motiven kritisch reflektiert werden. Dennoch ist sie selbst keineswegs dem Prinzip der wissenschaftlichen Arbeitsteilung enthoben. Es handelt sich um eine arbeitsteilige Überschreitung der Grenzen weit ausdifferenzierter Einzelwissenschaften und Spezialthemen. Die einzelnen Bestandteile des Wortes *philosophia practica universalis* lassen sich vielleicht so verstehen:

I: Philosophia

Die universelle Philosophie des Sozialen übernimmt selbstverständlich eine ganze Reihe ihrer Zielsetzungen von der Philosophie im Allgemeinen. Philosophie wird heutzutage oftmals als Metatheorie beschrieben und betrieben, d. h.: als Theorie *über* alltägliches und/oder wissenschaftliches Wissen und Handeln.

Themenbereiche der Philosophie.

a) Sie *problematisiert* vorliegende Wissensbestände und Handlungsziele, indem sie etwa danach fragt, ob bestimmte Annahmen tatsächlich so selbstverständlich, zutreffend und stimmig sind, wie sie den Beteiligten erscheinen.
b) Sie betreibt daher *Kritik*, indem sie Wissensbestände vor allem auf ihre logische Stichhaltigkeit und/oder ihre empirischen Bestätigungsmöglichkeiten hin überprüft. Sie wägt zudem denk- und machbare Alternativen zum scheinbar Selbstverständlichen des Denkens und Handelns gegeneinander ab. (Das sind allerdings Ansprüche, die heute auch Einzelwissenschaften mitunter an sich selbst stellen).
c) Sie begibt sich nicht zuletzt auf die Suche nach den allgemeinsten und tragfähigsten Prinzipien von Wissen und Aktion. Dementsprechend lehrt Aristoteles, die Philosophie müsse „die ersten Prinzipien und Ursachen" menschlicher Erkenntnis erforschen.[7]
d) Sie will dem ursprünglichen Wortsinn des griechischen Verbums *krinein* oder der Cartesianischen Forderung nach einer *clara et distincta ratio* entsprechend auf den Wegen von *Analyse und Kritik* so weit wie möglich für eindeutige und klare Unterscheidungen und Aussagen sorgen. Geklärt werden sollen nicht zuletzt sprachlich vage und/oder logisch unstimmige Aussagenzusammenhänge und/oder Begriffssysteme im Alltag und/oder den Wissenschaften.
e) Philosophie bemüht sich um die Mobilisierung *guter Gründe* für die Stichhaltigkeit stillschweigender Annahmen oder bewusst gemachter Voraussetzungen. Sie bemüht sich überdies um Klärung der Frage, was es überhaupt heißt, eine *Begründung* oder vorläufige *Bestätigung* (*corroboration*) von Annahmen oder Zielsetzungen zu liefern und welche Prinzipien unseres Denkens und Sprechens überhaupt den logischen und inhaltlichen Status wohlbegründeter und/oder bislang stichhaltiger Prinzipien einnehmen können. Dem liegt wiederum ein alter Anspruch an das Denken zugrunde: Es soll der *habitus asserta demonstrandi* eingenommen, also die Bereitschaft zur Begründung der eigenen Behauptungen erkennbar werden.
f) Ein besonders tragfähiger Begründungsversuch liegt beispielsweise vor, wenn sich zeigen lässt, dass die Bemühung, bestimmte Annahmen oder Begriffe zu negieren, diese beim Vollzug der Negation selbst in Anspruch nehmen muss (Das bedeutet den Nachweis eines sog. „performativen Selbstwiderspruchs").

Jede Philosophie des Sozialen hängt eng mit Grundvorstellungen von den Aufgaben der Philosophie in der jeweiligen Gegenwart zusammen. Einen besonderen Einfluss übt in unseren Tagen das sog. „Sprachparadigma" im Anschluss vor allem an die linguistische Philosophie von Ludwig Wittgenstein (1889–1951) aus. Philosophie versteht sich seitdem in vielen Fällen – vor allem in den angelsächsischen Ländern – als Sprachanalyse. „Die Ergebnisse der Philosophie sind die Entdeckung irgendeines schlichten Unsinns und Beulen, die sich der Verstand beim

Anrennen an die Grenze der Sprache geholt hat. Sie, die Beulen, lassen uns den Wert jener Entdeckung erkennen."[8] Damit ist es nach Wittgenstein für die Philosophie das Wichtigste, „Klarheit, Ordnung und Übersichtlichkeit" von Alltags- und/oder Wissenschaftssprachspielen anzustreben.[9] Philosophische Grundvorstellungen schlagen sich natürlich auch in den spezielleren Fragestellungen der „Wissenschaftstheorie" oder als „Logik" der Sozialwissenschaften nieder.

In der Soziologie als Fachwissenschaft, die an den Universitäten etabliert ist, finden sich in einigen Fällen weiterhin Motive der klassischen *philosophia practica universalis* wieder. Sie werden aber auch als Metaphysik, bloße Spekulation oder als Vermischung von Werturteilen mit Tatsachenaussagen zurückgewiesen. Wer in der Neuzeit das Wort „Soziologie" letztendlich in die Welt gesetzt hat, darüber gehen die Meinungen auseinander. Der Abbé E. J. Sieyès (1748–1836), ein einflussreicher Akteur während der Französischen Revolution, gilt ebenso als Kandidat wie der Frühsozialist Henry de Saint Simon (1760–1825). Am häufigsten wird jedoch sein Schüler Auguste Comte (1798–1857) genannt, dessen Traum in einer Angleichung der Soziologie an den Theorieaufbau sowie die Methoden in der Forschungspraxis in den Naturwissenschaften besteht. Unter dieser Voraussetzung müsste auch die Soziologie in der Lage sein, *„zu sehen, um vorauszusehen,* zu erforschen, was ist, um daraus auf Grund des allgemeinen Lehrsatzes von der Unwandelbarkeit der Naturgesetze das zu erschließen, was sein wird."[10] Durch diese Angleichung käme es zu einer *„Harmonie zwischen Wissenschaft und Technik, positiver Theorie und Praxis"*.[11] Dieses Programm ist beileibe nicht ausgelaufen. Denn an diese Tradition schließt sich das von einem (nicht unbedingt angemessenen) Verständnis von moderner Physik geleitete *szientistischen* Wissenschaftsverständnis an. *„Science"* wird ja in erster Linie als Naturwissenschaft übersetzt.[12] Die Kritik der Szientismus wirft z. B. die Frage auf, ob es überhaupt universelle, überall und jederzeit geltende Gesetze der Gesellschaft und der Geschichte gibt?

Aber vielleicht lässt sich ein gewisser Grad des Einverständnisses in der Zunft dahingehend feststellen, dass sich die *Philosophie des Sozialen* mit den allgemeinsten inhaltlichen Voraussetzungen sozialwissenschaftlicher Theorien, mit ihren sozialontologischen Hintergrundannahmen, Schlüsselmetaphern sowie mit den logischen und methodologischen Prinzipien der Geisteswissenschaften im Allgemeinen mit einzelnen gesellschaftswissenschaftlichen Diskursen der Gegenwart im Besonderen. Sie überprüft fachliche sozialwissenschaftliche Wissensbestände z. B. auf Konsistenz, Klarheit und Stichhaltigkeit. Aber auch das Alltagswissen über gesellschaftliche Phänomene und dessen alltagssprachlichen Ausdrucksformen werden zum Thema einer Philosophie des Sozialen. Es geht also nicht nur um Muster des *Nachdenkens* über die Gesellschaft und praktische Handlungsmuster und Handlungsmöglichkeiten im Alltag und/oder in den Wissenschaften. Auch *wirkliche* Strukturen, Prozesse in der Geschichte menschlicher Vergesellschaftung werden ihr zum Thema: Denn das Adjektiv *socius* bedeutet im Latein so viel wie „gemeinsam", „gesellschaftlich verbunden" oder „verbündet.“ Es geht um Gesellungen überhaupt sowie um ihre allgemeine Verfassung und ihre wesentlichen Merkmale. Konstitutive Annahmen dieser Art gibt es in Hülle und Fülle auch bei denjenigen, welche behaupten, sie nähmen als solide empirische Forscherinnen und Forscher überhaupt keine derartigen Annahmen in Anspruch. Die Sozialphilosophie als Grundlagenforschung wurzelt letztendlich in der bekannten anthropologischen Prämisse des Aristoteles, „dass der Staat zu den von Natur aus bestehenden Dingen gehört und dass der Mensch von Natur aus ein staatsbezogenes Lebewesen (*zoon politikon*) ist ...“[13] Dabei ist „Staat“ heutzutage natürlich nicht wie damals mit dem griechischen Stadtstaat gleichzusetzen, sondern – mit einer Veränderung – eher im Einklang mit den Vokabeln *societas* und *civitas* im Latein. „Societas“ bedeutet irgendeine historische Form des Zusammenlebens von Menschen. Das Adjektiv *socius* bedeutet demgemäß „verbunden“, „gemeinsam“, aber auch „verbunden“. *Civitas* lässt sich als ein Zusammenleben unter Regeln lesen; auch die überlieferten Regeln der Sitten und Gebräuche könnten damit gemeint sein. Meistens wird damit jedoch – wie schon in den frühesten Zivilisationen (neben den Geboten einer Religion) – das Zusammenleben unter Rechtsregeln gemeint. „Ein Staat (civitas) ist die Vereinigung einer Menge von Menschen unter Rechtsgesetzen.“[14] – „Der *Staat* ist die Gesellschaft von Menschen unter rechtlichen Verhältnissen ...“[15] Die Einheit von Staat und Gesellschaft bezeichnet Hegel mit Fug als „Staatsgesellschaft“.

II: Practica

Die ‚Kritik der praktischen Vernunft‘ Kants verhandelt in erster Linie Themen der Ethik. Seine Metaphysik der Sitten hat hingegen teilweise ganz handfeste Probleme der Alltagspraxis und des alltäglichen Umgehens der Menschen miteinander zum Thema. So werden etwa Tugenden und Untugenden beleuchtet. Es gibt z. B. einen Abschnitt „Vom Geize“.[16] Einen anderen über die „Selbstbetäubung durch Unmässigkeit im Gebrauch der Geniess- oder auch Nahrungsmittel“ usf.[17] Es geht also immer auch um „ganz praktische“, alltagsweltliche Probleme. Die moderne Sozialphilosophie beschäftigt sich ebenfalls mit einer Fülle von Normen, Regeln und Kriterien, welche dem Zusammenleben der Menschen in der jeweiligen geschichtlichen Praxis *tatsächlich* zugrunde liegen. Dazu gehören nicht zuletzt Untersuchungen historischer Erscheinungsformen der Sitten und des Rechts (Mitunter scheint die Sozialphilosophie sogar mit der Rechtsphilosophie gleichgesetzt zu werden). Auch die Schrift zur ‚Metaphysik der Sitten‘ Kants beginnt mit der Rechtslehre und dabei z. B. mit Fragen des Eigentums und des Besitzes. Zudem werden praktische Probleme des Wirtschaftens verhandelt. So wirft er beispielsweise die nur schwer zu beantwortende Frage auf: „Was ist Geld?“[18]. Der Begriff der „Praxis“ umgreift offensichtlich nicht nur bei ihm ein Spektrum, das von der Moralität ausgehend, über staats-, eigentums- und wirtschaftspolitischen Probleme bis in die Sphäre alltagsweltlicher Haltungen und Handlungen reicht. Allein von daher lässt sich mit Fug von einer „universellen praktischen Philosophie" reden.

Sozialphilosophische Grundlagentheorie befasst zudem mit Prinzipien und fundamentalen Antrieben menschlichen Handelns. In diesem Falle durchzieht die Geschichte des Nachdenkens nicht zuletzt die Motivationshypothese über das für das Leben grundlegende Prinzip der Selbsterhaltung (*principium sese conservare*). „Zunächst ist jeder Art von Lebewesen von der Natur gegeben, dass sie sich, ihr Leben und ihren Körper schützt, dem ausweicht, was schadenbringend scheint und alles, was zum Leben notwendig ist, sucht und beschafft."[19] Zu Beginn der europäischen Aufklärungsphase heißt es dementsprechend: „Mit allen Lebewesen, die im Besitz eines Empfindungsvermögens sind, hat der Mensch gemeinsam, dass er nichts so sehr liebt wie sich selbst und dass er mit allen Mitteln sich selbst zu erhalten bemüht ist."[20] Im Zusammenhang mit seiner Begründung der „Objektivität sozialwissenschaftlicher und sozialpolitischer Erkenntnis" betont Max Weber die „Zweckrationalität" als einen lebensnotwendigen Typus realer menschlicher Praxis sowie als historisch durchgängige Grundnorm menschlicher Handlungsorientierungen in der Lebenswelt. „Jede denkende Besinnung auf die letzten Elemente sinnvollen Handelns ist zunächst gebunden an die Kategorien ‚Zweck' und ‚Mittel'.[21] Zunächst! Denn es gibt über die instrumentelle Zweck-Mittel-Orientierungen und die ihre entsprechenden Aktionen hinausgehende Gesinnungen und Handlungen. Bei Kant beispielsweise seine berühmte „Zweckmäßigkeit ohne Zweck", deren Grundidee gerade darin besteht, etwas *nicht* für den eigenen Gebrauch nutzen zu wollen, sondern „frei" und mit Wohlgefallen betrachtend bestehen zu lassen. Auch die Behandlung anderer Subjekte als „Selbstzweck" bzw. „Zweck an sich selbst" weist einen anderen Charakter als die am Nutzenprinzip orientierte Instrumentalisierung der Gegenüber auf. Zweifellos stellen „Zweckrationalität" als Norm und zugleich als Prinzip der Praxis „instrumentellen Handelns" (Habermas), d. h. als möglichst erfolgreiche Zweck-Mittel-Koordination, historisch durchgängige (universelle) Bestimmungen dar. „Historisch durchgängig" bedeutet selbstverständlich nicht, dass eine so basale, an das Prinzip der Selbsterhaltung gekoppelte faktische Handlungsstrategie und handlungsorientierende Norm wie Zweckrationalität keinen vielfältigen geschichtlichen Variationen – nicht zuletzt aufgrund der geschichtlichen Heterogenität der jeweiligen Ziele und Mittel – unterliege. Die möglichst erfolgreiche Koordination von Mitteln und Zwecken stand jedoch von Anfang an im Interesse der menschlichen Praxis. Und die gelingende Koordination von Mitteln und Zwecken fördert den *Nutzen,* den das Individuum und Kollektive mit ihren instrumentellen Handlungen anstreben. Aber ist das Nutzenstreben das letzte Wort der *philosophia practica universalis?* Deontische Ethiken wie die von Aristoteles, Cicero und Kant verneinen diese Frage. So stellt die universelle praktische Philosophie der Neuzeit, wie sie insbesondere Wolff und Kant anstreben, mit ihrer Theorie der praktischen Vernunft nicht nur auf normative Prinzipien ab, die über je kulturspezifische „Werteaxiome" (Weber), hinausreichen, sondern keineswegs im Utilitarismus erfolgsorientierten Handelns aufgehen. Davon sind deontische Ethiken (Pflichtethiken) immer schon ausgegangen, wie dies z. B. den Schriften von M. T. Cicero (106–43 v.u.Z.) entnommen werden kann.[22] „Deontisch" stellt mal wieder ein Wort aus dem Griechischen dar. *Deon* bedeutet in dieser Sprache u. a. das Gebotene, das Sollen und die Pflicht. Bei Kant bildet die stets auch von den Chancen einer gesellschaftlichen Bestätigung des freien Willens und seiner Anerkennung in Interaktionen abhängige „Würde des Subjekts" (Menschenwürde) den Kern seiner Auffassung des „pflichtgemäßen Handelns." Die Würde des Subjekts *soll* anerkannt werden. Es handelt sich um ein inhaltliches *Gebot* der praktischen Vernunft, wobei die Verstöße gegen diese Basisnorm zu *Verboten* führen. (Es geht also um mehr als Übertreten empirisch geltender Regeln).

Mit Geboten, die in Sollenssätzen ausgesprochen werden, gerät die Sozialphilosophie jedoch mittenmang in die modernen Auseinandersetzungen über die Wertfreiheit sozialwissenschaftlicher Theoriebildung und Forschung. Wertfreiheit erscheint – meist unter Berufung auf Max Weber – als ein grundsätzliches Gebot wissenschaftlicher Praxis. Wertungen dürfen die Tatsachenforschung nicht beeinflussen. Aber das Postulat der Wertfreiheit hat es in sich. Denn auch in den als konsequent „wertfrei" erklärten Theorien und Forschungsansätzen wimmelt es nur so von „Wertideen" (Weber). Dabei handelt es sich nicht nur normative Erwartungen an die Einstellungen und Vorgehensweisen der forschenden *Subjekte*, sondern auch um Ansprüche an *objektive* Eigenschaften ihrer Theorien und Forschungsverfahren. *Theorien selbst* sowie methodische Schritte zu ihrer Überprüfung *sollen* Eigenschaften wie *widerspruchsfrei, schlüssig, objektiv, zutreffend, intersubjektiv überprüfbar etc.* aufweisen. Da keine Theorie auch nur ansatzweise das vollständig beschreiben, verstehen und erklären kann, was zum Untersuchungsgegenstand erhoben wurde, geschieht Theoriebildung zwangsläufig im Lichte von Perspektiven, die den Scheinwerfer der Erkenntnis (selektiv) auf *bestimmte* Seiten des interessierenden Geschehens ausrichten, Der „Untersuchungsgegenstand" wird im Anschluss daran in ausgewählten Untersuchungsdimensionen näher betrachtet. Wissenschaftliche Untersuchungen orientieren sich also an bestimmten *Relevanzkriterien* – und diese bedeuten normative Bestimmungen. Nur, wo kommen sie her? Es gibt verschiedene, teilweise höchst kontroverse Antworten auf diese Frage. Sie lassen sich in einem Spektrum zwischen zwei Eckpunkten abtragen. An dessen einen Ende steht die – wenn ich recht sehe – nirgendwo in wirklich vorbehaltloser Form vertretene These: Sie stammen aus nichts denn dem Kanon der professionellen Wertideen (Elfenbeinturmmodell). Ein jeder Einfluss „äußerer" Interessen und Wertideen verkehrt wissenschaftliches Wissen zwangsläufig zur Ideologie. Am anderen steht die These, dass „äußere" gesellschaftliche Probleme und Interessen sich bis in die innere Ordnung von Theorien hinein vermitteln, ohne dass dies mit Notwendigkeit zu einer Verkehrung des Gedankens führen müsste. Von besonderer Qualität ist die Auftragsforschung. Bei ihr besteht ein *direkter* Zusammenhang zwischen Theorie und praktischer Anwendung, aber zusammen mit einem moralischen Problem: Kann sich eine Forschungsgruppe unbekümmert ob der Ziele zeigen, welche die Auftraggeber vor Augen haben oder sollte ein Auftrag wegen des moralisch und politisch zweifelhaften Status der Absichten und Ziele abgelehnt werden?

Im Bereich der Positionen zwischen den beiden Polen des Spektrums gibt es ganz verschiedene Antworten auf die Frage nach dem Grad und der Art des Einflusses äußerer Faktoren auf die innere Ordnung wissenschaftlicher Aussagensysteme und Verfahren. Ein Argumentationsstrang bei Max Weber lässt sich m. E. so zusammenfassen: Wissenschaftlerinnen und Wissenschaftler einer bestimmten „Forschergemeinschaft" arbeiten in letzter Instanz unter einem gemeinsamen *Erkenntnisinteresse.* Es umgreift diejenigen Wertideen, welche über die Wahl des Untersuchungsgegenstandes sowie der relevanten Untersuchungsdimensionen entscheiden. Diese „Wertaxiome" stehen in einem inneren (inhaltlichen) Zusammenhang mit allgemeinen „Kulturwertideen", die in der gesellschaftlichen Realität im Umlauf sind! „Wenn wir von dem Historiker und Sozialforscher als elementare Voraussetzung verlangen, dass er Wichtiges von Unwichtigem unterscheiden könne, und dass er für diese Unterscheidung die erforderlichen ‚Gesichtspunkte' habe, so heißt das lediglich, dass er verstehen müsse, die Vorgänge der Wirklichkeit – bewusst oder unbewusst – auf universelle ‚Kulturwerte' zu beziehen und danach *die* Zusammenhänge herauszuheben, welche für uns bedeutsam sind."[23] Die wertfreie Forschung verfährt in diesem Sinne wertbezogen! Einen etwas anderen Akzent setzen diejenigen Ansätze, welche äußere gesellschaftliche *Probleme* als den grundlegenden Bezugspunkt wissenschaftlicher Praxis auszeichnen. „Die Erkenntnis beginnt nicht mit Wahrnehmungen oder Beobachtungen, sie beginnt mit *Problemen* ... Ernste praktische Probleme führen zum Nachdenken, zum Theoretisieren, und damit zu theoretischen Problemen ... Der Ausgangspunkt ist immer das Problem."[24] Dieser These stimmt sogar Poppers Kontrahent im Positivismusstreit, Theodor W. Adorno, zu. Der andere Eckpunkt des Spektrums lässt sich kaum besser zusammenfassen, als es David Bloor getan hat: „Die Behauptung ist nunmehr, dass soziale Prozesse in den Inhalt selbst, also in die Schlussfolgerung und die Kenntnisse der Wissenschaftler, Eingang finden."[25] Aussagen wie diese haben zum Pulverdampf der sog. ‚Science Wars' beigetragen. Sie scheinen auf den ersten Blick jenen breiten Konsens zu zerstören, der nach meiner Auffassung in der Tat den einwandsfesten Kern des Postulats der Wertfreiheit der Forschung bildet:[26]

1. Es gilt *Humes Theorem.* D.h.: David Hume hat bewiesen, dass sich aus wertfreien Aussagen (Tatsachenaussagen) keine Werturteile (Sollenssätze) logisch ableiten lassen – es denn, es werden Wertbegriffe in die Prämissen der Schlussfolgerung eingeschmuggelt. Daran ist nichts zu deuteln.

2. *Bacons Theorem* wird hingegen zu weit gefasst. Es ist nicht so wie bei ihm, dass der innere Zusammenhang von Theorien mit Interessen Denken grundsätzlich zur Ideologie verkehrt. Sonst wäre z. B. eine ebenso eindeutige wie verblüffende Aussage von Weber über das Verhältnis von ökonomischen Interessen und Kulturwertideen schlicht und einfach falsch: Die „Wucht" ökonomischer Motive und Interessen „erstreckt sich (oft unbewusst) auf alle Kulturgebiete ohne Ausnahme, bis in die feinsten Nuancierungen des ästhetischen und religiösen Empfindens hinein."[27] Es gibt also sogar für Weber den *inneren* Zusammenhang eines theoretischen Aussagensystems mit *äußeren* Problemen und Interessen.
3. So viel ist bei Bacons Theorem stichhaltig: Der innere Einfluss von äußeren *Herrschafts-* und *Manipulationsinteressen,* dieser Typus von Interessen verkehrt Wissen in Ideologie. Denn „Ideologie – ganz allgemein gesagt – ist *Sinn* (*meaning*) *im Dienste von Macht.*"[28]

III: Universalis

Universalis kann mit „allgemein" oder „allumfassend" übersetzt werden. Wenn es um den Geltungsbereich von ethischen und/oder politischen Prinzipien geht, so liest sich dieses Eigenschaftswort auch so: „In seinen Geltungsansprüchen nicht auf einen bestimmten Zeitabschnitt und eine bestimmte Region oder eine spezifische Personengruppe eingeschränkt." Damit wird für Rechtstheorien das durchgängige Problem von *Naturrecht* im Unterschied zu dem von geschichtlichen Instanzen in Kraft gesetzten Recht (*positives Recht*) aufgeworfen. „Das Polisrecht ist teils Natur-, teils (historisch gesatztes – J.R.) Gesetzesrecht. Das Naturrecht hat überall dieselbe Kraft der Geltung und ist unabhängig von Zustimmung oder Nicht-Zustimmung (der Menschen)."[29] Bei Hegel heißt es: „Dass das Naturrecht oder das philosophische Recht vom positiven verschieden ist, dies darein zu verkehren, dass sie einander entgegengesetzt und widerstreitend sind, wäre ein großes Missverständnis ..."[30] Naturrechtsprinzipien (wie Gerechtigkeit oder Gleichheit) eröffnen überhaupt erst die Möglichkeit, positives Recht zu kritisieren. Dem entspricht die Position des *Universalismus.* Die Gegenposition ist die des *Relativismus*: Alles Wissen, sämtliche Werte, Ziele und Maximen sind *relativ in Bezug auf x.* Das heißt z. B.: Ideen gelten nur „für uns" als x, nicht an sich. x stellt jedoch eine breit gefächerte Variable dar: Sie kann einen begrenzenten Raumabschnitt meinen, eine stimmte Kultur in ihrer Epoche, eine ganz bestimmte Klasse, Schicht, Gruppe oder Subkultur von Menschen. Oder es heißt, Kulturwertideen wurzelten grundsätzlich in der geschichtlich vergänglichen „Seinslage" (K. Mannheim) bzw. Interessenlage einer gesellschaftlichen Gruppierung. Das alles sind Beispiele für den *Kulturrelativismus.* Der *erkenntnistheoretische Relativismus* behauptet, dass es keine feststehenden Wahrheiten gibt, keine Aussagen, woran sich nichts deuteln lässt – von analytischen Sätzen wie 1+1 = 2 abgesehen. Nur in solchen Fällen beißt kein Nager einen Zwirn ab. „Wahrheit“ bedeutet nichts als den von Individuen und/oder Gruppen erhobenen Geltungsanspruch für ihre Behauptungen. Wahrheit ist gleich dem Führwahrhalten oder bestenfalls das Ergebnis einer diskursiv erreichten Übereinkunft in der Auffassung, dass etwas so und nicht anders ist. Der *politisch-ethische Relativismus* bestreitet, dass es universelle, für alle Menschen überall und jederzeit verbindliche ethische Maximen, Rechte und Pflichten wie die „Menschenwürde“ gibt. Sie seien allesamt „kulturrelativ“ oder in ihrem universellen Geltungsanspruch Ausdruck des Ethnozentrismus. Doch wie wenig sinnvoll es ist, das Verhältnis von Universalismus und Relativismus dogmatisch zu dichotomisieren, lässt sich wieder einmal anhand einiger Argumente von Max Weber andeuten: Am Ende seines „Objektivitätsaufsatzes“ findet sich die Aussage: „Das Licht der großen Kulturprobleme ist weiter gezogen. Dann rüstet sich auch die Wissenschaft, ihren Standort und ihren Begriffsapparat zu wechseln und aus der Höhe des Gedankens auf den Strom des Geschehens zu blicken.“[31] Diese Anmerkung steht in völligem Einklang mit Webers Konzept der *Wertbeziehung* der Forschung: Wenn die fundamentalen Wertideen sowie die „großen Kulturprobleme“ einer Kultur sich einschneidend verändern, dann hat dies für die damit ja zusammenhängenden („wertbezogenen“) Theorien einer Forschergemeinschaft ebenfalls umwälzende Folgen. Dann werden die tragenden Perspektiven („Höhe des Gedankens“) sowie der Begriffsapparat der Wissenschaft ebenfalls immanent und einschneidend verändert. Diese Thesen sehen auf den ersten Blick nach Kulturrelativismus aus. Aber Weber ist kein Kulturrelativist oder trotz aller Ausrichtung seiner Forschung auf die historische Eigenart bestimmter sozialer Phänomene kein Relativist oder Historist! Nicht nur, dass das Zweck-Mittel-Verhältnis für ihn von universeller Bedeutung für das Denken und Handeln der Menschheit ist, sondern er spricht auch von „Wertaxiomen“, „letzten Maßstäben“ oder „höchsten Idealen“, womit auch die Wissenschaften vermittelt sind. Sie könnten universell gedacht sein. Einmal angenommen, bei „Kulturproblemen“ handele es sich auch um wirkliche, nicht nur um überbauliche Probleme einer Kultur. Von da aus wird es möglich, reale und universelle *Problemsituationen* mit dem in Zusammenhang zu bringen, was Habermas „Gattungsinteressen“ nennt. Diese stehen bei ihm in einem inneren Zusammenhang mit bestimmten Wissenschaftstypen. So gelte für die „empirisch-analytischen“, auf erfahrungswissenschaftlichen Theorien basierenden Wissenschaften, dass sie „die Wirklichkeit unter dem leitenden Interesse an der möglichen informativen Sicherung und Erweiterung erfolgskontrollierten Handelns erschließen“[32] Nun schreibt Max Weber, ähnlich wie Popper und Adorno, an einer Stelle in der Tat: „nicht die ‚*sachlichen*‘ Zusammenhänge der ‚*Dinge*‘, sondern die *gedanklichen* Zusammenhänge der *Probleme* liegen den Arbeitsgebieten der Wissenschaften zugrunde.“[33] Dem möchte ich die Wendung geben, dass dem Leben, auch den Erkenntnisinteressen der Wissenschaften, in letzter

Instanz *universelle Systemprobleme* der Lebensführung zugrunde liegen. Marx hat jene drei Systemprobleme menschlicher Gesellschaft benannt, welche im Verlauf der Geschichte mit verschiedenen Graden des Erfolgs oder Misserfolgs sowie auf die verschiedensten Arten und Weisen bearbeitet wurden und weiterhin bearbeitet werden müssen:[34]

1. Das *Problem der materiellen Reproduktion* durch individuelle Arbeit und kollektive Produktion.
2. Das *Problem der sexuellen Reproduktion* im Geschlechter- und Generationenverhältnis.
3. Das *Problem der kulturellen Reproduktion* des Überbaus.

Keiner Gesellschaft ist es bis auf den heutigen Tag gelungen, diese Probleme zu „lösen", d. h. in Aufgaben zu verwandeln. Auch Weber setzt sich an verschiedenen Stellen mit genau dieser Problemlage auseinander. Aber was die von ihm sog. „Wertaxiome" bzw. „höchsten Ideale" angeht, steht seine Position im klaren Gegensatz zur klassischen *philosophia practica universalis.* Denn für ihn ist es so, „dass ... die höchsten Ideale, die uns am mächtigsten bewegen, für alle Zeit nur im Kampf mit anderen Idealen sich auswirken, die anderen ebenso heilig sind, wie uns die unseren."[35] Kulturwertideen sind demnach mannigfaltig, heterogen und meistens historisch variabel. Ihre Erscheinungsform und ihre Konsequenzen können von Erfahrungswissenschaften untersucht werden, ohne dass die jeweilige Forschungsgemeinschaft ihrerseits wertend dazu Stellung beziehen müsste. Im Gegenteil: „Die *Geltung* solcher Werte zu *beurteilen,* ist Sache des *Glaubens,* daneben *vielleicht* eine Aufgabe der spekulativen Betrachtung des Lebens und der Welt auf ihren Sinn hin, sicherlich aber *nicht* Gegenstand einer Erfahrungswissenschaft ..."[36] Wertaxiome sind nicht rational begründbar, sondern Gegenstand des Glaubens, der Entscheidung dafür oder dagegen sowie der Auseinandersetzung mit konkurrierenden Wertideen.

Demgegenüber vertritt die *philosophia practica universalis* eine entgegengesetzte Position. Denn die Gedanken über das Zusammenleben der Menschen zu den verschiedensten Zeiten und in den verschiedensten Kulturen belegen, dass es bestimmte Wertideen gibt, die durchgängig verhandelt, variiert, kritisiert, kurz transformiert, aber auch destruiert wurden. Abendländische Beispiele unter zahllosen anderen liefern Texte der griechischen Antike, die gesamte Geschichte des Naturrechtsdenkens oder die praktische Philosophie Kants und Hegels. Nach meiner Auffassung lassen sich der Tradition der *philosophia universalis* vier fundamentale Wertideen entnehmen, die mit einem Schlüsselproblem der Sozialphilosophie, d. h.: mit der Frage zusammenhängen, was eine *gerechte Gesellschaft* auszeichne. Die vier Wertideen lassen sich zum Beispiel leicht dem Kategorischen Imperativ von Kant entnehmen:

Dieser gebietet 1.) Anerkennung (Förderung und Unterstützung) des *freien Willens* anderer Personen. 2.) Das gilt in Bezug auf alle Subjekte *gleichermaßen,* solange diese ihre Freiheit der Willkür nicht dazu benutzen, andere Menschen zu instrumentalisieren und zu unterdrücken. 3.) Kant kommentiert zudem die drei berühmten Rechtsprinzipien des römischen Juristen Domitius Ulpianus (ermordet 228 n.u.Z.):[37]

- *Honeste vive.* Führe ein (rechtlich) ehrenhaftes Leben.
- *Neminem Laede.* Füge niemandem einen Schaden zu.
- *Suum cuique tribue.* Lass jedem das Seine (Lebensnotwendige?) zuteil werden.

Das dritte dieser Postulate lässt sich als ein Gebot der Verteilungs*gerechtigkeit* lesen. Gerecht verfasst wäre überdies eine Gesellschaft in dem Maße, wie sie sich Verhältnissen annähert, worin Anerkennungsverhältnisse freien Subjekten vorherrschen (Kant: „Reich der Zwecke). 4.) Und bei all dem geht es stets auch um die praktische *Vernunft. Gerechtigkeit, Freiheit, Gleichheit und Vernunft* lassen sich mithin als die zentralen Wertaxiome der verschiedensten Ansätze der *philosophia practica universalis* nachweisen. Sie können vielleicht kurz so umrissen werden:[38]

- *Ad Gerechtigkeit:* „Gerecht" stellt ein Prädikat mit vielfältiger Bedeutung dar. Z.B.: „Gerecht" ist die Aufteilung von etwas (wenn möglich) zu exakt gleichen Teilen. Es gibt die „Regelgerechtigkeit" des Vorgehens. „Gerecht" ist eine Zuteilung auch je nach dem Grad erbrachter Leistungen. Eine „faire" (auf eigene Vorteile durch Schädigung anderer verzichtende) Behandlung der Gegenüber ist gerecht. „Gerecht" ist das nach herrschaftsfreier Beratung erzielte Einverständnis über das weitere Vorgehen. „Gerecht" sind diejenigen Haltungen und Handlungen, welche die Würde (den freien) Willen anderer Subjekte achten, insoweit diese ebenfalls so gesonnen sind und dementsprechend vorgehen. „Gerecht" ist ein gesellschaftlicher Lebenszusammenhang in dem Maße, wie er dem durchgängigen Prinzip der Achtung der Würde des Subjekts nahekommt. „Gerecht" wären soziale Ordnungen, worin es keine unverdienten Vorteile, keine Ausbeutung, Manipulation und gewaltbereite Unterdrückung bestimmter Gruppierungen durch bestimmte andere gäbe. (Zu „kommutativer" und „distributiver" Gerechtigkeit s. u.)
- *Ad Gleichheit:* Aristoteles hat die bis auf den heutigen Tag gebräuchliche Unterscheidung zwischen *arithmetischer* und *geometrischer Gleichheit* vorgeschlagen. *Arithmetische Gleichheit* bedeutet die Aufteilung von begehrten Gütern – soweit dies technisch möglich ist – zu exakt gleichen Teilen (Tortengleichheit). Alle Menschen sind vor dem Gesetz gleich. *Geometrische Gleichheit* bedeutet die Vorteilung des begehrten Gutes je nach erworbenen Verdiensten (Meriten) – je nach erbrachter Leistung z. B.
  a) Die einfache (arithmetische) Gleichheit bedeutet die Voraussetzung von *kommutativer* (ausgleichender) *Gerechtigkeit*: Denn gerecht ist eine Verteilung zu genau gleichen Teilen.

b) *Distributive Gerechtigkeit* (Verteilungsgerechtigkeit): Die Verteilung je nach den erworbenen und allseits anerkannten Meriten gilt gemeinhin als gerecht. D. Rae hat eine weitere Einteilung des Gleichheitsprinzips vorgeschlagen:[39]
c) Individuenbezogene Gleichheit als *segmentäre Gleichheit.* Eine bestimmte Menge von Menschen wird in Teilmengen (Segmente) aufgeteilt. Zwischen den Segmenten kann Ungleichheit in den entscheidenden Merkmalen bestehen, innerhalb einer Teilmenge herrscht jedoch arithmetische Gleichheit. (s. Leistungslohngruppen).
d) *Blockbezogene Gleichheit:* Die Menge der Personen wird in mindestens zwei Blöcke eingeteilt. Die Blöcke sind gleich zu behandeln und zu entlohnen; innerhalb der Blöcke kann jedoch Ungleichheit etwa im Sinne der distributiven Gerechtigkeit herrschen. Frauen und Männer sollten den gleichen Lohn bei gleicher Leistung erhalten.

- *Ad Freiheit:* „Der Wille wird als ein Vermögen gedacht, *der Vorstellung gewisser Gesetze gemäß* sich selbst zu Handeln zu bestimmen."[40] Die Fähigkeit des Individuums zum selbstständigen Handeln macht es zugleich verantwortlich für sein Tun und dessen Folgen. Die Ellbogenfreiheit der hemdsärmelig Vorgehenden gehört zur Willkürfreiheit, die aber etwas anderes bedeutet als die „Freiheit der Willkür" bei Kant. Damit ist eher Wahlfreiheit bei den Strebungen des Subjekts angesichts eines Spektrums von Mitteln für die gesteckten Ziele gemeint. Derartige Überlegungen gehören zur langen Tradition des *Indeterminismus.* Beispielsweise Zoroaster (Zarathustra; ca. 1000 v.u.Z.) vertritt die Position, der Mensch könne sich frei zwischen Gut und Böse entscheiden. Die Lehren des *Determinismus* bilden in genau so langen Zeiten in den verschiedenen Kulturen den Gegenpol. In der Soziologie der Gegenwart und der jüngeren Vergangenheit ist er z. B. in der Form von Variationen der These zu vernehmen, „Freiheit" gehöre zu denjenigen Illusionen, welche die Gesellschaft den Individuen einpflanzt, damit sie umso besser im Getriebe funktionieren. Eine kleine Typologie der Standardauffassungen von „Freiheit" könnte so aussehen:
  a) *Spontaneität:* Das Subjekt kann bei Gelegenheiten *sua sponte,* von sich aus, freiwillig, aus eigenem Antrieb handeln
  b) *Wahl- und Entscheidungsfreiheit:* Es bestehen Optionen beim Streben nach den Zielen und Zwecken. D.h.: Den Akteuren und/oder den Beobachtern stehen verschiedene Mittel und Wege zur Verfügung, Ziele – unter den Bedingungen und Zwängen der Situation – zu erreichen. Spiel- und Entscheidungstheorien entwerfen (mathematische) Modelle zur Bestimmung der Struktur derartiger Wahlhandlungen.
  c) *Freiheitsspielräume:* Es geht um Strategien und Aktionen, die Menschen überhaupt erst die Möglichkeit eröffnen, eine Wahl unter alternativen Möglichkeiten zu treffen.

d) *Emanzipation:* „Der Mensch ist frei und überall liegt er in Ketten."[41] Mit diesen Worten beginnt die politisch folgenreiche Schrift von J. J. Rousseau über den Staatsvertrag (contrat social). Freiheit bedeutet Befreiung aus Gewaltverhältnissen, Freiheit von Unterdrückung und Ausbeutung.
e) *Autonomie* betrifft die Fähigkeit des Subjekts, etwas unabhängig von allen äußeren Einflüssen (Heteronomie) bewirken, beeinflussen oder vermeiden zu können. Der Wille ist in der Lage, sich selbst ein Gesetz (*nomos*) des Handelns (*auto nomos*) geben zu können.
f) Der *libertäre* Freiheitsbegriff stellt die staatliche Regulierung individueller Lebensäußerungen – so weit das irgend möglich ist – in Frage. „Der Markt wird's schon richten" –„Freie Fahrt für freie Bürger."

„*Autonomie* ist also der Grund der Würde der menschlichen und jeder vernünftigen Natur."[42] Der Hinweis auf „jede vernünftige Natur", auf jedes vernünftige Wesen, macht den engen Zusammenhang zwischen dem Freiheitsbegriff und Vernunftvorstellungen deutlich. So stehen Spiel- und Entscheidungstheorien in einem engen Zusammenhang mit Theorien rationaler Wahlhandlungen (*rational choice theories*). Wahlhandlunge sind jedoch nur unter Rahmenbedingungen (*conditions and constraints*) möglich. Der Vernunftbegriff steht offensichtlich in einem ebenso grundlegenden Zusammenhang mit den anderen drei Schlüsselbegriffen wie Gerechtigkeit und Gleichheit (Kap. 2).

Kapitel 2
Urteile über Vernunft und Unvernunft

Die göttliche Vernunft

In der Skizze der klassischen Idee der *philosophia practica universalis* im Kapitel 1 wurde von einer ganzen Reihe von Begriffen und Thesen Gebrauch gemacht, die gemeinhin Fälle menschlicher Vernunftäußerungen bezeichnen sollen: Schlüssigkeit, Begründbarkeit, Überprüfbarkeit, Prinzip, Allgemeingültigkeit, Handlungserfolg, Sittlichkeit u.am. Sie alle gelten als Erscheinungsformen „der Vernunft", welche die Gesinnungen und Handlungen bestimmter Personen, Kollektive sowie überindividueller Strukturen und Prozesse in einer Gesellschaft. Sie weisen jedoch zugleich auf Schwierigkeiten hin, welche Substantive wie „die Vernunft" oder „die Rationalität" bereiten. Es war lange Zeit in der Geschichte der Philosophie und der Religionen üblich, „die Vernunft" wie ein Subjekt zu behandeln und dieses Subjekt mit einem göttlichen Prinzip gleichzusetzen. „Im Hinblick auf die Vernunft aber erheben sich einige Schwierigkeiten. Denn sie scheint unter den Erscheinungen das Göttlichste zu sein; wie sie sich aber als derartige verhalte, das bietet einige Schwierigkeiten."[43] In der Tat! Bei Aristoteles bedeutetet der unbewegte Beweger (*proton kinoun akineton*), der sämtlichen Kausalketten (Bewegungen) in der Sinnenwelt den Anstoß gegeben hat, das oberste Prinzip des Weltgeschehens. Er wird als Gott jedoch durch nichts als durch sich selbst bestimmt, wobei das uneingeschränkte Sichselbstdenken den Charakter seiner Bewegung bestimmt. „Von einem derartigen Prinzip also hängt der Himmel ab und die Natur ... Das Denken an sich geht auf das, was an sich das Beste ist, und Denken im höchsten Sinne an sich auf das, was im höchsten Sinne das Beste an sich ist. Sich selbst denkt die Vernunft, indem sie an dem Gedachten Anteil hat." D.h.: Sie wird von keiner Gegenständlichkeit (Heteronomie) beeinflusst und bedeutet uneingeschränkte Selbstverwirklichung im Akt des Denkens und nicht bloß Potentialität (Möglichkeit) auf dem Weg zur Aktualisierung (Verwirklichung). „Wir sagen also, dass der Gott ein lebendiges, ewiges und bestes Wesen sei."[44] Und Gott ist *nous,* d.h.: göttliche Vernunft. Bei Hegel gelangt der absolute Geist am Ende eines langen Prozesses der Selbstvergewisserung zu der Einsicht, dass er es bei dem scheinbaren Anderssein, etwa der Natur, immer schon mit sich selbst zu tun hatte. Er vermittelt sich mit sich selbst und gelangt zum absoluten, von allem scheinbaren Anderssein und von äußeren Gegensätzen befreiten Wissen von sich selbst. Daher heißt es bei ihm: „Geist aber kann Gott nur heißen, insofern er als er *sich* in sich selbst *mit sich vermittelnd* gewusst wird. Nur so ist er *konkret,* lebendig und Geist; das *Wissen* von Gott als Geist enthält damit Vermittlung in sich."[45] Geist ist zugleich Ausdruck der obersten Vernunft, des absolut vernünftigen Denkens. Diese Erhebung „der Vernunft“ zu einem Übersubjekt, also ihre Personalisierung, bereitet natürlich jeder logischen Analyse des Vernunftbegriffs – im Angesicht der verschiedenen Prozesse zur Säkularisierung – in der Tat besondere Schwierigkeiten.

Vernunft, freie Wahl und Autonomie

Nach meiner Auffassung drängt es sich auf, einem Vorschlag von Sprachphilosophen zu folgen, irreführende Substantivierungen und Personalisierungen durch eine Prädikation zu ersetzen. Dementsprechend tritt eine Vernunftprädikation an die Stelle des Substantivs „die Vernunft“.[46] D.h.: Das überdies irreführend als homogen erscheinende Substantiv „die Vernunft“ wird in die logische Form einer elementaren Eigenschaftszuschreibung gebracht. Das Urteil lautet nun: Ein bestimmter Sachverhalt X ist rational oder nicht: X ε r (X ist rational) oder X ε r (X ist irrational). In der Schreibweise der modernen formalen Logik ist die Vernunftprädikation allerdings als Rx oder Rx zu fassen. Lies: Irgendein x weist die Eigenschaft R auf oder nicht. x und R bedeuten Variablen, so dass eine Vielzahl von Fällen und Eigenschaftsdimensionen an deren Stelle eingesetzt werden kann. Der Vorteil dieser Umformung des Substantivs besteht darin, dass die innere Inhomogenität des Vernunftbegriffs, also des Substantivs „die Rationalität“ deutlich wird. Sprachlich übliche Einsetzungsfälle an den Variablenstellen x und R sind:

a) *Einstellungen und Denkprozesse von Individuen:* Dann kann das Prädikat R Eigenschaften der Person wie: ist nachdenklich, argumentiert schlüssig, ist kenntnisreich, aggressionsfrei und kompromissbereit, ist erfahren, problembewusst, empathisch, klar und deutlich in ihren Aussagen (*clara et distincta ratio*), sachlich u. a. m. bedeuten.
b) *Handlungen von Individuen:* In diesem Fall werden individuellen Handlungen Rationalitätsprädikate wie: zweckrational, moralisch einwandfrei, hat und nennt gute Gründe für sein Tun, ist pflichtbewusst, geschickt, erfolgreich, zielorientiert u. a. m. zugeschrieben.
c) *Interaktionen zwischen Menschen:* Interaktionen zwischen Menschen bzw. Gruppenrelationen können natürlich ebenfalls den Eindruck hervorrufen, „vernünftig“ oder „unvernünftig“ zu sein. Dann werden Werturteile wie die folgenden möglich: Die Beziehungen zwischen den Einzelnen verlaufen in klar geregelten Bahnen bzw. reibungslos, es dominiert der Respekt voreinander; d. h.: es herrscht Achtung im Sinne der Würdigung von Sachverstand vor, aber darüber hinaus gibt es den Respekt auch als wechselseitige *Anerkennung* und Unterstützung des freien Willens der (aller) Subjekte (Kant), die Interaktionen sind normgetreu und gesetzeskonform u. a. m.

Die drei Dimensionen A, B + C können wegen ihres Bezugs auf die einzelnen Personen bzw. Subjekte als Erscheinungsformen der *subjektiven Vernunft* zusammengefasst werden. Aber Rationalitätsprädikationen haben darüber hinaus Institutionen und Organisationen oder gar ganze Gesellschaften zum Bezugspunkt. Als Fälle, die dann üblicherweise an den beiden Variablenstellen der Prädikation eingesetzt werden können, gelten dann etwa:

a) *Institutionen und Organisationen:* In der soziologischen Literatur wird der Begriff „Institution" oftmals gleichbedeutend mit dem der „Organisation" verwendet. Ich verstehe jedoch Institutionen in erster Linie als Verfahren innerhalb einer Organisation. Die Heirat stellt eine Institution innerhalb des Standesamtes dar. Organisationen stellen Zweckverbände dar. Sie sollen bestimmte Zwecke erfüllen und/oder der Bearbeitung von Bezugsproblemen zweckdienlich sein. Organisationen können also „rational" im Sinne von Zweckgerechtigkeit und Effizienz sein, sie sind leistungsfähig, sie entlasten die Individuen von der individuellen Problembearbeitung (A. Gehlen), einige sind darüber hinausgehend „reflexiv". D.h.: Sie unterstützen und fördern die Autonomie der Subjekte und damit eine ihrer eigenen Bestandsbedingungen als „vernünftige" Einrichtungen selbst. Strukturen der Totalität und allgemeine Prozesse gelten nicht zuletzt dann als „vernünftig", wenn sie die Lebensbedingungen der Individuen sichern und erweitern sowie die Bezugsprobleme, denen sie zugeordnet sind erfolgreich bearbeiten.
b) *Die Gesamtgesellschaft sowie Strukturen und Prozesse innerhalb der gesellschaftlichen Totalität* können ebenfalls zum Bezugspunkt von Rationalitätsprädikationen werden. So wird eine ganze Gesellschaftsformation oftmals als „vernünftig" oder „unvernünftig" qualifiziert. Gemeint ist damit meistens, dass die Grundordnung „gerecht" oder „ungerecht" ist, Freiheiten garantiert sind und soziale Ungleichheit minimiert wird. Eine rationale, weil „versöhnte Gesellschaft" (Adorno) wäre eine solche, worin die strukturelle und/oder die zurechenbare Repression der Individuen oder bestimmter Gruppen von Menschen innerhalb verdinglichter und entfremdeter Verhältnisse entschlossen vermindert wäre. Andere stellen sich heutzutage unter einer vernünftigen Gesellschaft eine Gesamtordnung menschlicher Beziehungen vor, worin „die Märkte" effiziente Beziehungen und Abläufe garantieren.

Die Dimensionen A-E eines allgemeinen Vernunftbegriffs machen die Mannigfaltigkeit der Fälle klar, die alltagssprachlich und/oder wissenschaftssprachlich an den Variablenstellen x und R eingesetzt werden können. Damit ergibt sich jedoch ein Anschlussproblem. Wieso handelt es sich um Merkmale ausgerechnet von Rationalität und nicht von irgendetwas anderem? Habermas spricht mit Fug vom Problem der „Einheit der Vernunft in der Vielfalt ihrer Stimmen."[47] Das eine jeweils bestimmte Menge von Beispielfällen unter den allgemeinen Vernunftbegriff fällt, lässt sich mit Hilfe von bekannten Typisierungen klarmachen. Ich beschränke einen derartigen Vorschlag auf drei Typen, wobei natürlich Typologien wie immer anders gewählt und weiter ausdifferenziert werden können.

1. Pragmatische Rationalität.
2. Zweckrationalität
3. Substantielle Vernunft.

Ad 1: Pragmatische Rationalität. „Ausgangspunkt aller Überlegungen zu sozialem Handeln ist die Tatsache, dass Menschen mit ihren Handlungen Probleme lösen bzw. ihre Lebenssituation verbessern wollen."[48] In Abwandlung der Überschrift einer Aufsatzsammlung von K. R. Popper lässt sich noch allgemeiner festhalten: „Alles Leben ist Problembearbeitung"; denn nicht einmal annähernd die Mehrzahl der Probleme lässt sich lösen.[49] Den Dreh- und Angelpunkt des Denkens und Handelns bilden damit Problemsituationen sowie Strategien der Problembearbeitung durch individuelle und kollektive Akteure. Das Problembewusstsein der Akteure kann die tatsächliche Verfassung der Problemsituation mit allen Konsequenzen verfehlen und insofern als irrational bewertet werden. Klarere und stimmigere Inhalte des Problembewusstseins sind für eine Verbesserung der Ergebnisse einer Problembearbeitung unerlässlich, wenn nicht gar das Problem in eine garantiert lösbare Aufgabe verwandelt wird. Probleme im Allgemeinen (Problemsituation + Problembewusstsein) bedeuten Hindernisse auf dem Weg zum Ziel. Die Annäherung an das angestrebte Ergebnis oder die Erreichung des Ziels besteht im Einsatz von verfügbaren (intellektuellen oder gegenständlichen) Mitteln unter den Rahmenbedingungen (und Optionen) der Situation. Insoweit wird die jeweilige Praxis von der Norm der Zweck-Mittel-Rationalität angeleitet. Problembearbeitung – stets vom Ideal der Problemlösung geleitet – bedeutet den Kern aller Praxis sowohl im Angesicht der zahllosen alltagsweltlichen Probleme, womit wir es Tag für Tag zu tun bekommen, als auch in den verschiedensten Wissenschaften. Erfolgreiche Problembearbeitung ist zweifellos von Nutzen für unsere Zielstrebungen in der Praxis. Aber wir streben nicht ständig nach einem Nutzenmaximum, damit die Nationalökonomen die Differentialrechnung bei der Konstruktion ihrer Modelle benutzen können. Es kann für uns durchaus zufriedenstellend sein, mit einem Problem halbwegs zurechtzukommen oder nicht davon erdrückt zu werden. Die Strategie des pragmatischen Vorgehens besteht darin, dass wir nicht geradlinig auf das Ziel hin steuern können, sondern auf den Weg der Versuche und der Irrtümer begeben müssen, der leicht in einer Sackgasse ausmünden kann. Zudem treten wir im Alltag nicht immer nur in der Charaktermaske des *homo oeconomicus* auf, der alles taktisch und strategisch abwägt, was es ihm an Nutzen bringen könnte, was es ihm an Vorteilen bringt oder an Nachteilen einträgt, wenn er x tut und y sein lässt. Insofern bewegt sich die pragmatische Rationalität in einem breiteren Bedeutungsfeld als der reine Typus der Zweckrationalität.

Ad 2: Zweckrationalität. Max Weber schwebt „bei der Rede vom sinnhaften Verhalten ein ganz spezifisches, nämlich das rationale, und zwar zweckrationales Verhalten als ‚Archetypos' des Handelns vor ..."[50] Dabei trifft er eine Unterscheidung zwischen subjektiver Zweckrationalität und objektiver Richtigkeitsrationalität.[51] Diese Gegenüberstellung impliziert die Differenzbestimmung zwischen Aktorstandpunkt und Beobachterstandpunkt. Subjektiv zweckrational handelt eine Person dann, wenn sie – ihre Bedürfnisse und Neigungen gegeben sowie im Rahmen ihres Wissens über die Situation, der darin für sie erkennbaren Optionen, schließlich angesichts der durch die Umstände auferlegten Einschränkungen und Zwänge – die ihr zugängigen Mittel in der Praxis einsetzt, weil deren Einsatz (bewusst oder unbewusst) eine Erreichung der angestrebten Ziele und Zwecksetzungen zu versprechen scheint. Erfolg oder Misserfolg wird sich herausstellen. „Objektive Richtigkeitsrationalität" hingegen wird von Schlaumeiern (Experten) reklamiert, die den Anspruch erheben, besser Bescheid zu wissen als die beobachteten Akteure. Vielleicht können sie sogar nachweisen, dass bestimmte Wissensinhalte und Strategien auf jeden Fall zu einem besseren Ergebnis führen als die Bemühungen der beobachteten Menschen. „Objektive Richtigkeitsrationalität" bedeutet also ein optimiertes zweckrationales Handeln. Beide, Akteure und Beobachter, können sich bei ihrem Vorgehen von einem sog. „praktischen Syllogismus" leiten lassen.

Es gibt eine Fülle von Typologien zur Unterscheidung verschiedener Muster von Rationalität und Irrationalität. Kant spricht von „Imperativen", das sind Gebote rationalen Vorgehens. Zunächst unterscheidet er hypothetische Imperative vom kategorischen Imperativ (s. u.). Hypothetische Imperative weisen eine ähnliche Struktur wie der praktische Syllogismus auf: Unter der Voraussetzung (Hypothese), dass Du Z willst usf. „Alle Imperativen nun gebieten entweder hypothetisch, oder kategorisch. Jene stellen die praktische Notwendigkeit einer möglichen Handlung als Mittel zu etwas anderem, was man will (oder doch möglich ist, dass man es wolle) zu gelangen. Der kategorische Imperativ würde der sein, welcher eine Handlung als für sich selbst, ohne Beziehung auf einen anderen Zweck, als objektiv notwendig vorstellte."[52] Die hypothetischen Imperative wiederum teilt er in Imperative der Geschicklichkeit und Imperative der Klugheit ein. Die ersteren bedeuten Geschicklichkeit beim zweckrationalen (effizienten) Gebrauch von Mitteln zu den verschiedensten Zwecken – etwa im Kontext von Arbeit. Die Imperative der Klugheit umfassen die strategischen und/oder taktischen Umgangsformen mit anderen Personen, die gleichsam als Mittel für die eigenen Zwecke behandelt werden. Die von J. Habermas getroffene Differenzbestimmung zwischen instrumentellen und strategischen Handlungen zielt in eine vergleichbare Richtung. Max Horkheimer wiederum hat die Ratio in subjektive und objektive Vernunft gegliedert. Die objektive Vernunft bezieht sich auf als „vernünftig" zu bezeichnende Konstellationen in der Wirklichkeit, während die subjektive Vernunft als die der konkreten Akteure angesehen werden kann. Etwas anders als Horkheimer würde ich die „subjektive Vernunft“ in (lebenserhaltende) Formen der Zweckrationalität einerseits und instrumentelle Vernunft als verkehrte Zweckrationalität andererseits einteilen. Die Verkehrung besteht z. B. in der Behandlung anderer Personen als nichts denn auszutarierende Mittel für die eigenen Zwecke oder darin, dass die Zwecke so auf- und hingenommen werden, wie sie empirisch vorliegen und als nicht als nicht weiter rational begründbar behandelt werden.[53]

Ad 3: Substantielle Vernunft. Aber wenn sich irgendwelche in der historischen Wirklichkeit vorfindlichen Zielsetzungen tatsächlich als rational oder irrational beurteilen lassen – so wie Naturrechtsideen zur Kritik des positiven Rechts herangezogen werden –, auf welche Maßstäbe kann sich diese Art der Kritik überhaupt berufen? Max Horkheimer hat in seinem die Tradition der kritischen Theorie der Gesellschaft begründenden Aufsatz über ‚Traditionelle und kritische Theorie‘-Maßstäbe erwähnt, worauf sich Gesellschaftskritik stützen kann. [54] So hebt er einen Gegensatz dieser Art des Denkens gegenüber aller Macht, welche auf die Aufrechterhaltung von Privilegien und Übermacht ausgerichtet ist hervor. Es geht ihm letztendlich um die Idee der einer „Assoziation freier Menschen“, in der jedes Subjekt die gleiche Möglichkeit hätte, sich zu entfalten. Infolgedessen hätten kritische Theoretikerinnen und Theoretiker der Idee einer „Gesellschaft als Gemeinschaft freier Menschen“ stets die Treue zu bewahren. Horkheimers Vorstellungen erinnern sehr stark an Kants Idee eines „Reichs der Zwecke.“[55] Diese kontrafaktische Vorstellung zeichnet sich dadurch aus, dass die Menschen einen Lebenszusammenhang herstellen und aufrechterhalten würden, worin jene Norm vorherrsche, welche Hegel in der ‚Phänomenologie des Geistes‘ als „reine Anerkennung“ bzw. als „den reinen Begriff der Anerkennung“ bezeichnet hat. D.h.: „Sie anerkennen sich als gegenseitig sich anerkennend.“[56] Diese Formulierung wiederum impliziert die Kernvorstellung von Kants Kategorischem Imperativ, der da gebietet, dass jedes Subjekt ein jedes andere immer zugleich als einen Zweck an sich selbst und nicht bloß als reines Mittel für die eigenen Zwecke behandelt. Das gilt solange, wie die Gegenüber nicht ihrerseits auf Mittel der Gewalt, der ideologisch verkleideten Manipulation und Instrumentalisierung zurückgreifen. Subjekte stellen Träger eines freien Willens dar. Daher gebietet der Kategorische Imperativ, den freien Willen der anderen Subjekte zu unterstützen und nicht zu untergraben. Das bedeutet zugleich, die Menschenwürde zu achten; denn „Autonomie ist also der Grund der Würde der menschlichen und jeder vernünftigen Natur.“[57] Es ergibt sich dadurch offensichtlich auch eine innere Verbindung zum Begriff der Vernunft – ebenso wie zur Kategorie der anerkannten Freiheit als Prinzip der Ordnung vernünftiger gesellschaftlicher Beziehungen und gesellschaftlicher Strukturen.

All diese elementaren Merkmalsangaben zu einem kritischen Denken und Handeln, das über Zweckrationalität hinausreicht, ja überhaupt erst die Bedingung der Möglichkeit bietet, bestimmte handlungsleitende Ziele als unvernünftig zu verwerfen, insbesondere die Idee eines Vereins „freier Menschen" wie bei Horkheimer, lassen sich in einer anderen Variante an den Begriff der „konkreten Freiheit" aus dem § 260 der ‚Rechtsphilosophie' von 1821 anschließen. Das muss verwundern, weil dieser Paragraph unmittelbar mit der Lehre vom Staat als „sittliche Substanz" bei Hegel zusammenhängt. Thesen und Sätze wie: „Der Staat ist die Wirklichkeit der sittlichen Idee" (§ 257) hat die Disqualifikation von Hegel als Apologet des preußischen Obrigkeitsstaates zu einem Motiv der Standardkritik an seinem Werk gedeihen lassen. Schopenhauer hat ihn sogar als preußische Hofschranze verunglimpft. Will unsereins nicht in diese schon lange und tief genug eingegrabene Kerbe der Kritik einschlagen, Hegel betreibe „Staatsvergottung", dann ließe sich der § 260 auch abweichend von diesem breiten Pinselstrich deuten. Er lautet:

> „Der Staat ist die Wirklichkeit der konkreten Freiheit; die konkrete Freiheit aber besteht darin, dass die persönliche Einzelnheit und deren besonderen Interessen sowohl ihre vollständige Entwickelung und die Anerkennung ihres Rechts für sich (im Systeme der Familie und der bürgerlichen Gesellschaft) haben, teils mit Willen und Wissen dasselbe (das gesellschaftlich Allgemeine – J.R.), und zwar als ihren eigenen substantiellen Geist anerkennen und für dasselbe als ihren Endzweck tätig sind, so dass weder das Allgemeine ohne das besondere Interesse, Wissen und Wollen gelte und vollbracht werde, noch die Individuen bloß für das letztere als Privatperson leben, und nicht zugleich in und für das Allgemeine wollen und eine dieses Zwecks bewusste Wirksamkeit haben."

Ich schlage folgenden kurzen Kommentar zu diesem Schlüsselparagraphen vor: Dabei bietet Kants Staatsbegriff einen guten Startpunkt für das Verständnis. Im Abschnitt über das Staatsrecht heißt es im § 45 der ‚Metaphysik der Sitten': „Ein Staat (civitas) ist die Vereinigung einer Menge von Menschen unter Rechtsgesetzen." Der Staat als das faktisch organisierte Zusammenleben der Menschen nach Rechtsgesetzen sowie auf der Basis einer grundsätzlichen Orientierung am Sittengesetz, würde die „Wirklichkeit" konkreter Freiheit und Vernunft verkörpern. Aber was sind weitere Wesensmerkmale einer utopisch verstandenen „konkreten Freiheit"? Hegel fasst sie folgendermaßen zusammen:

1. Es handelt sich um eine Ordnung des Zusammenlebens, worin ein jedes Individuum sowohl die Chancen seiner vollständigen Entwicklung (etwa seiner Talente) hat, als auch seine Individualrechte (Rechte für sich) sowie seine legitimen Interessen vollständige Respektierung durch alle anderen finden.

2. Doch die individuellen Interessen sollten der Idee nach in ein Interesse am Allgemeinwohl übergehen können – und dies sollte mit Willen und Bewusstsein der Akteure geschehen.
3. Die Einzelnen sollten diesen Übergang als eine substantielle Bedingung ihrer eigenen Existenz begreifen und sich für das Gemeinwohl als Endzweck ihres Tuns und Lassens einsetzen.
4. Unter diesen kontrafaktisch gedachten Voraussetzungen würde „weder das Allgemeine ohne das besondere Interesse, Wissen und Wollen" gelten, aber umgekehrt auch die Einzelnen nicht als rein private Nutzenmaximierer und Vorteilsmehrer agieren.
5. Die Individuen müssten sich grundsätzlich dieses Zusammenhangs zwischen Einzelheit und Allgemeinheit bewusst bleiben.

Wenn dies der Ausdruck einer bloßen Staatsvergottung sein sollte und nicht eine aktuell klingende Idee des Rechtstaates andeutet, dann weiß ich es nicht. Ähnlich hieß es schon im § 29 der Rechtslehre in der ‚Logischen Propädeutik' (WW 4). „Der Staatsgewalt sind die Bürger als Einzelne unterworfen und gehorchen derselben." Das klingt in der Tat nach Hegel als Staatsapologet. Aber das Zitat geht in einem ganz anderen Geist weiter: „Der Inhalt und Zweck derselben (der Staatsgewalt) aber ist die Verwirklichung der natürlichen, d. h. absoluten Rechte der Bürger, welche im Staat darauf nicht Verzicht tun, vielmehr zum Genuss und zur Ausbildung derselben allein ihm gelangen." Freiheit *von* wird damit mit der Freiheit *zu* in einen systematischen Zusammenhang gebracht. Sie wird zur konkreten Freiheit. Dem ordne ich zur weiteren Illustration eine Textstelle aus Adornos Vorlesung aus dem Semester 1964/65 ‚Zur Lehre von der Geschichte und der Gesellschaft' zu, die der Idee der konkreten Freiheit genau entspricht: „Denn von ihr, von der Einrichtung der Welt und der Beschaffenheit der Welt hängt eben tatsächlich ab, inwieweit das Subjekt zur Autonomie kommt, wieweit sie ihm gewährt oder verweigert" wird.[58] Dieses Konzept weist also über Freiheit als abstrakte Freiheit der Willkür der Einzelner, als Ellenbogenfreiheit im Sinne nur der individuellen Freiheit oder einer uneingeschränkten Wahlfreiheit hinaus. Umgekehrt gilt aber auch, „dass von einer Freiheit der Gattung oder einer Freiheit der Gesellschaft auch nicht die Rede sein kann, wenn diese Freiheit nicht als Freiheit des Individuums innerhalb der Gesellschaft sich realisiert. Das Individuum ist gewissermaßen der Prüfstein der Freiheit."[59] Das Individuum ist der Prüfstein der Freiheit. D.h.: Das Autonomieprinzip bildet den obersten Maßstab der Kritischen Theorie, gleichgültig welche ihrer Fraktionen gerade welche andere zurechtweist.

Homo rationalis vel homo moralis

Die lateinische Überschrift über diesen Abschnitt könnte auch *utilitas vel honestas,* „Nützlichkeit oder Sittlichkeit" heißen. Denn der in einem engeren Sinn „rationale Mensch" handelt primär *zweckrational,* um durch den möglichst erfolgreichen Einsatz von verfügbaren Mitteln sowie unter den Rahmenbedingungen seiner Situation einen Nutzen (Bedürfnisbefriedung) aus seiner Aktivität zu ziehen. Der moralische Mensch sieht sich darüber hinaus bei seinem Tun und Lassen übergeordneten und universellen *sittlichen* Geboten verpflichtet. Wird *vel* als ausschließendes „oder" gelesen, mithin als „entweder-oder", so dass es eine dritte Möglichkeit nicht gibt (*tertium non datur*), dann entsteht der Eindruck einer Dichotomie bzw. einer strikten Disjunktion: Nützlichkeit *versus* Sittlichkeit. Dieser Eindruck ist dann vor allem am Platz, wenn die These vertreten wird, Zweckrationalität (und damit Nützlichkeit) stelle die oberste Norm sämtlicher Urteile von der Art Rx dar. Darüber gibt es keine quasi-naturrechtliche Norm. Das drückt z. B. der von A. Sen sog. „utilitaristische Grundsatz" aus: „Der utilitaristische Grundsatz beispielsweise beruht letztlich nur auf dem Nutzen, und selbst wenn über die Frage der Anreize instrumentelle Erwägungen ins Spiel kommen, bleibt im Grunde die Nutzeninformation die einzige Grundlage für die Bewertung von Zuständen oder die Einschätzung von Handlungen oder Regeln."[60] Die Gegenthese deontischer Theorien der praktischen Vernunft lautet: Die oberste Norm besteht in der sittlichen Verpflichtung des Handelns. Sittlichkeit wiederum bemisst sich an der Anerkennung und der gesellschaftlichen Förderung des freien Willes anderer Personen, solange sie ihn nicht ihrerseits zu Zwecken der Repression und Manipulation einzusetzen.[61] Dieses Gebot entscheidet darüber, welche Normen, Regeln und Kriterien zweckrationalen Handeln moralisch und damit „rational" im Sinne einer erweiterten, der substantiellen Vernunft, des Prinzips anerkannter und unterstützter Würde des Subjekts sind und welche nicht bzw. moralisch gleichgültig sind. Die Auseinandersetzungen mit dieser Frage reichen weit in die Historie zurück und finden sich mit Abwandlungen in der Religion sowie der Philosophie der verschiedensten Kulturen vor. Bevor sich utilitaristische Positionen in der griechischen Philosophie – etwa bei Epikur (341–271 v.u.Z.) – klarer herausbildeten, werden sie z. B. in China schon von Mozi (479–381 v.u.Z.) in einer bestimmten Spielart vertreten.

Es gibt maßgebende Beiträge in der Gegenwart, die sich zwar im begrifflichen und theoretischen Rahmen der vom Utilitarismus geprägten neoklassischen Nationalökonomie sowie der Spiel- und Entscheidungstheorien bewegen – diese sind von besonderer Relevanz für die Mikroökonomie als Theorie der Konsumentscheidungen in Haushalten –, aber dennoch Kritik an einer rein utilitaristischen Denkweise üben. Zu dieser Gruppe gehört der Nobel-Preisträger Amartya Sen. Er schreibt: „Die Annahme ‚rationalen Verhaltens' spielt eine herausragende Rolle in der modernen Wirtschaftslehre. Man nimmt von den menschlichen Wesen an, sie verhielten sich rational ... Die kühlen rationalen Typen mögen unsere Lehrbücher füllen, die Wirklichkeit ist jedoch reichhaltiger."[62] In die nämliche Richtung zielen auch Diskussionen über Spiel- und Entscheidungstheorien von Herbert Simon (1916–2001), der ebenfalls einen Nobelpreis für Wirtschaftswissenschaft aufgrund seiner Arbeiten zur Entscheidungstheorie, Informatik und Wirtschaftspsychologie erhalten hat. Idealisierungen und Modellierungen stellen zweifellos gedankliche Werkzeuge dar, die zu vertieften Einsichten in die Wirklichkeit führen können, wenn diese – ähnlich wie im Falle der Weber'schen Idealtypen – damit konfrontiert werden. Ob dem so ist, muss sich von Fall zu Fall praktisch zeigen. Gegen den Modellmenschen des Nutzenmaximierers haben jedoch nicht nur Sen oder Simon den Vorbehalt geltend macht, er verstelle den Blick auf die Wirklichkeit ökonomischer Handlungen und Prozesse eher als dass er ihn erhelle. Die in dieser Art von Arbeiten durchweg eine zentrale Rolle spielende Theorie rationaler Wahlhandlungen und Entscheidungen bedeutet im Kern eine Theorie des uneingeschränkt *zweckrationalen* Strebens des *homo rationalis* beim Denken und Handeln. „Die Theorie geht davon aus, dass jemand, der vor einer Entscheidung steht, mit umfassendem Überblick über alles bedenkt. Er hat die ganze Skala der verschiedenen Möglichkeiten, die ihm offenstehen vor Augen, nicht nur für diesen Moment, sondern für alle Zukunft. Er ist im Klaren über die Folgen jeder dieser möglichen Entscheidungsstrategien, zumindest soweit, dass er den zukünftigen Zuständen der Welt eine gemeinsame Wahrscheinlichkeitsverteilung zuweisen kann. Er hat alle seine widersprüchlichen Teilwerte in Einklang gebracht und ausbalanciert und zu einer einzigen Nutzenfunktion verschmolzen, die alle diese zukünftigen Zustände der Welt nach seinen Präferenzen ordnet."[63] Mit einem Wort: Er verfügt über den totalen Durchblick. Die einzelnen Personen erscheinen in diesem Menschenbild zudem wie eine „Art Leibnizscher Monaden, kleine harte Kugeln, jede mit einer gleichbleibenden, von den anderen Monaden unabhängigen, nützlichen Funktion und mit den anderen durch die Kenntnis der Marktpreise verkehrend."[64] Nicht zuletzt aber treibt ihn das Streben nach *maximalem Nutzen* an. „Rationale Wahl befasst sich mit der Auffindung der *besten* Mittel vorausgesetzte Ziele."[65] Das ist die sog. „Maximierungsregel". „Die utilitaristische Formel verlangt die Maximierung der Summe aller Nutzengrößen aller Menschen *zusammen genommen*."[66] Sie spielt vielleicht beim Gewinnstreben von Betrieben empirisch eine gewisse Rolle. Aber im Alltag sieht das meistens anders aus. Die Mehrzahl der Menschen ist es recht zufrieden, wenn es ihnen gelingt, mit wiederkehrenden Problemen besser zurechtzukommen als zuvor. Deswegen hält H. Simon die Perspektive des *satisfyzing* anstelle des *maximizing* für entschieden tauglicher beim Blick auf die soziale Wirklichkeit. Zu den erkenntnishemmenden Verkürzungen, welche den ökonomischen Modellathleten kennzeichnen, gehört überdies, dass seine normative Grundorientierung an Zweckrationalität die Rolle von Gefühlen bei den konkreten Handlungen der Menschen völlig unterschätzt.[67] Schließlich macht Simon auch auf einen Mangel der utilitaristischen Rationalitätstheorie aufmerksam, den schon Max Horkheimer in seiner ‚Kritik der instrumentellen Vernunft' registriert hat: „Während die (so verstandene – J.R.) Vernunft uns also sehr gut helfen kann, Mittel zur Erreichung unserer Ziele zu finden, kann sie über die Ziele selbst wenig aussagen."[68]

Gewiss wird auch im Alltag wirklich aufgrund der Abwägung von Nutzen und Kosten, Aufwand und Ertrag gehandelt. Doch nicht einmal in Planungsabteilungen von Unternehmen erfolgt sie haargenau, wie es im Ideal geplant ist. Mitunter reicht es wirklich, überhaupt über die Runden zu kommen.

Was treibt die Menschen letztendlich an?

Die Antwort auf diese Frage kann auf schon lange in der Geschichte des Denkens auftauchende Vorläufer oder Gesinnungsgenossen des *homo rationalis* hinweisen. Das Nutzen- und/oder Glücksstreben der Einzelnen wird als die Motivationsbasis all ihres Tuns und Lassens ausgezeichnet. Variationen dieser Ansicht wurden immer wieder in der Form des „Lust-Unlust-Schemas" vertreten (Hedonismus).[69] Z.B. in der Psychoanalyse von Sigmund Freud findet es sich in Gestalt eines Spannungsverhältnisses zwischen Realitätsprinzip und Lustprinzip, bei anderen als das Schema von „Gratifikation und Deprivation" wieder. An der Stelle von „Lust" stehen oftmals auch die Ausdrücke „Glück" oder „Glückseligkeit" (Eudämonismus).[70] Für Kant bedeutet das „Glück" oder die „Glückseligkeit" den Inbegriff der erfüllten Bedürfnisse und Neigungen einer Person. Das Glücksstreben gehört zum Menschlich-Allzumenschlichen. „Es ist gleichwohl ein Zweck, den man bei allen vernünftigen Wesen (so fern Imperative auf sie, nämlich als abhängige Wesen passen) als wirklich voraussetzen kann, und also eine Absicht, die sie nicht etwa bloß haben *können,* sondern von der man sicher voraussetzen kann, dass sie solche insgesamt nach einer Naturnotwendigkeit *haben,* und dies ist die Absicht auf Glückseligkeit."[71] Der „Nutzen" als Schlüsselbegriff der utilitaristischen Ethik sowie der modernen Nationalökonomie lässt sich leicht mit all diesen Überlegungen in Verbindung bringen. Denn als nützlich erweist sich eine Tat oder ein Geschehen nicht nur dann, wenn der Zweck erfüllt, das Ziel erreicht wird, sondern letztendlich auch, wenn die *Präferenzen,* die Bedürfnisse und Neigungen der Person Erfüllung finden. Unbedingte Effizienz versteht sich von daher als Ergebnis eines weitgehend reibungslos gestalteten Prozesses auf den Wegen der Erzielung des maximalen Nutzens in der Situation. Gleichwohl macht es einen ebenfalls seit langem tradierten Sinn, hinter all dem eine noch grundlegendere Motivationsbasis zu suchen: das *Interesse der Organismen an Selbsterhaltung (principium sese conservare).*[72] Doch aus der Feststellung, dass das Interesse an Selbsterhaltung die Motivationsbasis organischen Lebens darstellt, folgt auf logisch geraden Wegen überhaupt nicht, menschliche Interessen gingen im Streben nach Nutzen, wenn nicht gar nach maximalem Nutzen auf.

Gleichwohl: Im Hinblick auf die Entwicklung des Denkens und Handelns in der kapitalistischen Neuzeit ist eine Aussage von Friedrich Schiller eher noch weiter zugespitzt zu lesen: „Der *Nutzen* ist das große Idol der Zeit, dem alle Kräfte fronen und alle Talente huldigen sollen."[73] Der *homo rationalis* bevölkert und zerstört nicht zuletzt in seiner spezifischen Erscheinungsform als *homo oeconomicus* die Landschaft der digitalisierten Kapitalismen der Gegenwart im Westen wie im fernen Osten. Gleichwohl ist die Gattung des *homo moralis,* den ein objektives Interesse der Menschheit überhaupt bewegt, nicht völlig ausgestorben. In der realen Gesellschaft gibt es immer noch eine Reihe von Individuen und Gruppen, die in seinem Geist denken und handeln. Das gilt auch für die Sozialphilosophie und die Ethik der Gegenwart. Damit wird die *Verhältnisbestimmung* der beiden Modellmenschen zum eigentlich relevanten Problem. Dass es hierbei auch um eine Beziehung des *Gegensatzes* geht, darauf macht Kant ebenfalls aufmerksam: „Der Mensch fühlt in sich selbst ein mächtiges Gegengewicht gegen alle Gebote der Pflicht, die ihm die Vernunft so hochachtungswürdig vorstellt, an seinen Bedürfnissen und Neigungen, deren ganze Befriedigung er unter dem Namen der Glückseligkeit zusammenfasst."[74] Doch daraus folgt in seiner Ethik – entgegen allem in Schillers Kantkritik geäußerten Verdacht[75] – keineswegs ein Plädoyer für die Unterdrückung von Neigungen. Dem Vorwurf wäre Kant beispielsweise mit den Worten begegnet: „Glücklich zu sein, ist notwendig das Verlangen jedes vernünftigen, aber endlichen Wesens, und also ein unvermeidlicher Bestimmungsgrund seines Begehrungsvermögens."[76] Damit wird die grundlegende Bedeutung des Glücksstrebens zusammen mit dem fundamentalen Interesse an Selbsterhaltung ausdrücklich betont! Doch, eine deontische Ethik, die Gebote sittlicher Verpflichtung des Handelns, lassen sich darauf nicht gründen. Mithin kann es überhaupt nicht um eine Dichotomisierung von Pflicht und Neigung, sondern allein um ihre angemessene Verhältnisbestimmung gehen. Der moralische Mensch folgt so weit wie möglich der Idee der reinen praktischen Vernunft. Aber er ist „unheilig genug" und damit jederzeit des Verstoßes gegen das Gesetz der Moral fähig. Zur Erinnerung: Dieses besagt: „In der Schöpfung kann alles, was man will, und worüber man etwas vermag, auch *bloß* als *Mittel* gebraucht werden; nur der Mensch, und mit ihm jedes vernünftige Geschöpf, ist *Zweck an sich selbst.*"[77] Das andere Subjekt als Zweck an sich selbst anzuerkennen, daher nicht zu reprimieren, manipulieren und instrumentalisieren, daran bemisst sich die Qualität der Zwecke und des Mittelgebrauchs als moralisch, unmoralisch oder moralisch irrelevant. Gleichwohl ist und bleibt die erfolgreiche Koordination von Mitteln und Zwecken lebensnotwendig.

Kapitel 3
Naturrecht und positives Recht

Sozialphilosophie und Rechtsphilosophie

Die Sozialphilosophie wurde und wird oftmals mit der Rechtsphilosophie gleichgesetzt. Ein Beispiel aus der beginnenden Neuzeit liefern die verschiedenen Vorlesungen zur Rechtsphilosophie, die Hegel zu verschiedenen Zeiten gehalten hat. Deren bekannteste und einflussreichste Fassung stellen die ‚Grundlinien der Philosophie des Rechts' aus dem Jahre 1821 dar.[78] Doch in diesem Text finden sich nicht nur rechtsphilosophische Paragraphen, sondern auch solche über Moralität, Sittlichkeit, die Familie, die bürgerliche Gesellschaft und den Staat. In Kants ‚Metaphysik der Sitten' ist das Spektrum der Themen ähnlich breit. Zwar trägt der erste Teil dieser Lehre die Überschrift „Rechtslehre" und behandelt in der Tat eine Fülle im engeren Sinne rechtsphilosophischer Fragen. So etwa im Hinblick auf das Privatrecht als Eigentumsrecht, Besitz- und Erwerbsrecht, öffentliches Recht, Staatsrecht und Völkerrecht. Aber es tauchen dabei z. B. auch Fragen der politischen Ökonomie auf. Der zweite Hauptteil dieser Schrift beschäftigt sich mit der Tugendlehre. Darin werden Themen der Moral verhandelt, wobei z. B. auch eine Fülle konkreter Tugenden und Untugenden wie Freundschaft, Menschen- und Nächstenliebe, Wohltätigkeit, Dankbarkeit und andere mehr beschrieben werden. Zu den aufgespießten Untugenden gehören z. B. Undankbarkeit, Neid und Schadenfreude. Es trifft also den gesamten Charakter dieses Werks, wenn – wie gesagt – Kant im Abschnitt IV der Einleitung zum ersten Hauptteil bei der Erläuterung von „Vorbegriffen" zur Metaphysik der Sitten auf Chr. Wolffs Begriff der *philosophia practica universalis* zurückgreift.[79] Dieser Hinweis auf eine universelle praktische Philosophie macht den umfassenden Charakter der Fragestellungen klar, von Fragestellungen, die heute auch innerhalb der Philosophie arbeitsteiligen Sparten zugewiesen werden, wobei die Sozialphilosophie selbst als eine Sparte behandelt wird. Aber es gibt in der Geschichte der Philosophie Problemstellungen, die – auf welche ganz verschiedenen Arten und Weisen sie auch immer angegangen wurden und werden – einen durchgängigen, einen *universellen* Charakter aufweisen. Das klassische Beispiel dafür ist und bleibt der Universalienstreit, der auf je spezifische Weise auch in der Sozialphilosophie und Gesellschaftstheorie wiederzufinden ist. Gibt es jene Sachverhalte, welche durch Allgemeinbegriffe bezeichnet werden (*universalia*), tatsächlich oder existieren nur jene Einzelexemplare (*individua*), wofür ein Art- oder Gattungsname (*nomen*) gewählt wurde? In der Sozialphilosophie und der Gesellschaftstheorie sieht das Problem so aus: Gibt es „die" Gesellschaft oder „den Staat" oder sind nur die einzelnen Menschen sowie ihre Beziehungen wirklich und wirksam? Die Position des „methodologischen Individualismus" geht davon aus, die Erklärung sozialer Phänomene müsse „letztendlich in Kategorien individueller Handlungen und Auswahlakte" vorgenommen werden.[80] Kollektivbegriffe stellten nichts als ein sprachliches Kürzel dar. In der schärfsten Fassung individualistischer Thesen müsste mit dem Anspruch ernst gemacht werden, sämtliche Aussagen über soziale Gebilde wie „den Staat" logisch und/oder empirisch auf Aussagen über das Verhalten von menschlichen Individuen und ihre Beziehungen zu reduzieren (Reduktionismus). M.W. hat noch niemand dafür einen Beweis vorgelegt. Abgesehen davon: *Gibt* es nicht all jene Merkmale, welche *durchgängig* den Einzelexemplaren einer Gattung zukommen? Drei Antworten auf Fragen wie diese spielen nicht nur in der „Scholastik" genannten Phase der westeuropäischen katholischen Religion und Kirchenpolitik eine charakteristische Rolle:

1. *Universalia ante rem.* Die Allgemeinbegriffe sind den Einzelfällen logisch und ontologisch vorgeordnet. Das klassische Beispiel liefert selbstverständlich Platon. Für diesen bilden die Ideen ewig und wirklich seiende Ideal- und Vorbilder für ihre einzelnen und grundsätzlich unzulänglichen Abbilder in der Welt unserer sinnlichen Erfahrungen (Erscheinungen). Das ist die Position des „Platonismus". Sie wird in einem bestimmten Bereich immer noch vertreten. Es *gibt* die (sog. „dritte") Welt der Zahlen als zeitloser Wesenheiten, eine Welt, in der Entdeckungen gemacht werden können. „... veränderliche Zahlen gibt es nicht. Jede Veränderung geht in der Zeit vor sich. Die Gesetze der Zahlen aber sind unzeitlich ewig. Die Zeit kommt in der Arithmetik und Analysis nicht vor ... Die Zahl 3 ist immer eine Primzahl und wird stets eine solche bleiben."[81]
2. *Universalia post rem.* Die Universalia bedeuten Allgemeinbegriffe (*nomina*), wodurch bestimmte Eigenschaften einer Menge von Sachverhalten der verschiedensten Arten und Gattungen gedanklich/sprachlich zusammengefasst werden. Die Sachverhalte müssen zwar irgendwie da sein, aber der „Begriff" ist ihnen als Sprachgebilde nachgeordnet. Existierende Allgemeinheiten gibt es außerhalb von verallgemeinernden Gedanken und Sprachspielen nicht. Das ist die Position des *Nominalismus* in der Erkenntnistheorie. R. Collins zeigt in seinem monumentalen Werk über ‚The Sociology of Philosophies', dass der Universalienstreit in den Philosophien der verschiedensten Kulturen zu den verschiedensten Zeiten in irgendeiner Variante vorzufinden ist. So auch der Nominalismus. „In Metaphysics, Western mathematized philosophy was constantly reminded of levels of abstraction. Its bias was toward the realism of universals (just the opposite of Buddhist bias toward nominalism and world illusion)."[82]
3. *Universalia in rebus.* Es *gibt* objektiv, faktisch, Wesensmerkmale, die den Exemplaren einer bestimmten Art oder Gattung zu kommen. Die Schildkröten haben einen Panzer und – so weit bekannt ist – keine Flügel. Entgegen der

nominalistischen Reduktionsthese und dem methodologischen Individualismus sind also Eigenschaften der Kollektivgebilde anzunehmen, die irreduzibel, „emergent" und wesentlich *sind.* Die Gattung der Schildkröten rast *als solche* zwar nicht durch die Landschaft, aber die einzelnen Exemplare weisen faktisch allgemeine, überindividuelle, allen als tatsächlich gegeben zuzuschreibende Eigenschaften auf. Die Universalien stecken gleichsam *in* der einzelnen Sache, existieren jedoch in der Tat nicht unabhängig von dieser.

Naturrecht und positives Recht

In den vorhergehenden Kapiteln und Abschnitten hat es sich immer wieder gezeigt, dass es in der Geschichte der politischen Philosophie und Sozialphilosophie ein Thema gibt, das von der gleichen kulturell übergreifenden und historisch durchgängigen Bedeutung wie der Universalienstreit ist: die Auseinandersetzung über das Verhältnis von Naturrecht und positivem Recht. „Positiv" ist eine Rechtsform nicht im Sinne von „gut", sondern dieses Prädikat leitet sich von dem lateinischen Verbum *ponere* ab, das neben vielem anderem auch „aufstellen" und „errichten" bedeutet. Gemeint ist das „gesatzte" Recht, dasjenige kodifizierte Recht, das in einer bestimmten Kultur zu bestimmten Zeiten von bestimmten Personen oder dafür vorgesehenen Organisationen in Kraft gesetzt wird bzw. in dieser Kultur in einem bestimmten Zeitraum empirisch in Kraft ist. Aber auch Gewohnheitsrechte und Verhaltensregulierungen gemäß überlieferten Sitten und Gebräuchen gehören zum positiven Recht. Den Rechtspositivismus prägt der Grundsatz, dass es kein anderes Recht als das gesatzte Recht oder die auf Sitten und Gebräuchen beruhende Verhaltensregulierungen gibt. Es gibt also kein „überpositives" Recht, das auf Normen gründet wäre, die für alle Menschen zu allen Zeiten verpflichtend sind, auch wenn sie ihnen nur in geringem Grad und Umfang zu folgen bereit sein sollten. Der Österreicher Hans Kelsen (1881–1973) ist der Begründer der „reinen Rechtslehre", die eine mit Sanktionen ausgestattete Ordnung von Verhaltensnormierungen in einer Gesellschaft oder Staatsordnung untersucht und systematisiert. Sie ist nach seiner Auffassung von sämtlichen Normierungen anderer Art wie etwa von den Maximen der Moral oder der politischen Zielsetzung völlig frei zu halten. Nicht zuletzt aber auch von den metaphysischen Ansprüchen eines angeblich „überpositiven" Rechts wie das Naturrecht. Darin steckt ein gewisser Anklang an den Werturteilsstreit, demzufolge die Sphären des Seins und die des Sollens streng getrennt zu halten sind. Die Position des Rechtspositivismus erscheint, so gesehen, vielen Kritikern als relativistisch (Kulturrelativismus), die Naturrechtslehre versteht sich hingegen als universalistisch. Zu den Wurzeln des Spannungsverhältnisses zwischen Naturrecht und positivem Recht zählt jene Passage aus einem der einflussreichsten abendländischen Texte über Ethik: aus Aristoteles' ‚Nikomachische Ethik'. Dort heißt es: „Das Polisrecht ist teils Natur-, teils Gesetzesrecht. Das Naturrecht hat überall dieselbe Kraft und Geltung und ist unabhängig von Zustimmung oder Nicht-Zustimmung (der Menschen).“[83] Hegels Überlegungen zielen in die gleiche Richtung. Das positive Recht beschreibt er auch folgendermaßen:

„Das Recht ist positiv überhaupt a) durch die Form, in einem Staate Gültigkeit zu haben, und diese gesetzliche Autorität ist das Prinzip für die Kenntnis desselben, die positive Rechtswissenschaft, b) Dem Inhalte nach erhält dies Recht ein positives Element α) durch den besonderen Nationalcharakter eines Volkes, die Stufe seiner geschichtlichen Entwickelung und den Zusammenhang aller der Verhältnisse, die der Naturnotwenigkeit angehören. β) durch die Notwendigkeit, dass ein System eines gesetzlichen Rechts die Anwendung des allgemeinen Begriffes auf die besondere von außen sich gebende Beschaffenheit der Gegenstände und Fälle enthalten muss.“[84]

Hegel hebt die Unterscheidung zwischen Naturrecht und positivem Recht mit besonderem Nachdruck hervor, wobei das Naturrecht die Bedingungen der Möglichkeit beinhaltet, geltendes Recht als an sich Unrecht zu kritisieren. Das „positive“ Recht im Nazi-Staat ist Unrecht! Gesetze „sind insofern positiv, als sie ihre Bedeutung und Zweckmäßigkeit in den *Umständen*, somit nur einen historischen Wert überhaupt haben, deswegen sind sie auch vergänglicher Natur.“ Hingegen ist Unterschied, wenn nicht ggf. Gegensatz zwischen Naturrecht und positivem Recht „sehr wichtig und wohl festzuhalten“ und er ist zugleich „sehr einleuchtend.“ Doch wie sind die Inhalte des Naturrechts zu bestimmen, wenn sie nicht den Beschlüssen oder den Konventionen in der jeweiligen historischen Lebenswelt der Menschen entstammen? Zu den geschichtlich prägenden Antworten auf diese Frage gehört im Abendland eine Geschichtsbetrachtung, die von einem bestimmten *Natur-* und *Urzustand* der Menschheit ausgeht sowie eine geschichtliche Entwicklung annimmt, die in Richtung auf einen *Endzustand* hin verläuft. Im Naturzustand werden die Menschen einerseits von grundlegenden Motiven und Ansprüchen bewegt, andererseits gibt es prägende Vorstellungen davon, wie die Beziehungen zwischen den Menschen im Naturzustand aussehen und wodurch diese – wenn, wie bei Hobbes, gewaltförmig – in verträgliche Bahnen gelenkt werden (könnten). Es gibt jedoch einschneidende Unterschiede und Gegensätze zwischen den einzelnen Texten des Naturrechtsdenkens. Es gibt ganz verschiedene Bilder von den einzelnen Menschen im Naturzustand und den über das Prinzip der Selbsterhaltung hinausreichenden elementaren Bedürfnissen und Beziehungen. Es werden schließlich auch verschiedene Gründe dafür angegeben, warum die Menschen den Naturzustand verlassen (müssen) und wie und wohin ihre geschichtliche Entwicklung verläuft. Es geht oftmals um Institutionen, nicht zuletzt den Staat, welche sich im Zuge dieser Entwicklung herausbilden, um das Zusammenleben aufrechtzuerhalten.[85]

Das große Vorbild für diese Denkweise, die ich als *Naturrechtsdenken* bezeichne, liefert für viele in der christlichen Tradition stehenden Autoren die biblische

Geschichte vom Paradies und vom Sündenfall, der einen Geschichtsverlauf auslöst, welcher im jüngsten Gericht ausmündet. Aber es gab schon davor und in anderen Traditionen wie z. B. in China eine in Grenzen vergleichbare Grundordnung nach Mustern des Naturrechtsdenkens überhaupt.[86] Ein besonders einflussreiches, neuzeitliches Beispiel für die Annahme einer Geltung „überpositiver“ Normen findet sich in einer berühmten Gegenüberstellung bei Kant.

Kant über Würde und Preis

Was trägt ein Würdenträger? Einen Orden? Eine Ehrenurkunde? Einen Titel? „Würde“ wird in solchen Fällen weitgehend mit einem formell ausgezeichneten gesellschaftlichen Ansehen gleichgesetzt. Kant geht es hingegen um die Achtung der Menschenwürde überhaupt. Und das ist was anderes. Um den normativen Gehalt seines Begriffs der „Würde“ näher zu kennzeichnen, greift er in der ‚Grundlegung zur Metaphysik der Sitten‘ auf die berühmte Unterscheidung zwischen Würde und Preis zurück:[87] „Im Reiche der Zwecke hat alles entweder einen *Preis* oder eine *Würde.* Was einen Preis hat, an dessen Stelle kann auch anderes als *Äquivalent,* gesetzt werden; was dagegen über allen Preis erhaben ist, mithin kein Äquivalent verstattet, das hat eine Würde.“[88] Kants „Reich der Zwecke“ setzt gewiss auf all jene Gesinnungen und Handlungen, Nutzenorientierungen und Bedürfnissen voraus, welche auf die erfolgreiche Koordination von Mitteln zur Erreichung der gesteckten Ziele und der angestrebten Zwecke ausgerichtet sind. Andererseits gibt es „Zwecke an sich selbst“, Selbstzwecke, die dieses Reich prägen würden. Sie werden unabhängig von allen Vorteils- und Nachteilserwägungen um ihrer selbst willen angestrebt und können nach ihrer Erreichung nicht ihrerseits wieder zu einem Mittel gemacht werden, das der Erreichung eines höheren Zieles zweckdienlich wäre. Es gibt auch nichts, was als Äquivalent für etwas, das einen Selbstzweck darstellt, dienen könnte. Die Idee eines Zweckes an sich selbst gibt es schon bei Aristoteles.[89] Kant denkt wie Aristoteles beim „Preis“ offensichtlich an den Äquivalententausch („Gleiches gegen Gleichwertiges“) sowie an die Preisbildung auf Märkten, denen die jeweiligen Neigungen und Bedürfnisse der Personen zugrunde liegen. Mithin gilt: „Was sich auf die allgemeinen menschlichen Neigungen und Bedürfnisse“, damit auf *utilitas* bezieht, das „hat einen *Marktpreis*“.[90] Für Thomas Hobbes ist die Würde der Person *gleich* dem Preis, welcher sich aufgrund der Nachfrage nach ihrer „Macht“ im Sinne von „Können“ ergibt: „Die *Geltung* oder der *Wert* eines Menschen ist wie der aller anderen Dinge sein Preis. Das heißt: er richtet sich danach, wieviel man für die Benutzung seiner Macht bezahlen würde und ist daher nicht absolut, sondern von dem Bedarf und der Einschätzung eines anderen abhängig.“[91] Die Würde, die Geltung der Person bedeutet nach *dieser* These keinen absoluten Zweck, keinen

Zweck an sich selbst, sondern hängt von der Nachfrage nach den persönlichen Fähigkeiten durch andere ab.

Nach dem Marktpreis verhandelt Kant einen zweiten Preisausdruck, den *Affektionspreis.*[92] Dieser Begriff weist eine innere Verbindung zu zentralen Thesen über das „interesselose Wohlgefallen" (etwa an der Schönheit der Natur oder an schönen Dingen) in der ‚Kritik der Urteilskraft' auf. Die grundlegende Annahme lautet: Das „interesselose Wohlgefallen" bedeutet ganz allgemein ein angenehmes Gefühl, das vor allem dann entsteht, wenn die Konfiguration (Form) unserer Begriffe und Gedanken der Konstellation der konkreten Sachverhalte strukturisomorph (formgleich) ist. Es besteht – so gesehen – eine Zweckmäßigkeit im Sinne der Angemessenheit der Struktur von Gegebenem an die strukturierenden Aktivitäten unserer allgemeinen Empfindungs- und Erkenntnisvermögen. Und dieses „Zusammenstimmen" (Kant) wird von uns als angenehm empfunden. Mit dem „Zusammenstimmen" liegt ein anderer Typus von Zweckmäßigkeit vor als ihn die Zweckgerechtigkeit von Mitteln angesichts unserer vorausgesetzten Zwecke darstellt! Infolgedessen besteht eine von der Zweckmäßigkeit (Zusammenstimmen) ohne Zweck bewegte *Praxis* darin, dass ausdrücklich *nicht* auf die Verwendung, Benutzung, geschweige denn auf die Ausnutzung von Gegebenheiten gezielt wird. Insofern ist diese Zweckmäßigkeit ohne Zweck im Sinne der Zweck-Mittel-Koordination. So geartete Haltungen und Handlungen können sowohl gegenüber der Natur als auch gegenüber anderen Personen ein- und vorgenommen werden. Hegel hat diesen Typus ästhetischer Rationalität – im offensichtlichen Anschluss an Kant – sehr klar umschrieben: „Deshalb ist die Betrachtung des Schönen liberaler Art, ein Gewährenlassen der Gegenstände als in sich freier und unendlicher, kein Besitzenwollen und Benutzen derselben als nützlich zu endlichen Bedürfnissen und Absichten, so dass auch ein Objekt als Schönes weder von uns gedrängt und erzwungen erscheint, noch von den übrigen Außendingen bekämpft und überwunden."[93] Mit anderen Worten: Es handelt sich um eine Haltung und Praxis des *Freilassens* statt der einer der Bemächtigung, des Benutzens und des Ausnutzens. Etwas wird als Wert an sich selbst geachtet und behandelt. Das hat der Affektionspreis mit der respektierten Würde der Subjekte gemein. Etwas, was an und für sich, „allein ... Zweck an sich selbst sein kann hat nicht bloß einen relativen Wert, d. i. einen Preis, sondern einen inneren Wert, d. i. *Würde*."[94] Würde kommt dem Menschen als Vernunftwesen zu, insoweit es mit dem Wissen um sich selbst (Selbstbewusstsein) und einem freien Willen begabt ist. Denn „allein der Mensch als Person betrachtet[95], d. i. als Subjekt einer moralisch-praktischen Vernunft, ist über allen Preis erhaben; denn als solcher (*homo noumenon*) ist er nicht bloß als Mittel zur Erreichung eigener Ziele, ja selbst seiner eigenen Zwecksetzungen, sondern als Zweck an sich selbst zu schätzen; er besitzt „eine Würde (einen absoluten inneren Wert), wodurch er allen anderen vernünftigen Weltwesen Achtung für ihn abnötigt, sich mit jedem anderen dieser Art messen und auf den Fuß der Gleichheit schätzen kann."[96] Aussagen wie diese bedeuten zugleich eine Paraphrase zur Selbstzweckformel des Kategorischen Imperativs, der – so gesehen – eine Instrumentalisierungs- und Verdinglichungsverbot (Verbot, die anderen zur Sache, zum bloßen Mittel zu machen) impliziert. „Werdet nicht der Menschen Knechte."[97] Kants Überlegungen lassen sich in einem gewissen Ausmaß dem Typus des *gesellschaftlich-egalitären* Naturrechtsdenkens zurechnen (s. u.).

Eine Typologie des Naturrechtsdenkens

Empirisch gerichtete Typologien können die Merkmale wirklicher Phänomene mengenlogisch, klassifikatorisch, auf die verschiedensten inhaltlichen Weisen und mit je verschiedenen Graden der Differenzierung und Tiefengliederung erfassen. Mit einem Wort: Empirische Klassifikationen sind immer auch anders möglich als die jeweils vorgeschlagene. Für Absichten eines kurzen Überblicks über Muster des Naturrechtsdenkens reicht es m. E. völlig aus, zwei Achsen zu kreuzen, so dass sich eine Vierfeldertafel ergibt. Diese Achsen beziehen sich inhaltlich auf *Grundmerkmale,* welche dem Naturzustand zugeschrieben werden. Von besonderer Bedeutung sind zudem die Rechte, welche die elementaren Beziehungen zwischen den Menschen vernunftgerecht – nur welcher Vernunft gerecht? – regeln sollen. Es werden dabei Rechte verhandelt, die den überhaupt zur Menschheit gerechneten Individuen (Sklaven z. B. werden in der Antike fast durchweg ausgeschlossen) von Natur aus (*de natura*), d. h.: ihrem Wesen gemäß zukommen. Hinzu treten Annahmen, warum die Menschen den Naturzustand als Ausgangszustand der geschichtlichen Entwicklung der Gattung überhaupt verlassen haben bzw. verlassen mussten.[98] Grundsätzlich gilt offensichtlich für all diese Varianten des Naturrechtsdenkens: „Um (z. B. – J.R.) politische Gewalt richtig zu verstehen und sie von ihrem Ursprung abzuleiten, müssen wir erwägen, in welchem Zustand die Menschen sich von Natur aus befinden."[99] Etwas von derartigen Überlegungen sollen die beiden Achsen andeuten:

- *1. Achse: Egalitäres versus affirmatives Naturrecht.* Die Angaben beziehen sich auf die Frage, welche fundamentalen Normen die Beziehungen zwischen den Individuen im Naturzustand regeln. Ich berücksichtige dabei nur zwei Eckpunkte der Achse:
  a) *Egalität*: Verschiedene Varianten des Naturrechtsdenkens gehen davon aus, dass im Urzustand alle Menschen *gleich* sind. Diese Annahme weist bedeutsame Implikationen auf. Dass alle Menschen *gleich* sind, wird nicht zuletzt so verstanden, dass niemand sich mehr zu eigen machen kann, als jede andere Person (egalitäre Besitz- und Eigentumstheorien). Alle haben die gleichen Lebenschancen. Niemand muss mit Unterdrückung und Ausbeutung rechnen. Über die durch ihre Lebensbedingungen gesetz-

ten strukturellen Einschränkungen hinaus ist niemand weitergehenden Zwängen, vor allem keinen Herrengewalten unterworfen.

b) *Affirmation*: Mit dem Entwurf eines Naturzustandes soll in diesem Falle die These legitimiert werden, die Menschen seien *de natura* in eine Ordnung eingestellt, worin Macht, Reichtum und Ehre (Ansehen) sich in den Händen bestimmter Gruppen bzw. Klassen anhäufen. Die Herrenklassen sehen ihre Position als legitim z. B. aufgrund von Abstammung oder verdienstvollen Aktivitäten an. Die Gunst der Götter oder Gottes hat ihnen diesen Rang zugewiesen und ihre Position ist umso stabiler, je mehr die Untertanen oder Abhängigen dies als einen normalen Inhalt ihres eigenen Glaubens und/oder ihrer Situationsdeutungen ansehen. Daher streben die Herren nach Kulturhegemonie, danach, dass die Ideen der Herrschenden zu herrschenden Ideen in der breiten Masse der Bevölkerung werden. Modern ist, wenn es autoritären Führern im Verbund mit Plutokraten gelingt, sogar eine treue Gefolgschaft für ihre teilweise wahnwitzigen und zerstörerischen „Ideen" zu finden.[100]

- 2. *Achse: Gesellschaftlicher versus vorgesellschaftlicher Naturzustand.* Zweifellos wird in einer Reihe der klassischen Texte des Naturrechtsdenkens davon ausgegangen, es habe den Naturzustand tatsächlich gegeben und er habe die beschriebenen Merkmale aufgewiesen. Der feste Glaube an das Paradies und den Sündenfall mag ein Beispiel dafür geben. Angesichts anderer Texte ist es den Urhebern klar, dass sie gleichsam ein Modell mit kontrafaktischen Annahmen entwerfen, das es heuristisch ermöglichen soll, eine bessere Einsicht in die tatsächlichen Verhältnisse zu gewinnen. Menschenbilder üben einen besonderen Einfluss auf die jeweiligen Entwürfe aus. Dementsprechend gibt es Ansätze, die davon ausgehen, dass die Menschen von Anfang an auf das Zusammenwirken mit anderen Menschen angewiesen waren. Daran anschließend wird der Naturzustand als ein Zustand in welchem Ausmaß auch immer schon vergesellschafteter Menschen beschrieben. Das Gegenbild – dem oftmals ausdrücklich kontrafaktisch entworfene Annahmen zugrunde liegen – zeichnet die Menschen als Individuen in einem vorgesellschaftlichen, noch nicht vergesellschafteten Ausgangszustand. Es soll vor allem geklärt werden, auf welchen Grundlagen und mit welchen institutionellen Konsequenzen Menschen überhaupt gesellschaftliche Beziehungen eingehen.

Schneiden sich die beiden Dimensionen (Egalität versus Ungleichheit und gesellschaftlicher versus vorgesellschaftlicher Ausgangszustand) in einem rechten Winkel, dann entsteht ein Achsenkreuz mit 4 Feldern, die grob zu kennzeichnenden Typen des Naturrechtsdenkens entsprechen:

Typus 1: Der egalitär/gesellschaftliche Naturzustand

Aristoteles zeichnet alles andere als ein *egalitäres* Bild von der Sozialstruktur der griechischen Polis. Nur die freien und wahlberechtigten Männer genießen uneingeschränkte Rechte der Teilhabe an der politischen Willensbildung im Stadtstaat. Frauen sind ebenso ausgeschlossen wie die Metoiken, also die fremdstämmigen Handwerker und Händler. Die Sklaven am Boden der Ungleichheitsordnung werden von Aristoteles nur als ein Werkzeug angesehen, das sich im Besitz der Oikosherren (der Herren des *oikos*, des landwirtschaftlichen Haushaltes als Produktionszelle antiker agrarischer Gesellschaften) befindet. „Doch einem anderen gehört der Mensch, der als Sklave Besitztum ist, aber ein Besitztum ist ein hervorbringendes und für sich bestehendes Werkzeug."[101] Dennoch gibt es in Aristoteles' Schriften zur Politik und zur Ethik Textstellen, die später dann in vergleichbarer Form in jenen Entwürfen des Naturzustandes aufgehoben sind, welche ein egalitäres Bild vom gesellschaftlichen Ausgangszustand der Menschheitsentwicklung zeichnen. Das gilt nicht zuletzt für sein Menschenbild; denn für ihn geht aus verschiedenen Überlegungen „klar hervor, dass der Staat (= Stadtstaat – J.R.) zu den von Natur aus bestehenden Dingen gehört und dass der Mensch von Natur aus ein staatsbezogenes Lebewesen (*zoon politikon* – J.R.) ist."[102] Überdies enthält seine Vorstellung vom Naturrecht, das dem positiven Recht übergeordnet ist, einen egalitären Grundzug. Denn das Naturrecht gilt für alle Menschen ausnahmslos, wobei allerdings stets zu beachten ist, wen Aristoteles überhaupt uneingeschränkt zur Kategorie der Menschen rechnet. Sklaven auf jeden Fall nicht. Marx hat den Grundzug von Aristoteles' Menschenbild aufgegriffen und jenen individualistischen Modellen in der Ökonomie entgegengehalten, welche vom Einsiedler Robinson Crusoe auf seiner einsamen Insel ausgehen, der – nachdem er verbesserte Produktionsmittel erfunden hat – seine Produktionsüberschüsse nach und nach mit Produkten anderer einzelner Marktgänger, am Ende dann gegen Geld austauscht: „Der Mensch ist im wörtlichsten Sinn ein *zoon politikon*, nicht nur ein geselliges Tier, sondern ein Tier, das nur in der Gesellschaft sich vereinzeln kann. Die Produktion des vereinzelten Einzelnen außerhalb der Gesellschaft – eine Rarität, die einem durch Zufall in die Wildnis verschlagenen Zivilisierten wohl vorkommen kann, der in sich dynamisch schon die Gesellschaftskräfte besitzt – ist ein ebensolches Unding als Sprachentwicklung ohne *zusammen* lebende und sprechende Individuen."[103] Sein Freund und Unterstützer Friedrich Engels (1820–1895) hat ein konsequent egalitär-gesellschaftliches Bild vom Ausgangszustand der Menschheit als Urkommunismus entworfen.[104] Es gab nur Gemeineigentum, keinen Staat als Herrschaftsorganisation sowie keine Klassen. Inwieweit und wo es in der Frühgeschichte der Menschheit tatsächlich ein Zusammenleben von Menschen gegeben hat, das sich hinlänglich als „Urkommunismus" bezeichnen lässt, kann dem kritischen Überblick von Graeber und Wengrow über den Stand der Erforschung früher Stammesgesellschaften entnommen werden.[105]

Ein interessantes Beispiel für den ersten Typus des Naturrechtsdenkens liefert auch jene Textstelle bei dem Juristen und Amtsinhabers im römischen Kaiserreich *Gnaeius Domitius Annius Ulpianus* (170? – 223? n.u.Z.). Seine Reden und Werke übten einen entscheidenden Einfluss auf das römische Rechtssystem aus. Ulpian wirft in seinen ,*Institutiones*' einen erstaunlichen Blick auf das Naturrecht: „Naturrecht ist, was die Natur alle lebenden Wesen gelehrt hat; denn dieses Recht ist nicht dem Menschengeschlecht eigentümlich, sondern allen gemeinsam, die auf dem Land, die im Meer geboten werden, auch den Vögeln."[106] Erstaunlich ist, dass der Geltungsbereich von Naturrechtsnormen über die Menschengattung hinaus erweitert wird. Es sei an die gegenwärtige Diskussion über Tierrechte erinnert. Nachgewirkt hat Ulpian vor allem durch drei normative Grundsätze, die ein vernünftiges Zusammenleben der Menschen sichern sollen. Ulpian hatte also drei schon erwähnte Formeln für „Rechtspflichten" aufgestellt, die einem Vernunftrecht des Zusammenlebens entsprechen:

1. *Honeste vive:* Lebe ehrsam. Dieses Gebot liest Kant im Zusammenhang mit seinem Sittengesetz. Denn es zeigt sich für ihn, dass diese Pflicht „durch den Satz ausgedrückt wird: ,mache dich anderen nicht zum bloßen Mittel, sondern sei für sie zugleich Zweck'." Was für ein *jedes* Subjekt gilt.
2. *Neminem laede: „Tue niemandem Unrecht."* Füge niemandem einen Schaden zu.
3. *Suum cuique tribue.* Diese Aussage überträgt Kant folgendermaßen: ,*Tritt* in einen Zustand, worin jedermann das Seine gegen jeden anderen gesichert sein kann'. Das wiederum lässt sich auf mindestens zwei Weisen deuten (a) Als Eigentumsgarantie. (b) Jede Person muss sich das Lebensnotwendige zu eigen machen können. [107]

Typus 2: Der egalitär-vorgesellschaftliche Naturzustand

Das berühmteste Bild eines egalitär-vorgesellschaftlichen Ausgangszustandes der Menschheitsentwicklung hat Jean Jacques Rousseau (1712–1778) entworfen. Hinter dessen Entwurf steht ein Abstraktionsvorgang; denn er „entkleidet" das Menschwesen zunächst einmal „aller übernatürlichen Gaben, die es hat empfangen können und aller künstlichen Fertigkeiten, die es nur durch langwierige Fortschritte hat erwerben können." Erst danach kann es so betrachtet werden, „wie es aus den Händen der Natur hat hervorgehen müssen."[108] Das klingt nun aber tatsächlich nach der Annahme eines *wirklichen* Ausgangszustand der Menschheit als Naturwesen. Im Vergleich zu allen anderen Lebewesen weist der Naturmensch keine spezialisierten, an die Umwelt angepassten Fähigkeiten auf. Doch gerade diese Unangepasstheit verleiht ihm besondere Überlebensfähigkeiten. Vorgesellschaftlich lebt der Urmensch nach Rousseau deswegen, weil er nur wenige oder gar keine ausgedehnten Kontakte zu anderen Menschen unterhält. Deswegen kennen die Einzelnen „weder Eitelkeit noch Ansehen, weder Wertschätzung, noch Geringschätzung." Sie verfügen zudem auch nicht über den mindesten „Begriff von Dein und Mein." Reichtum, Macht und Ehre, die Hauptachsen jeder gesellschaftlichen Ungleichheitsordnung spielen für sie nicht die geringste Rolle. Es herrscht also uneingeschränkte Egalität. Es fehlt ihnen sogar „irgendeine wahrhafte Vorstellung von der Gerechtigkeit."[109] Bewegt werden die Einzelnen durch das Interesse an Selbsterhaltung. Es sieht demnach so aus, „dass die Menschen in jenem Zustand – da sie untereinander weder irgendeine Art moralischer Beziehung noch erkannter Pflichten hatten – weder gut noch böse sein konnten und weder Tugenden noch Lasten hatten."[110] Die Fiktion eines derart verfassten Urzustandes der Menschheit soll bei Rousseau vor allem zwei Erklärungsansprüchen dienen. (1) Einerseits stellt er sich Ursprungsverhältnisse vor, worin weder Macht und Herrschaft, Besitz und Eigentum, Reichtum und Armut, Gerechtigkeit und Ungerechtigkeit irgendeine Rolle spielen. Auf dieser Folie soll dann in seinem ‚Diskurs über die Ungleichheit', d. h.: in seiner zweiten Preisschrift für die Akademie von Dijon (1755) geklärt werden, wie es überhaupt zu sozialer Ungleichheit kommen konnte. Nach „dem Axiom des weisen Locke *kann es kein Unrecht geben, wo es kein Eigentum gibt*".[111] An dieser Stelle setzt seine berühmte Parabel über die Entstehung exklusiven Besitzes an: „Der erste, der ein Stück Land eingezäunt hatte und es sich einfallen ließ, zu sagen: *dies ist mein* und der Leute fand, die einfältig genug waren, ihm zu glauben, der war der wahre Gründer der bürgerlichen Gesellschaft."[112] Er hat es geschafft, dass die Leute glauben, es handele sich um legitimes Privateigentum. Er hat damit eine funktionierende Herrschaftslegende in die Welt gesetzt. (2) Andererseits hat er in seinem Aufsehen erregenden und preisgekrönten ersten Beitrag für die Akademie von Dijon seine Antwort auf die Preisfrage von 1750 vorgetragen, „ob die Erneuerung der Wissenschaften und Künste zur Läuterung der Sitten beigetragen" hat.[113] Seine Antwort lautet angesichts des Lebensstils des Rokokoadels und der höfischen Kultur seiner Zeit schlicht und einfach: *Nein!* Denn in diesen Kreisen dominiert die Manier und das gezierte Verhalten jede Spontaneität. „Sein und Scheinen wurden zwei völlig verschiedene Dinge, und aus diesem Unterschied gingen der aufsehenerheischende Pomp, die betrügerische List und alle Laster hervor, die zu ihrem Gefolge gehören."[114] Insofern stellt der Zivilisationsprozess einen Verfallsprozess dar. Das Bild vom Naturzustand weist in diesem Falle eine herrschaftskritische Dimension auf.

Aber warum mussten die Menschen überhaupt den Naturzustand verlassen? *Exeundum est e statu naturali* – Warum musste überhaupt aus dem Naturzustand herausgegangen werden? Die Notwendigkeit eines Ausgangs sieht auch Rousseau: „Ich setzte voraus, dass die Menschen an jenen Punkt gelangt sind, an dem ihrer weiteren Erhaltung im Naturzustand feindliche Hindernisse durch ihren Widerstand den Sieg über die Kräfte davontragen, die jedes Individuum anwenden kann, um sich in diesem Zustand zu erhalten. Dann kann dieser primitive Zustand nicht mehr weiterbestehen. Das Menschengeschlecht würde zugrunde gehen, wenn es nicht seine Daseinsweise änderte."[115] Also müssen die Einzelgänger doch irgendwann miteinander zurechtkommen. Ihren Zusammenhang stiften nach Rousseau Konventionen, schließlich ein *Staatsvertrag* nach dem Vorbild von Thomas Hobbes (s. u.). „Da kein Mensch eine natürliche Autorität über seinesgleichen hat, und da die Gewalt kein Recht schafft, bleiben also die Konventionen als Grundlage jeglicher gesetzlichen Autorität unter den Menschen übrig."[116] Aber sie reichen nicht aus. „Es ist eine Form der Vergesellschaftung zu finden, die mit der gesamten gemeinsamen Kraft die Person und die Habe jedes Teilhabers verteidigt und beschützt. In ihr soll sich jeder mit allen vereinigen und dennoch sich selbst gehorchen und ebenso frei bleiben wie zuvor."[117] Der *Staatsvertrag* bedeutet die Basis dieser Vereinigung. Vergesellschaftung durch Vertrag stellt einen alten Gedanken dar, so dass viele Naturrechtstheorien in der Ideengeschichte als *Kontrakttheorien* entworfen wurden.[118] Besondere Probleme wirft die Verhältnisbestimmung der *volonté de tous* (des Willens aller empirischen Subjekte) zur *volonté générale* (zum allgemeinen Willen) bei Rousseau auf.

Eine unter den Voraussetzungen seines Modells stimmige Erklärung, warum notwendigerweise aus dem Naturzustand herausgegangen werden muss, hat der Physiokrat Anne Robert Jacques Turgot (1727–1781), zeitweise Finanzminister Ludwigs XVI., gegeben. „Physiokratie" bedeutet „Herrschaft der Natur". Der Begründer der physiokratischen Schule, Francois Quesnay (1694–1774), hat die zentrale These dieser Denkweise aufgestellt: Die Natur als Grund und Boden, der von *fermiers* (Pächtern) bewirtschaftet wird, bringt allein einen lebensnotwendigen Ertrag sowie einen Mehrertrag (*produit net*) hervor, der von der Klasse der Grundherren (*classe propriétère*) appropriiert wird. Die Grundeigentümer kaufen davon Waren und Dienstleistungen bei der *classe stérile,* bei der Klasse der Manufakturisten und Händler. Deren Arbeit ist nicht produktiv, sondern „steril". Sie erzeugen keinen Wert und Mehrwert, erhalten jedoch Geld für ihr Leistungen von den Grundeigentümern als Käufern. Die Mitglieder der sterilen Klasse besorgen sich ihrerseits die Lebensmittel wieder bei den „Landwirten", so dass ein (stationärer) Kreislauf entsteht. Quesnay hat ihn als einen solchen ausdrücklich mit seinem *tableau économique* beschrieben. Turgot, der in dieser Tradition schreibt, entwirft einen fiktiven Naturzustand, worin vollkommene Gleichheit herrscht. D.h.: Grund und Boden sind zu gleichen Teilen unter der Bevölkerung aufgeteilt. Lebensmittel werden nur für den Eigenbedarf angebaut. Keiner muss für andere arbeiten. Ein Überschussprodukt gibt es nicht. Doch, so argumentiert er, „auch wenn dieser Zustand möglich gewesen wäre, so hätte er nicht von Dauer sein können. Denn wenn jeder seinen Lebensunterhalt nur aus dem eigenen Acker gewinnt und nichts besitzt, um fremde Arbeit zu bezahlen, so kann er seine übrigen Bedürfnisse wie Wohnung und Kleidung, nur durch eigene Arbeit befriedigen. Dies ist aber so gut wie unmöglich, denn es gibt keinen Boden, der alle Erzeugnisse liefert." Jeder Landwirt müsste alsbald das anbauen, was sein Grundbesitz hergibt, und müsste „sich seinen übrigen Bedarf auf dem Tauschwege von den Nachbarn verschaffen", die ihrerseits das auf ihrem Boden ertragreichste Produkt anbauen.[119] *Exeundum est e statu naturali* – der Naturzustand *muss* verlassen werden.

Typus 3: Der affirmativ-vorgesellschaftliche Naturzustand

Das bekannteste und folgenreichste Bild eines affirmativ-vorgesellschaftlichen Naturzustandes hat zweifellos Thomas Hobbes (1588–1679) gezeichnet. Für ihn gehört zum Naturrecht, dass ein jeder Mensch seinem Wesen gemäß (*de natura*) berechtigt ist, alles „was notwendig zum Schutz des Lebens und der Glieder dient", zu besitzen und zu benutzen. Zudem gilt: *„Ein Gesetz der Natur, lex naturalis,* ist eine von der Vernunft ermittelte Vorschrift oder Regel, nach der es dem Menschen verboten ist, das zu tun, was sein Leben vernichten oder der Mittel seiner Erhaltung berauben kann, und das zu tun, wodurch es seiner Meinung nach am besten erhalten werden kann."[120] Doch darin erkennt Hobbes ein erhebliches Konfliktpotential. Wenn jeder Mensch berechtigt ist, das zu tun, was sein Interesse an Selbsterhaltung am besten fördert, dann wird jede einzelne Person versuchen, ihren Vorteil mit allen Mitteln zu erreichen. Auf diesem Hintergrund entwickelt er seine berühmte Vorstellung von den Menschen in einem vorgesellschaftlichen Naturzustand. Die vereinzelten Einzelnen sind zum Äußersten bereit, d. h.: sie sind bereit, ihre Interessen auch mit Gewalt durchzusetzen. Daher, so Hobbes, lässt sich „nicht leugnen, dass der natürliche Zustand der Menschen, bevor sie zur Gesellschaft zusammentraten, der *Krieg* gewesen ist, und zwar nicht der Krieg schlechthin, sondern der Krieg aller gegen alle."[121] *Bellum omnium in omnes.* Der Mensch ist dem Menschen ein Wolf. *Homo hominem lupus est.* Doch die möglicherweise erreicht Übermacht bestimmter Gewaltmenschen ist unsicher. Denn noch der Schwächste ist in der Lage, den Stärksten durch List und Tücke oder durch eine geschickte Koalitionsbildung zu überwinden.[122] *Exeundum est e statu naturali* – angesichts der ständigen, für alle bestehenden Bedrohung, Opfer zu werden, gebietet es letztendlich das Selbstinteresse der Einzelnen, aus dem Naturzustand herauszutreten. Es muss zu Übereinkünften aller Beteiligten kommen. Übereinkunft wird durch einen Vertrag (*contractus*) besiegelt. Der Vertragsgedanken spielt in vielen Naturrechtstheorien eine zentrale Rolle als *principium synthesis,* als Organisationsprinzip von Gesellschaften. So wird der Übergang traditionaler Gesellschaften mit ihrer Ständehierarchie in die Moderne mit selbstständigen Warenbesitzern, die Tausch- und Handelsverträge auf Märkten schließen, im Anschluss an H. Maine (1822–1888) als eine Bewegung *from status to contract* beschrieben. Bei Hobbes schließen die Akteure zunächst einen *Friedensvertrag.* Denn es gehört für ihn durchaus zur Orientierung am Naturrecht, „dass man den Frieden suche, wo er zu haben ist."[123] Der Friedensvertrag ist jedoch durch einen *Staatsvertrag* abzusichern, der das Gewaltmonopol an den Staat, d. h. bei Hobbes in erster Linie an den Monarchen überträgt. Gewalt kann dann nicht länger wie im Naturzustand von den Einzelnen in Anspruch genommen werden. Hobbes hat den damaligen Bürgerkrieg (1642–1649) zwischen

Anhängern der Monarchie (*cavaliers*) und den Parlamentsheeren (*roundheads*) vor Augen. Als jemand, der die monarchische Herrschaft legitimieren will, muss er 1640 nach Frankreich emigrieren. Aber er lässt gleichwohl Zwischentöne vernehmen. In seiner Schrift über den Bürger (*De cive*) heißt es: „Diese Unterwerfung des Willens aller unter den Willen *eines* Menschen oder *einer* Versammlung erfolgt dann, wenn jeder sich jedem der übrigen durch einen Vertrag verpflichtet, dem Willen dieses *einen*, dem er sich unterworfen hat, sei es ein Mensch oder eine Versammlung keinen Widerstand zu leisten ..."[124] An dieser Stelle wird beiläufig eine Versammlung der absoluten Monarchie gegenübergestellt!

Typus 4: Der affirmativ-gesellschaftliche Naturzustand

Es gibt ein unübertreffliches Beispiel für ein Naturrechtsdenken, das nicht nur latent affirmativ, sondern manifest apologetisch ist. „Gesellschaftlich" ist dieses Modell, weil es nicht vom vereinzelten Einzelnen, sondern von einer *Dyade*, einer Paarbeziehung ausgeht. In der Annahme, es habe das Paradies als Ausgangszustand der Menschheitsentwicklung historisch tatsächlich gegeben, bildet die Beziehung zwischen Adam und Eva sowie der Mythos vom Sündenfall den Ausgangspunkt der Darstellung bei Sir Robert Filmer (1588–1653). In seinem Traktat ‚Patriarcha or the Natural Power auf Kings' hat Filmer nicht nur eine Apologie der absoluten Monarchenherrschaft geliefert, sondern auch eine Propagandaschrift für die Parteigänger der königlichen Alleinherrschaft, für die „Tories" im englischen Bürgerkrieg hinterlassen. Einer (strittigen) These zufolge leitet sich der Name „Tory" von einem Kampfruf der Anhänger Charles I (1600–1648), der *cavaliers* ab. Zu den damaligen Zeiten und in diesen Regionen war die Religion noch fest im Bewusstsein der Bevölkerung, auch bei den Herrschenden selbst verankert. Soziale und politische Konflikte waren fest mit Glaubenskämpfen verwoben. Die Kavaliere vertraten den katholischen Adel, die *roundheads*, welche in der Auseinandersetzung mit den „Papisten" den Einfluss des Parlaments stärken wollten, waren überwiegend Protestanten (Puritaner; Presbyterianer). Das Ganze mündete zunächst in der Diktatur Cromwells und danach in der Restauration der Monarchie (Charles II) aus. Auf die Bibel beriefen sich all die verschiedenen Gruppierungen auf ihre je verschiedene, wenn nicht gegensätzliche Weise. Robert Filmer greift auf die biblische Schöpfungsgeschichte zurück, um die monarchische Alleinherrschaft zu legitimieren. Dazu bedient er sich der Mär von der „adamitischen Schenkung". In der Überlieferung der Geschichte vom Paradies und vom Sündenfall gilt Adam als der Stammvater des gesamten Menschengeschlechts. Eva, so heißt es, wurde ihm im buchstäblichen Sinn von Gott aus der Rippe geschnitten. Nach dem Willen Gottes, dies betont Filmer mit allem Nachdruck, ist Adam *Herr* über alles, was da kreucht und fleucht. Es war zudem sein Auftrag, „sich zu mehren und sich die Erde untertan zu machen." Nach göttlichem Recht, mithin nach dem Naturrecht als von Gott gegeben, wurde Adam zugleich die absolute Herrschaft über all seine Nachkommen zuerkannt. Aus all dem zieht Filmer eine Schlussfolgerung im Handstreich: Adam war der erste Monarch, von dem ausgehend sich eine jede monarchische Souveränität in der Geschichte nach den Gesetzen der Erbfolge ableitet und legitimiert. Auch die absolute Herrschaft des *pater familias,* des männlichen Familienoberhauptes über Frau und Kinder wird auf diese Wege als gottgewollt „ausgewiesen." Zusammen mit der absoluten Monarchie wird in einem Zuge das Patriarchat auf sehr durchsichtige Weise gerechtfertigt. John Locke (1632–1704) hat sich in seiner ersten Abhandlung über die Regierung intensiv mit Filmers Schrift auseinandergesetzt.[125] Es geht ihm um die detaillierte „Aufdeckung der falschen Prinzipien" sowie um die „Widerlegung der Lehre Sir Robert Filmers und seiner Nachfolger."[126] Er stellt sich damit gegen all jene Bewegungen im damaligen England, welche eine Wiederkehr der katholischen Monarchie strebten.

Nach den Kriterien moderner Wissenskritik hat Sir Robert Filmer eine sehr durchsichtige Ideologie verbreitet. Aber diese bezieht ihre Suggestivität für die Monarchistenfraktion aus der auch in der breiten Bevölkerung fest verankerten Bibelgläubigkeit.

Über J. Rawls und seine moderne Variante der Naturrechtsdenkens

Ist die überlieferte Strategie, die Gesamtgeschichte menschlicher Gesellschaften samt ihrer rechtlichen und staatlichen Ordnung aus einem fiktiven Ausgangszustand heraus zu entwickeln, als „große abendländische Erzählung" (Lyotard) der Sozialphilosophie durch das après-postmoderne Denken zügig überholt worden? Die Bejahung dieser Frage wäre entschieden zu vollmundig. Es gibt berühmte und folgenreiche Beispiele aus der jüngeren Vergangenheit, die dem entgegenstehen. Eines der bekanntesten Exempel liefert im 20. Jh. zweifellos John Rawls (1921–2002).[127] Rawls entwirft in seinem Buch ‚Eine Theorie der Gerechtigkeit' einen fiktiven Ausgangszustand (*initial situation*) der Menschheit, um von da ausgehend normative Kriterien zu entwickeln und zu begründen, welche das Werturteil möglich machen, eine Gesellschaft sei eher als gerecht oder als ungerecht einzustufen. „Für uns ist der erste Gegenstand der Gerechtigkeit die Grundstruktur der Gesellschaft, genauer: die Art wie die wichtigsten gesellschaftlichen Institutionen Grundrechte und -pflichten und die Früchte der gesellschaftlichen Zusammenarbeit verteilen."[128] Dem entspricht die Idee der *Verteilungsgerechtigkeit.* Soll oder kann zu gleichen Teilen oder entsprechend irgendwelcher Meriten wie etwa der „Leistung" verteilt werden, um Gerechtigkeit herzustellen? Aber Verteilungsgerechtigkeit hängt nach meiner Auffassung entscheidend vom Grad der *Aneignungsgerechtigkeit* ab. Diese ist nicht unabhängig davon zu sehen, wie gerecht oder ungerecht (gleich oder ungleich) die Chancen verteilt sind, sich die Mittel zur Befriedigung von Bedürfnissen, nicht zuletzt der elementaren, überhaupt erst zu eigen zu machen. Unter der „Grundstruktur der Gesellschaft" versteht Rawls also

„die Art und Weise, in der sich die wichtigsten politischen und sozialen Institutionen der Gesellschaft in ein System der sozialen Kooperation einfügen, sowie die Art und Weise, in der sie die grundlegenden Rechte und Pflichten zuordnen und die Aufteilung der im Laufe der Zeit aus der sozialen Zusammenarbeit hervorgehenden Vorteile regeln."[129] Seine Theorie wird in einem gewissen Ausmaß von den individualistischen Spiel- und Entscheidungstheorien der Gegenwart beeinflusst. Als entscheidender Treibstoff menschlichen Handelns gilt daher der Eigennutz. „Der Eigennutz zwingt zwar die Menschen, voreinander auf der Hut zu sein, doch ihr gemeinsamer Gerechtigkeitssinn ermöglicht es ihnen, sich in sicherer Form zusammenzutun."[130] Implizit wird damit das basale Prinzip der Selbsterhaltung mit dem Eigennutz gleichgesetzt. Aber wenn es einen Gerechtigkeitssinn gibt, dann treibt die Individuen der Motivationshypothese von Rawls zufolge doch mehr als nur der blanke Eigennutz an. Es wird ihnen offensichtlich *a priori* ein Sinn für soziale Gerechtigkeit zugetraut.

Rawls bemüht sich ausdrücklich und gezielt um eine „vom Urzustand ausgehende Argumentation."[131] Im Einklang mit der Idee der Menschenrechte vertritt er die These, jeder Mensch besitze seinem Wesen nach „eine aus der Gerechtigkeit entspringende Unverletzlichkeit, die auch im Namen des Wohles der ganzen Gesellschaft nicht aufgehoben werden kann."[132] Diesen Rang nimmt bei Kant die Würde des Subjekts ein. Die Menschen im Urzustand sind – wie das am Ende selbst für die Hobbesschen Gewaltmenschen gilt – nach Rawls klug genug, um im eigenen Interesse ein wohlgeordnetes Gemeinwesen aufbauen zu wollen. Wie also sieht die Grundstruktur einer Gesellschaft aus, worin die Erträge und Überschüsse gerecht verteilt werden und welche Pflichten sind den Einzelnen zugleich aufzuerlegen? Um Antworten auf diese Fragen zu finden, erweitert Rawls seine Thesen über das Erscheinungsbild der Akteure im fiktiven Naturzustand: (a) Sie verfügen über einen freien Willen und es gibt zudem Egalität. Niemand genießt Vorteile oder erleidet Nachteile. Also sind Grundsätze der Gerechtigkeit aufzustellen, „die freie und vernünftige Menschen in ihrem eigenen Interesse in einer anfänglichen Situation der Gleichheit zur Bestimmung der Grundverhältnisse ihrer Verbindung aufnehmen würden."[133] Es handelt sich um eine Situation, „in der die Parteien als frei und gleich sowie als ausreichend informiert und rational behandelt werden."[134] (b) Da das Eigeninteresse die Menschen so grundlegend antreibt, beruht die Folgebereitschaft der Einzelnen gegenüber normativen Prinzipien trotz ihres Gerechtigkeitssinn in einem hohen Grad „auf der Aussicht auf eigenen Vorteil."[135] Dennoch gehen die normativen Ideen von Rawls erneut über diese These hinaus. Zu seiner Konstruktion des Naturzustandes gehört nämlich zudem die Annahme, die Individuen seien „einigermaßen frei vom Fehler des Neides."[136] Sie regen sich daher nicht groß darüber auf, wenn andere etwas mehr haben als sie selbst, sondern empören sich erst, wenn soziale Ungleichheiten ihren Gerechtigkeitssinn verletzen. (c) Trotz der bewegenden Kraft des Selbstinteresses verfügen die Individuen über Bedürfnisse und Interessen,

„die sich auf verschiedenartige Weisen ergänzen, so dass fruchtbare Zusammenarbeit zwischen ihnen möglich ist.“[137] (d) Von besonderer Bedeutung für die Argumentation im Ausgang vom Naturzustand ist die Annahme einer ursprünglichen *Gleichheit* der Menschen. In diesem Falle wird darunter die Ansicht verstanden, dass keine Person Macht über andere ausüben kann und über keine Talente verfügt, die ihr erhebliche Vorsprünge gegenüber anderen verschaffen. Niemand ist also in der Lage, „die anderen zu beherrschen.“[138] Bei Fairness geht es Rawls unter Voraussetzung all dieser anthropologischen Annahmen um Spielregeln, die niemandem von vornherein einen Vorteil vor anderen gewähren, also jedem die gleiche Chance für Gewinn oder Verlust einräumen würden. Dies verlangt wiederum Haltungen und Einstellungen, die über ungezügelte Verfolgung des Eigeninteresses hinausreichen und Gleichbehandlung anderer anstreben. Niemand will andere übers Ohr hauen. Ein in diesem Sinne *fairer* Ausgangszustand läge also vor, wenn die Akteure im wohlabgewogenen Eigeninteresse, jedoch unparteilich und die Gefahr der wechselseitigen Übervorteilung meidend, gemeinsame Grundsätze der Gerechtigkeit vereinbaren könnten. (e) Eine ganz entscheidende Rolle bei der Ableitung von Grundsätzen sozialer Gerechtigkeit bzw. einer gerechten Grundstruktur der Gesellschaft spielt jedoch die Annahme, die Individuen handelten im Ausgangszustand unter einem „Schleier des Unwissens“ (*veil of ignorance*). Dies bedeutet, dass keine Person weder ihre Stellung in der Struktur gesellschaftlicher Ungleichheit, etwa ihre Klassenlage kennt, noch das Los, das sie in der Lotterie natürlicher Gaben wie Intelligenz und Körperkraft gezogen hat. „Ich nehme sogar an, dass die Beteiligten ihre Vorstellung vom Guten und ihre psychologischen Neigungen nicht kennen. Die Grundsätze der Gerechtigkeit werden hinter einem Schleier des Nichtwissens festgelegt.“[139] Niemand der Akteure kann unter diesen Voraussetzungen beim Versuch, mit den anderen eine Übereinkunft zu erzielen, in Bezug auf Grundsätze sozialer Gerechtigkeit die Vor- oder Nachteile absehen, die ihm eine bestimmte Klassenzugehörigkeit oder das soziale Ansehen in einer bestimmten Position in der Gesellschaft später einbringen würden. Zudem wissen die Akteure nicht, wie sich die verschiedenen Optionen in einer Situation sich auf ihre Interessen auswirken würden.[140] Wenn es um die Vereinbarung von Gerechtigkeitsgrundsätzen geht, muss mithin jeder Mensch seine Entscheidung unter einem Risiko aufgrund gleicher Unkenntnis fällen. Ihre Überlegungen laufen dann in die Richtung: Wie stünde ich im schlimmsten Fall da? Wie stünde ich da, wenn ein Feind in der Lage wäre, mir einen Platz in der Gesellschaft anzuweisen? Die Kernfrage einer Theorie der Gerechtigkeit lautet unter diesen Bedingungen folgendermaßen: Welche Grundsätze sozialer Gerechtigkeit würden Individuen unter dem Schleier des Nichtwissens in einem (fiktiven) Urzustand vereinbaren, der all die angeführten Merkmale aufweist? Ob Rawls Ableitung seiner Grundsätze aus seinen Prämissen wirklich auch nur ansatzweise so stringent ist, wie die Deduktion von Theoremen aus Axiomen in der Mathematik, darüber lässt sich trefflich streiten. Vielleicht hat er statt an die strenge Deduktion *more geo-*

metrico, wie sie Hobbes vor Augen stand, ohnehin an so etwas wie den hermeneutischen Zirkel der Interpretation gedacht? Für diese Möglichkeit könnte sein Konzept des „Überlegungsgleichgewichts" (*reflective equilibrium*) sprechen. So gesehen würden die Annahmen über den Urzustand eine Art Start- und Bezugspunkt für die Interpretation empirisch vorfindlicher Gerechtigkeitsvorstellungen bilden.[141] Diese werden im Lichte der Konstruktion eines Naturzustandes aufgeschlüsselt. Durch das Ergebnis der anfänglichen Deutung verändern und erweitern sich die vorausgesetzten Deutungshypothesen. Danach kann eine neue Deutungsrunde auf verbesserte Grundlage beginnen usf. Dadurch scheinen sukzessive neue, differenziertere, stichhaltigere Merkmale empirischer Gerechtigkeitsvorstellungen im hermeneutischen Zirkel auf, der eigentlich eine Spirale darstellt. Immerhin gibt es bei Rawls Aussagen, die in diese mögliche Richtung weisen: Mit dem hermeneutischen Deutungsverfahren lässt sich z. B. feststellen, „ob die Grundsätze, die (unter den Bedingungen, die für den Entwurf eines Urzustandes gelten – J.R.) gewählt würden, unseren wohlüberlegten Gerechtigkeitsvorstellungen entsprechen oder sie auf annehmbare Weise erweitern."[142] Von welcher Art und welchem Grad der Exaktheit die „Ableitung" auch sein mag, sein Vorhaben mündet in zwei vieldiskutierten Grundsätzen der Gerechtigkeit aus. Diese sollen Regelungen bezeichnen, wodurch bestimmte *Grundgüter* und *Lebenschancen* der Individuen auf Basis der damit herbeigeführten Grundstruktur der Gesellschaft verteilt werden.

Der *erste Grundsatz* lautet:

„Erstens hat jede Person, die an einer Praxis beteiligt ist oder durch sie beeinflusst wird, das gleiche Recht auf größte Freiheit, soweit sie mit der gleichen Freiheit für alle vereinbar ist."[143]

„Jedermann soll gleiches Recht auf das umfangsreichste System gleicher Grundfreiheiten haben, das mit dem gleichen System für alle anderen verträglich ist."[144]

Diese beiden Definitionen erinnern ein Stück weit an die Rechtsdefinition von Kant: „*Freiheit* (Unabhängigkeit von eines andern nötigender Willkür), sofern sie mit jedes anderen Freiheit nach einem allgemeinen Gesetz bestehen kann, ist dieses einzige, ursprüngliche, jedem Menschen, kraft seiner Menschheit, zustehende Recht."[145]

Der *zweite Grundsatz*, das sog. „Differenzprinzip", lautet:

„Soziale und wirtschaftliche Ungleichheiten müssen folgendermaßen beschaffen sein:

a) sie müssen unter der Einschränkung des gerechten Spargrundsatzes den am wenigsten Begünstigten den größtmöglichen Vorteil bringen, und

b) sie müssen mit Ämtern und Positionen verbunden sein, die allen gemäß fairer Chancengleichheit offenstehen."[146]

Die Aussage, dass soziale und wirtschaftliche Ungleichheiten irgendeinen Vorteil bringen sollen, klingt widersprüchlich. Sie ist nur schwer nachzuvollziehen, werden z. B. Ausbeutung und Diskriminierung als Erscheinungsformen sozialer Ungleichheit verstanden oder als eine Klassenstruktur mit starken Gefällen auf den Ungleichheitsdimensionen Reichtum, Macht und Ehre (Prestige) angesehen. Es könnten jedoch auch soziale Ungleichheiten gemäß den Prinzipien *geometrischer Gleichheit* gemeint sein. D.h.: Eine Abstufung von Belohnungen und Belastungen je nach den auf legitimen Wegen erworbenen Meriten gilt schon seit Aristoteles als gerecht. Wie aber sind Zuteilungen und Belastungen angesichts einer auf diese Weise bestehenden und gradierten Ordnung zu bewerten? Das Differenzprinzip von Rawls sagt aus, dass eine Abstufung nach geringeren oder größeren Zuteilungen oder Belastungen 1.) nur dann als gerecht gelten kann, wenn sie von Vorteil für *alle* Beteiligten ist. „Sollte der recht wahrscheinliche Fall eintreten, dass diese Ungleichheiten sich als Anreize zu Erzielung besserer Leistungen auswirken, so betrachten die Angehörigen dieser Gesellschaft sie vielleicht als Zugeständnisse an die menschliche Natur ... Es kann dem allgemeinen Nutzen dienen ..., dass man bestimmten Ämtern besondere Vorteile zuordnet."[147] Hinzu kommt 2.), dass die Differenzierung nach geometrischer Gleichheit zur Verbesserung der Lage der bisher am schlechtesten Gestellten beitragen muss. Den am wenigsten Begünstigten muss ein möglichst großer Vorteil gewährt werden.[148]

Bis in die jüngere Vergangenheit hinein gibt es also Versuche, bestimmte Ordnungsprinzipien von Staat und Gesellschaft sowie die Kriterien einer gerechten Ordnung menschlicher Verhältnisse ähnlich wie in der Tradition des klassischen Naturrechtsdenkens aus der methodischen Fiktion eines Natur- bzw. Ausgangszustandes der Menschheitsentwicklung „abzuleiten." In diesem Sinne schreibt R. Nozick etwa zur gleichen Zeit wie Rawls: „Eine Theorie des Naturzustandes, die mit fundamental allgemeinen Beschreibungen moralisch erlaubter oder unerlaubter Handlungen beginnt, zusammen mit tief verankerten Gründen, warum einige Personen in jedweder Gesellschaft diese moralischen Einschränkungen verletzen und die damit fortfährt, zu beschreiben, wie ein Staat aus diesem Naturzustand entsteht, wird unseren Erklärungsabsichten dienen, *auch wenn kein aktueller Staat jemals auf diese Weise hervorgekommen ist.*"[149] Die äußerst kontroversen Diskussionen, ob es universelle Rechte gibt, die alle Menschen ihrem Wesen gemäß (*de natura*) zukommen sowie die Auseinandersetzungen über die Idee universeller Prinzipien gerechter Gesellschaftsordnung und menschlicher Moral, sind weiterhin in vollem Gange.

Kapitel 4
Robinsonwirtschaft und Wahlfreiheit

Die Robinsonsequenz und ihre Umkehrung

Die Robinsonaden der klassischen und neoklassischen Nationalökonomie lassen sich dem Typus des affirmativ-vorgesellschaftlichen Naturrechtsdenkens zuordnen. Robinsonaden spiegeln sich überdies im methodischen Individualismus des wirtschaftswissenschaftlichen Denkens der Gegenwart wider. Sie alle erinnern an den schottischen Seemann Alexander Selkirk (1676–1721), der auf einer der Juan-Fernández-Inseln zurückgeblieben ist, weil er dem morschen Schiff, auf dem er angeheuert hatte, nicht länger traute – und das mit recht. 1709 wurde er gerettet. Robinson musste sein Leben – vor der Ankunft seines „Freitag" genannten Sklaven – sein Leben alleine in Einsamkeit und Freiheit gestalten. Daniel Defoe (1660–1732) tauft den Insulaner zu „Robinson Crusoe" um und schreibt einen Bestseller über dessen arbeitsames Leben auf der Insel. Seitdem spielen Robinsonaden in der klassischen politischen Ökonomie sowie in der späteren Volkswirtschaftslehre eine wichtige Rolle. Der französische Ökonom Frédéric Bastiat (1801–1850) betont, anhand der Aktionen Robinsons könne man den Wesenskern der politischen Ökonomie erkennen.[150] Wie im Falle der klassischen Naturrechtstheorien gibt es einen Anfangszustand, worin Individuen jedoch als vereinzelte Einzelne agieren. Vom einfallsreichen und arbeitsamen Einzelnen ausgehend werden Kapitalbildung, Tausch, Geld und Kredit „entwickelt". In Umrissen:

Die Robinsonsequenz

- In einer Reihe von Texten der Ökonomie treten individuelle „Urjäger" oder „Urfischer" an die Stelle Robinsons. Der einsame Urfischer sammelt zunächst einmal nur die Fische ein, die er in den Lachen nach der Ebbe oder in Strandnähe aufgreifen kann.
- Dann schlägt ein Geistesblitz bei ihm ein. Er kommt auf den Gedanken, ein Fischernetz aus Hanf o. ä. zu flechten. Dadurch erreicht er einen Mehrertrag über sein aktuelles Bedürfnisniveau hinaus. Wenn er den Mehrertrag nicht vollständig für seinen Konsum verbraucht, dann kann er einen Vorrat anhäufen, der es ihm erlaubt, die für den Netzbau notwendige Zeit zu überbrücken. Mit anderen Worten: Er *spart* durch *Konsumverzicht*.
- Sein wachsender Vorrat erlaubt es ihm zudem, seinen noch arbeitsaufwändigeren zweiten Einfall zu realisieren: er baut ein Boot. Er wählt also den zusätzlichen Umweg des Bootsbaus statt des unmittelbaren Konsums von der Hand

in den Mund. Diese *Umwegproduktion* erlaubt eine weitere Steigerung der Erträge – Wachstum findet statt.

- Der Urfischer wird auf diesen Wegen zugleich zum Erfinder des *Kapitals*. Denn Kapital befindet sich durch Innovation in der Form der Produktionsmittel „Netz“ und „Boot“ in seinen Händen. „Von dem Ursparen der Fischer, die einen Teil ihrer Arbeit nicht der Sorge für den nächsten Tag, sondern durch das Herstellen von Netzen und Booten der Vorsorge für spätere Tage gewidmet haben, ziehen wir auch heute Nutzen. Hätten die Söhne der Fischer das so gebildete Kapital wieder aufgezehrt, indem sie die Zwischenprodukte – Netze und Boote – aufgebraucht hätten, ohne für Ersatz durch Widmung eines Teils ihrer Arbeit zu sorgen, dann hätte der Kapitalbildungsprozess von Neuem beginnen müssen.“[151] Es bedarf zu allem also der ertragserweiternden Reinvestition oder wenigstens der Ersatzinvestition.
- Kapitalbildung setzt gemäß dieser Parabel mithin Konsumverzicht, Umwegproduktion (zur Herstellung von Zwischenprodukten) sowie einen gewissen Grad der rationalen und zukunftsorientierten Planung voraus.
- Aber was macht der einsame Insulaner mit seinem immer weiter anwachsenden Mehrprodukt? Er folgt der Motivationshypothese von A. Smith: Nach dessen anthropologischer Prämisse beseelt die Menschen ein Hang zum Tauschen.
- Alsdann wird Robinson zum Abenteurer und Entdecker. D.h.: Er setzt sich samt einigen seiner Produktionsüberschüsse in sein weiter verbessertes Boot und schippert zur nächsten Insel. Dort findet er Einwohnerinnen und Einwohner vor, die etwas anbieten, was er gerne haben möchte, während sie – umgekehrt – Interesse an seinen Erzeugnissen bekunden.
- Es entstehen erstmals soziale Beziehungen durch *Tausch* – zunächst in der Form des unmittelbaren Produktentauschs bzw. einer *barter economy*. Austauschhandlungen können in der Folge dann an festeren Orten, auf Marktplätzen, stattfinden. „Jones (alias Robinson Crusoe – J.R.) produziert ein Fass Fisch und tauscht dieses mit Smith gegen ein Scheffel Weizen. Beide Parteien willigen in den Tausch ein, in der Erwartung, von diesem Tausch zu profitieren. So setzt sich der freie Markt aus einem Geflecht von Tauschakten zusammen, die zu jedem Zeitpunkt von beiderseitigem Nutzen sind.“[152] Die Marktgänger müssen feilschen (*barter*), bis ein einverständiger Händelwechsel ihrer Produkte stattfinden kann.
- Feilschen wie im Basar ist umständlich und reibungsvoll, auch wenn es einigen Profis richtig Spaß machen kann. Beim sog. „prämonetären Warentausch“ gibt es jedoch – wenn er jemals so wie beschrieben irgendwo stattgefunden hätte (s. u.) – das Problem, jemanden zu finden, der über einen Überschuss verfügt, der genau den Bedürfnissen des Tauschpartners entspricht. Mit zunehmender Arbeitsteilung und wachsender Überschussproduktion wird der unmittelbare Produktentausch immer umständlicher und schwieriger.

- Wieder schlägt der Geistesblitz ein: Der pfiffige Robinson oder Smith oder Jones – oder wer auch immer – erfindet das Geld! Am Anfang der Geldentwicklung übernehmen handfeste, von allen Menschen eines Gebietes begehrte Güter die Rolle des Geldes. In Afrika, Südasien und in der Südsee waren es die Gehäuse der Kaurischnecken (auch Kaurimuscheln genannt), die von der Bronzezeit und in abgelegenen Gegenden bis ins 19. Jh. hinein im Umlauf waren. Nicht selten war es auch das Vieh (*pecunia*), das pekuniäre Probleme lösen sollte. Gold und Silber (aber auch andere Metalle) wurden alsdann zum Rohstoff der Geldprägung und der Schatzbildung (des Hortens) zugleich. Die Edelmetalle wurden zudem zu Schmuck und Verzierung verarbeitet. Edelmetalle erhielten den Rang der Geldware und wurden als Gold- und Silbermünzen ausgeprägt. Sie wurden zum Medium mit Tauschwert, während der Gold- und Silberschmuck seinen Rang als Gebrauchswert behielt. Seltene Güter wie (damals schon) Bernstein behalten bis heute ihren Gebrauchswert, wobei z. B. für seltene Bilder berühmter Maler von Sammlern auf Auktionen ein exorbitanter Preis aufgerufen und gezahlt wird.
- Doch im Verlauf der Geschichte verlor der Geldstoff immer mehr an zusätzlichem Gebrauchswert und ist inzwischen bei Papier für Banknoten, wenn nicht bei *bits* and *bytes* auf der *hardware* des *online-banking* angelangt. Das Geld wird dadurch weitgehend auf seine reine Funktion im Tauschverkehr reduziert.
- Schon Marx hat die 4 Funktionen des Geldes erwähnt, die zur Standardauskunft über Geldfunktionen gehören, die sich in nationalökonomischen Lehrbüchern nachlesen lässt.
  a) *Geld als Wertmaß.* Dadurch werden die Warenwerte „als gleichnamige Größen, qualitativ und quantitativ" dargestellt.[153]
  b) *Geld als Zirkulationsmittel.* Es kann gegen jede beliebige Ware eingetauscht werden. Das erleichtert im Vergleich zum fiktiven Naturaltausch den Händewechsel der Waren und beschleunigt ihre Zirkulation.[154]
  c) *Geld als Wertaufbewahrungsmittel.* Horten, Sparen und Kassenhaltung (Keynes) fallen in diesen Bereich.
  d) *Geld als Recheneinheit.* Die Waren werden für Marx nicht durch das Geld kommensurabel. Umgekehrt! „Weil alle Waren als Werte vergegenständlichte menschliche Arbeit, daher an und für sich kommensurabel sind, können sie ihre Werte in derselben spezifischen Ware (z. B. Gold – J.R.) messen und diese dadurch in ihr gemeinschaftliches Wertmaß oder Geld verwandeln."[155] (MEW 23; 109). Dies bedeutet einen Grundsatz seiner Arbeitswertlehre.
- Am Ende der Robinsonsequenz steht der *Kredit.* Geld wird in einem Verhältnis von Gläubiger und Schuldner ausgeliehen. Für die hoffnungsvolle Bereitschaft des Gläubigers, auf die Rückzahlung zu warten, ist ein Geldbetrag: der *Zins* zu zahlen.

- Die neoklassische Nationalökonomie weist die Marxsche Arbeitswertlehre zurück. Für Vertreterinnen und Vertreter der hegemonialen Ökonomie sind es vielmehr Angebot und Nachfrage, welche den *Preis* einer Ware und damit auch den *Wert* der Waren bestimmen. Das ist es mir wert, heißt: Das bin ich bereit, auf Märkten zu zahlen, d. h.: einen Teil meiner Kaufkraft zu opfern. Angebot und Nachfrage nach Kredit bestimmen überdies die Zinshöhne – wie immer die Zinspolitik der Zentralbanken an der Zinsschraube drehen mag.

Die Inversion der Robinsonsequenz

Kein Mensch ist eine Insel, selbst wenn er ganz allein auf einer solchen gestrandet sein sollte. Robinson landet als voll sozialisierter Bürger auf dem Eiland und ist später dann erleichtert, Freitag vor dem Verzehr durch Kannibalen schützen, als subalterne Arbeitskraft nutzen sowie als Adressat eines soliden angelsächsischen Erziehungsvorganges ansprechen zu können. Über diese Relation zwischen Herr und Knecht hinausgehende soziale Beziehungen beginnen in den Robinsonaden der Nationalökonomie allerdings ernsthaft erst in dem Moment, wo Robinson Tauschbeziehungen eingeht und mit dem Feilschen (*barter*) beginnt. Deswegen sagt D. Graeber: „Die Geschichte des Geldes beginnt für Ökonomen stets mit der Welt eines einfachen Produktentauschs" – nachdem Robinson seine einsame Insel verlassen hat.[156] Graeber dreht jedoch die Robinsonachse um 180°, wodurch der Kredit an die erste Stelle gelangt.

Die umgekehrte Robinsonsequenz

- Schuld- und Kreditverhältnisse gab es schon lange, bevor das Geld etwa in der Form von Münzen seine zentrale Rolle im Güterverkehr der Völker spielte. „Wir haben nicht mit dem einfachen Warentausch begonnen, dann das Geld entdeckt, und dann letztendlich das Kreditsystem entwickelt. Es ist genau umgekehrt gelaufen."[157]
- Doch der Begriff des „Kredits" ist dabei nicht – wie es mit aller Selbstverständlichkeit in der Geldwirtschaft sprachlich üblich ist – auf *monetäre* Schuldverhältnisse einzuschränken.
- Hinter jedem menschlichen Verhältnis, bei dem eine Person akzeptiert, dass eine andere ihr irgendetwas eine Zeit lang schuldig bleibt, stehen *Treu und Glauben*. Kredit kommt vom lateinischen *credere* und dieses Verbum bedeutet u. a. auch „glauben" und „glauben an" (die Götter etwa). Irgendwie ist der Gläubiger gutgläubig.
- Im Anschluss an diesen Bedeutungshorizont kann jemand irgendjemandem z. B. einen nicht-monetären Gefallen schulden. Vom Gläubiger wird mit eini-

gem Optimismus angenommen, der Schuldner reagiere bei passender Gelegenheit auf die erwartete Weise und/oder halte sich an die Konventionen und Regeln von Gabe und Gegengabe, worin derartige Schuldverhältnisse in der betreffenden Kultur eingebettet sind.

- In sämtlichen indo-europäischen Sprachen sind zudem all diejenigen Worte, welche sich auf Schulden beziehen, sinngleich mit Worten, die für „Sünde" und damit für eine Schuld stehen, die man büßen muss![158]
- Graeber erwähnt den deutschen Historiker Bernhard Laum (1884–1974), der in seinem Buch über ‚Heiliges Geld' die sakralen, mit der Abgeltung von Schuld durch ein Opfer an die Götter verbundenen Wurzeln des Geldes betont hat. Nach Laum haben Homers Helden den Wert eines Schiffes oder einer Rüstung in Ochsen gemessen. Der Ochse stellte jedoch zugleich das Opfertier für die Götter dar. „Überall, so sieht es demzufolge aus, scheint das Geld sich aus dem Ding entwickelt zu haben, bei dem es angemessen erschien, es den Göttern zugeben", um ihr Wohlwollen zu gewinnen oder ihren Zorn zu besänftigen.[159]
- Laums Erklärung ist vielleicht nicht hinreichend, aber für Graeber liefert sie einen der Anhaltspunkte dafür, „dass das Geld ursprünglich und vor allem ein Anerkenntnis darstellt, dass man jemandem etwas schuldet, das wertvoller ist als Geld."[160]
- In den meist Gesellschaften der Frühgeschichte der Menschheit wurde das Geld zudem in erster Linie verwendet, um Heiraten zu arrangieren. Es geht also nicht primäre darum, irgendein Produkt einzukaufen. „Es handelt sich vielmehr um ein Rearrangement der Beziehungen zwischen Menschen."[161]
- Die Gabe, so hat vor allem Marcell Mauss (1872–1950) gezeigt, spielte zu den frühen Zeiten ebenfalls eine zentrale Rolle. Es gab zahllose Situationen, in denen alle Beteiligten bei einer Gabe und Gegengabe davon überzeugt sind, dass es gerecht zugegangen ist, ohne dass sie über eine Messlatte auf dem Niveau einer Rationalskala verfügten, die es ihnen erlaubt hätte – wie beim Äquivalententausch – die *Gleichwertigkeit* der Leistungen exakt zu messen. „Henry gibt Joshua ein Schwein und hat dann das Gefühl, er habe dafür ein inadäquates Gegengeschenk erhalten. Er könnte Joshua als einen Geizhals verspotten. Er hätte jedoch wenig Anlass dafür, mit einer mathematischen Formel aufzuwarten, die haargenau angibt, wie geizig Joshua seinem Eindruck nach gewesen ist."[162] Gaben können auch als Geschenk weitergereicht werden, ohne dass eine Gegengabe erwartet wird. Dankbarkeit kann ausreichen.
- Gegebenheiten wie diese machen überdies klar, warum in der Frühgeschichte der Geldentwicklung sie viele und höchst verschiedenartige Produkte die Rolle des Geldkörpers auf der Grundlage von Schuldverhältnissen übernehmen konnten. „Innerhalb einer Gemeinschaft – einer Gemeinde, einer Stadt, einer Gilde oder einer religiösen Gesellschaft – konnte nahezu alles Beliebige als Geld funktionieren, vorausgesetzt *irgendjemand* war bereit, es zu akzeptieren, um eine Schuld zu begleichen."[163]

- Heute geht die Standardökonomie davon aus, der exakte Wertvergleich sei möglich. Die Präfenzen der Individuen als Antrieb für die Nachfrage vorausgesetzt, bestimmt diese im Zusammenspiel mit dem von den Herstellungskosten und dem hoffnungsfrohen „Gewinnaufschlag“ bestimmten Angebot den Preis und damit den genauen Wert einer Ware.
- Doch die Grundvorstellung der Schuld und sittlicher Verpflichtung ist damit nicht aus der Welt geraten. Es gibt außerhalb der Kreise der kleinen, großen oder ganz großen *masters of the universe* durchaus noch Leute, die sich fragen, was es genau bedeutet, „wenn gesagt wird, unser Gefühl für Sittlichkeit und Gerechtigkeit werde auf die Sprache eines Handelsgeschäfts reduziert“.[164] Damit wird die Frage nach dem Verhältnis von Ethik und Ökonomie aufgeworfen (s. u.).

Zwischenbemerkung: Parabeln sind wie Metaphern nicht schlechthin wahr oder falsch. Sie stellen sich vielmehr als heuristisch taugliche oder untaugliche Mittel heraus, vertiefende Einsichten in einen Untersuchungsbereich zu gewinnen, Anstöße zum Weiterdenken zu liefern sowie diesem eine gewisse Ausrichtung zu geben. An sich könnte die realitätsferne Modellierung des Urfischers und seiner glorreichen Taten zu einer klareren Einsicht in das tatsächliche Geschehen beitragen. Es gibt jedoch eine Fülle von Kritiken an Implikationen und Erweiterungen der Robinsonreihe sowie am homo oeconomicus als dem dazu passenden Modellmenschen, der seit unvordenklichen Zeiten angeblich damit befasst ist, seinen Nutzen wie ein Betriebswirt zu maximieren (s. u.). Dadurch, dass der Kredit durch die Inversion an die erste Stelle gerückt wird, erscheint der „unmittelbare Produktentausch“ (H. G. Backhaus) als irreführende Fiktion.[165] Ein irreführender Blick auf die tatsächlichen Verhältnisse ergibt sich allein schon dadurch, dass die anthropologische Forschung nirgendwo bei den sog. „Urmenschen“ so etwas wie eine Barterökonomie oder einen modellanalogen Vorgang der Geldentstehung nachweisen konnte. So schreibt beispielsweise die Anthropologin Caroline Humphrey: „Kein Beispiel für eine Barterökonomie, einfach und schlicht, ist jemals beschrieben worden, geschweige denn die daraus folgende Entstehung von Geld; die gesamte verfügbare Ethnographie weist darauf hin, dass es so etwas nie gegeben hat.“ [166] Die umgekehrte Robinsonreihe ist entschieden näher an Ergebnissen der kulturanthropologischen und paläontologischen Forschung als die Sequenz der Standardökonomie.

Freiheit der Willkür

Die hypothetischen Imperative bei Kant bedeuten zwei elementare Typen zweckrationalen Handelns, die Habermas als „instrumentelles Handeln“ (= Imperative der Geschicklichkeit bei Kant) einerseits, „strategisches Handeln“ (= Imperative der Klugheit) andererseits bezeichnet. Kluges und geschicktes Handeln setzt den freien Willen in seiner Erscheinungsform als „Freiheit der Willkür" (Kant) voraus. Dieser Begriff hat wenig mit dem Vorgehen frei Schnauze oder absolut rücksichtslosen Taten und Untaten frei von allen normativen Bindungen zu tun. In diesem Falle scheint „Willkür" vielmehr mit „Willensfreiheit im Allgemeinen" gleichgesetzt zu werden. „Alle praktischen Prinzipien, die ein *Objekt* (Materie) des Begehrungsvermögens, als Bestimmungsgrund des Willens voraussetzen, sind insgesamt empirisch und können keine praktischen Gesetze abgeben."[167] Hinter diesem Typus der Willensäußerung steht demnach keine Kausalität zum Handeln nötigender (das Handeln determinierender) Antriebe und Neigungen. „Der Wille ist eine Art von Kausalität lebender Wesen, so sie vernünftig sind, und Freiheit würde diejenige Kausalität sein, die unabhängig von fremden sie bestimmenden Ursachen wirkend sein kann."[168] Trotz der Unabhängigkeit von der „Nötigung" durch Antriebe oder aufgrund der Einwirkung irgendwelcher innerer oder äußerer Faktoren zielt die „Willkür" auf Objekte, die den empirisch gegebenen Neigungen des Individuums bequem sind. „Denn der Bestimmungsgrund der Willkür ist alsdann die Vorstellung eines Objekts, und dasjenige Verhältnis zum Subjekt, wodurch das Begehrungsvermögen zur Wirklichmachung desselben bestimmt wird. Ein solches Verhältnis aber zum Subjekt heißt die Lust an der Wirklichkeit eines Gegenstandes."[169] Die Freiheit der Willkür kann zudem mit Wahlfreiheit in Verbindung gebracht werden, alldieweil das Subjekt auf der Grundlage seiner vielfältigen Neigungen diejenige unter den gegebenen Optionen auswählt, die ihm zu einem Ergebnis führt, welches ihm „Lust" bzw. einen Nutzen gewährleistet oder zu gewährleisten scheinen. Das menschliche Glücksstreben ist unabdingbar! Aber ein überall und jederzeit geltendes Sittengesetz lässt sich darauf nicht gründen. Denn „alle praktischen Prinzipien, die ein Objekt (Materie) des Begehrungsvermögens, als Bestimmungsgrund des Willens, voraussetzen, sind insgesamt empirisch und können keine praktische Gesetze abgeben."[170] Wegen dieser Bindung an die zufällig verfügbaren oder praktisch herzustellenden Objekte sowie durch den Bezug auf die Vielfalt, Heterogenität, Vagheit und Veränderlichkeit der Neigungen der Einzelnen können irgendwelche Erscheinungsformen des menschlich-allzumenschlichen Glücksstrebens keine Grundlage für die Einsicht in ein Sittengesetz liefern, das alle vernünftigen Wesen überall und jederzeit zur Achtung der Würde der anderen verpflichtet. Autonomie ist nicht gleich Freiheit der Willkür! „Die Autonomie des Willens ist das alleinige Prinzip aller moralischen Gesetze und der ihnen gemäßen Pflichten; alle Heteronomie der Willkür gründet dagegen nicht allein gar keine Verbindlichkeit, sondern ist vielmehr dem Prinzip derselben und der Sittlichkeit des Willens entgegen."[171] Nochmals: „Entgegen" bedeutet keine vollständige Verwerfung des Glücksstrebens, sondern das Autonomieprinzip entscheidet darüber, ob eine empirische Handlungsmaxime, ein hypothetischer Imperativ moralisch, unmoralisch oder moralisch gleichgültig ist. Diese Differenzbestimmung wird jedoch in der Tradition des Utilitarismus,

Hedonismus und Eudämonismus in Frage gestellt. Zweckrationalität bedeutet in diesem Falle die oberste Norm, die über ein gutes und vernünftiges Leben entscheidet. In den Spiel- und Entscheidungstheorien der Gegenwart, welche zugleich der Wirtschaftslehre (im Bereich der Mikroökonomie) die Grundlagen liefert, verkörpern Wahlfreiheit und Zweckrationalität als strategisches Handeln die entscheidenden normativen Prinzipien.

Nachdrücklich mit dem Handeln der Individuen oder von Gruppen befasste Wissenschaften wie die Psychologie, Sozialpsychologie, Interaktionstheorie, nicht zuletzt die Theorien rationaler Wahlhandlungen (*rational choice theories*) und Entscheidungen (*decion theories*) implizieren Aktormodelle. Aktormodelle setzen sich meist aus einem Menschenbild im Zusammenhang mit Motivationshypothesen zusammen. Motivationshypothesen enthalten Annahmen darüber, was Menschen grundlegend antreibt. Das Prinzip der Selbsterhaltung etwa oder die Lust-Unlust-Orientierung oder das Streben nach dem Nutzenmaximum. Zu Hobbes' Menschenbild gehören entscheidend die egoistischen und gewaltbereiten Akteure im Naturzustand. In der Neuzeit gibt es zahlreiche Texte zur Philosophie, worin die wesentlichen Pinselstriche eines anderen Menschenbildes ausdrücklich zum Vorschein kommen. So schreibt z. B. J. G. Fichte (1762–1814): „Der Mensch (so alle endlichen Wesen überhaupt) wird nur unter Menschen ein Mensch.“[172] Vor allem aber muss der Mensch weitgehend selbst etwas aus sich machen; denn „die Natur hat alle ihre Werke vollendet, nur von dem Menschen zog sie die Hand ab, und übergab ihn gerade dadurch an sich selbst. Bildsamkeit, als solche, ist der Charakter der Menschheit.“[173] Was der „Charakter“ des Menschen, was seine Wesensmerkmale seien, mit dieser Problematik einer neuzeitlich so genannten „philosophischen Anthropologie“ befasst sich Kant in seiner Schrift ‚Anthropologie in pragmatischer Hinsicht‘. Dort findet sich die gleiche These über die „Bildsamkeit“ des Menschen wie bei Fichte. „Die physiologische Menschenkenntnis geht auf die Erforschung dessen, was die Natur aus dem Menschen macht, die pragmatische auf das, was er, als freihandelndes Wesen aus sich selber macht, oder machen kann und soll.“[174] Aber er kann nicht nach Belieben oder aufgrund seiner Freiheit der Willkür das aus sich machen, was er will. Abgesehen davon, dass das Menschenwesen vielfältigen Einflüssen seiner inneren und äußeren Natur sowie der gesellschaftlichen Lebensbedingungen unterliegt, bedarf er zudem selbstgemachter Stützen seiner Existenz. Deswegen bezeichnet S. Freud den Menschen als einen „Prothesengott“: „Der Mensch ist sozusagen eine Art Prothesengott geworden, recht großartig, wenn er alle seine Hilfsorgane anlegt, aber sie sind nicht mit ihm verwachsen und machen ihm gelegentlich noch viel zu schaffen.“[175] Die Prothesen bestehen in erster Linie aus Institutionen und Organisationen, vorbewussten Routinen, Rezepten, etablierten Orientierungen, eingelebten

Gefangenendilemma und Nullsummenspiel

Als Kernvorstellung der Theorien über rationale Entscheidungen unter Unsicherheit lässt sich das sog. Gefangenendilemma bezeichnen. Über das Gefangenendilemma sagt Jon Elster, es sei „allgegenwärtig im sozialen Leben."[176] Es ist zu komplexen mathematischen Modellen ausgebaut worden. Aber in einer ganz einfachen Form lässt es sich vielleicht so zusammenfassen:

Auszahlungen beim Gefangenendilemma.

Leugnen	**Gestehen**
B	A = -1
AB = -2	
	AB = -3
A =4	B

Erläuterung: Zwei Delinquenten stehen angesichts einer gemeinsam begangenen Tat vor zwei Verhaltensmöglichkeiten, die sie gegenüber dem Richter an den Tag legen können: leugnen oder gestehen. Vom Akteur A aus gesehen gilt: Wenn A gesteht und B hartnäckig weiter leugnet, wird A nur 1 Jahr Haft bekommen (Spalte 1). Aber A weiß überhaupt nicht, wie sich B verhalten wird. Wenn beide leugnen, ohne dass die Indizien wirklich durchschlagend sind, dann gibt es mit Hilfe ihres trickreichen Verteidigers 2 Jahre Haft für beide (Spalte 2). Wenn beide gestehen, dann bekommen sie zu gleichen Teilen 3 Jahre Haft, d. h. die Mindeststrafe (Spalte 3). Leugnet A und B gesteht, dann bekommt A die Höchststrafe: 4 Jahre Haft (Spalte 4). Aber ist der andere nun ein Singvogel oder nicht? A gesteht und B leugnet; das wäre gut für A. Aber tut B das wirklich? Wehe, wenn auch er gesteht, dann sind es 3 Jahre! Es gibt eine sog. „dominante Strategie", eine Strategie, mit der beide am besten wegkommen, wenn sie nicht wissen, ob der andere hartnäckig schweigt oder im Verhör nachgibt. Unter der Voraussetzung der oben angenommenen Verteilung der „Auszahlungen" kommen A und B am besten weg, wenn sie beide hartnäckig leugnen, obwohl jeder unter den günstigsten Bedingungen nur 1 Jahr Haft bekommen hätte.

Ein weiteres bekanntes Modell der Spiel- und Entscheidungstheorien stellt das sog. „Nullsummenspiel" dar. Die Akteure bemühen mit der gleichen Strategie um einen Vorteil gegenüber anderen „Spielern." Das Ergebnis eines konsequenten Einsatzes der nämlichen Strategie durch sämtliche Akteure führt jedoch zu einer Auszahlung gleich null für alle Beteiligten: Die Leute in der ersten Reihe des Freilichttheaters stehen auf, um besser sehen zu können, daraufhin machen das auch die in der Reihe 2 usf. Am Ende hat sich nichts verändert. Die Sicht weiter hinten bleibt so mies wie vorher. Oder: Immer mehr Wald wird für die Viehzucht gerodet, mit dem Effekt, dass die ertragsmindernde Bodenerosion zunimmt. Andererseits ist jedoch die Aussage zutreffend: „Keine Gesellschaft könnte funktionieren, wenn die Pläne aller ständig durchkreuzt würden. Die universelle Frustration der Pläne würde das Chaos bedeuten."[177] Es muss immer auch ein Stück „Gleichgewicht" in den Beziehungen geben, wobei Elster Erscheinungsformen gesellschaftlichen Gleichgewichts als einen Zustand definiert, „in dem die Pläne der Leute miteinander konsistent sind."[178] Manchmal heißt es auch – dem ähnlich – ein Gleichgewicht der Interaktionen bestünde, wenn es für niemanden einen Grund gibt, seine Pläne zu ändern.

Universelle Kausalerklärungen?

Das Gefangenendilemma und das Nullsummenspiel klären oder erklären gewiss Manches im Hinblick auf das auch alltagsweltlich vorfindliche strategische Handeln unter Risiko und Unsicherheit. Aber was heißt da „erklären"? Nicht nur für J. Elster, auch für andere Autorinnen und Autor, die an die Theorien rationaler Wahlhandlungen anschließen, sind sämtliche wissenschaftlich sinnvollen Erklärungen gleich Kausalerklärungen. „Ich argumentiere, dass eine jede Erklärung kausal ist."[179] Z. B. Funktionale, teleologische Erklärungen oder das Verstehen wären bestenfalls nichts als verkappte Kausalerklärungen. Aber was eine angemessene Kausalerklärung ist, das ist selbst wieder strittig. Im Alltag besteht für uns eine Erklärung meistens im Verweis auf (mindestens) einen Faktor als Ursache, welcher das zu erklärende Phänomen bewirkt hat (haben könnte). In zahlreichen Texten zur Wissenschaftstheorie der Sozialwissenschaften wird auf das HO-Schema (= Hempel/Oppenheim-Schema) rationaler Erklärungen verwiesen. „Erklären" heißt in diesem Falle: Aus der Annahme eines gesetzmäßigen Zusammenhangs zwischen p und q – unter Berücksichtigung sonst gleicher Randbedingungen (*ceteris paribus*) und ihrer konkreten Ausprägung im vorliegenden Fall – kann die empirische Aussage, welche das zu Erklärende als q präsentiert, logisch aus den Gesetzesannahmen plus Randbedingungen deduziert werden. Für strenge Gesetze gilt also: Immer (ausnahmslos) und überall, wenn p, dann auch q. Wenn q empirisch festgestellt wurde, dann lässt sich das Erscheinen von q (cet. p.) nach den Prinzipien des Syllogismus aus der Gesetzesannahme ableiten. Das Erscheinen von q ist damit erklärt.[180] Aber man kann Elster nur mit allem Nachdruck zustimmen, wenn er feststellt: „Es gibt schlicht nur sehr wenige wohlbegründete allgemeine Gesetze in den Sozialwissenschaften."[181] Womöglich gar keine, die über physiologische und psychologische Gesetzmäßigkeiten hinausgehen und soziale Tatsachen zu erklären in der Lage sind. Es gibt keine mit dem Fallgesetz vergleichbaren sozialen Gesetze. Es lässt sich bestenfalls auf sog. „Quasigesetze" zurückgreifen. Dabei handelt es sich zwar um regelmäßig auftretende Ereigniszusammenhänge, die jedoch raum-zeitlich begrenzt in Erscheinung treten und damit nicht so unabdingbar (universell) sind wie das Gravitationsgesetz für fallende Festkörper auf Erden sowie als Kraft im Weltraum. Auch Elster stützt sich daher auf folgende vorsichtigere Erläuterung: „Ein Ereignis zu erklären, besteht in einer Angabe, warum es auftrat. Gewöhnlich, und stets letztlich, nimmt diese Angabe die Form der Erwähnung eines früheren Ereignisses als Ursache jenes Ereignisses an, welches wir erklären wollen; zusammen mit irgendeiner Angabe im Hinblick auf den kausalen Mechanismus, welcher die beiden Ereignisse verbindet."[182] Was aber ist ein (überindividueller und kausaler) „Mechanismus", wenn es nicht z. B. um Zahnräder und Getriebe geht? Elsters Definition von „Mechanismen" als Grundlage von Kausalerklärungen lautet: „Ich habe gesagt, dass ein Mechanismus ein häufig auftretendes und leicht feststellbares Muster von Kausalitäten ist."[183] Also handelt es sich um einen Prozess („Auftreten"), wobei es einen regelmäßig wiederkehrenden Wirkungszusammenhang der Ereignisse und Aktionen als Tatsache gibt. Die Regelmäßigkeit des „Mechanismus" als Quasi-Gesetz erweist sich jedoch als raum-zeitlich begrenzt. Die Ereignisse treten zudem immer auch unter unbekannten Randbedingungen oder mit nicht näher, geschweige denn vollständig bestimmbaren weiteren Konsequenzen und Nebenfolgen auf. Bei singulären Kausalitäten als Prototyp (auch) von Alltagserklärungen wird (mindestens) ein Faktor benannt, der dem zu erklärenden Sachverhalt vorausgeht und begründet als dessen Ursache hervorgehoben werden kann. Der Funke ist ins Pulverfass gefallen. Dieses musste, da das Pulver trocken war (zentrale Randbedingung) hochgehen. In diesem Falle stehen allerdings strenge Naturgesetze der Chemie und Physik für die Erklärung zur Verfügung. Im Alltag reichen Aussagen wie die aus: X war von rassistischem Hass erfüllt und hat deswegen fremdländisch aussehende Menschen angegriffen.

Kapitel 5
Bestimmung und Selbstbestimmung

Willensfreiheit und Verantwortlichkeit

„Ich habe das nicht gewollt!" Ein solcher Ausruf kann Reue ob einer Handlung anzeigen, die anderen unwillentlich, aus Versehen und nicht aus freien Stücken einen Schaden zugefügt hat. Doch vor Gericht kann ein Delinquent einen harten Schuldspruch kassieren, weil keine mildernden Umstände für seine Untaten zu erkennen sind. Der Schuld kann die Sühne oder ein Stück Wiedergutmachung folgen. All diese Beispiele und viele denkbare andere mehr stützen sich auf eine durchgängige anthropologische Voraussetzung: Menschen verfügen *an sich* über einen freien Willen. Nur deswegen können sie überhaupt für ihre Taten verantwortlich gemacht werden. „Es ist überall nichts in der Welt, ja überhaupt auch außer derselben zu denken möglich, was ohne Einschränkung für gut könnte gehalten werden, als allein ein *guter Wille*" und der „gute Wille ist nicht durch das, was er bewirkt, oder ausrichtet, nicht durch seine Tauglichkeit zu Erreichung irgendeines vorausgesetzten Zweckes, sondern allein durch das Wollen, d. i.an sich gut."[184] Ich kann mir allerdings nicht vorstellen, Kant habe damit sagen wollen, Akteure könnten sich angesichts der Konsequenzen ihres Tuns unbekümmert zeigen, solange sie sich nur von einem guten Willen leiten ließen. Die Aussage könnte jedoch ebenso gut in die Richtung zielen, dass die Erreichung eines vorausgesetzten Zweckes mit den vorhandenen Mitteln *nicht* die *höchste* Ausdrucksform menschlicher Vernunft darstellt. Diesen Rang nimmt vielmehr das Autonomieprinzip ein. „Dieser Wille darf also zwar nicht das einzige und ganze, aber er muss doch das höchste Gut, und zu allem übrigen, selbst allem Verlangen nach Glückseligkeit die Bedingung sein."[185] Dass Autonomie, die selbstbestimmte Willensäußerung, selbst im Verhältnis zum Verlangen nach Glückseligkeit und dem Nutzenstreben die oberste Bedingung darstellt, lässt sich vielleicht auch so lesen, dass das Autonomieprinzip über die sittliche Qualität der vorausgesetzten Neigungen und Zwecksetzungen entscheidet. Es erlaubt damit ein Urteil über die Qualität der Zwecke selbst. Der Determinismus spricht jedoch den Menschenwesen die Kompetenz der Willensfreiheit ab. Und – so wurde schon betont – das ist schon sehr früh in den verschiedensten Kulturen geschehen. Zur Erinnerung:

Definition

Determinismus

Heraklit von Ephesos (ca. 520–460 v.u.Z.) soll gesagt haben, „alles Geschehen erfolge in der Form des Gegensatzes und alle Dinge seien in stetem Wandel begriffen ... und die Welt entstehe aus dem Feuer und löse sich wieder in Feuer auf, in bestimmten Perioden, in stetigem Wechsel in alle Ewigkeit. Das aber geschehe nach dem Verhängnis ...Alles erfolge nach dem Verhängnis und eben dies sei ein und dasselbe wie die Notwendigkeit."[186] Der katholische Kirchenvater Aurelius Augustinus von Hippo (354–430 n.u.Z.) ist skeptisch, was die menschliche Willensfreiheit angeht. „Und ich bemühte mich, einzusehen, was ich sagen hörte, freie Willensentscheidung sei die Ursache unseres bösen Tuns und dein (= Gottes – J.R.) gerechtes Urteil Ursache unseres Leidens, aber klar einsehen konnte ich es nicht."[187] Der Reformator Martin Luther (1483–1546 n.u.Z.) bringt in seiner Schrift ‚De servo arbitrio' (Vom unfreien Willen; 1525) eine Fabel, um die Unfreiheit des menschlichen Willens zu demonstrieren: „So ist der menschliche Wille in die Mitte gestellt (zwischen Gott und Satan) wie ein Zugtier. Wenn Gott sich darauf gesetzt hat, will er und geht, wohin Gott will ... Wenn Satan sich darauf gesetzt hat will und geht er, wohin Satan will. Und es steht nicht in seiner freien Entscheidung, zu einem von beiden Reitern zu laufen oder ihn sich verschaffen zu suchen, sondern die Reiter selbst kämpfen miteinander ihn zu erlangen und zu besitzen."[188] Baruch de Spinoza (1632–1677) hat eine besonders klare Stellungnahme zugunsten des Determinismus abgegeben: „Es gibt im Geiste keinen absoluten oder freien Willen, sondern der Geist wird zu diesem oder jenem Wollen von einer Ursache bestimmt, welche ebenfalls von einer anderen bestimmt wird und diese wiederum von einer an anderen, und so weiter bis ins Endlose."[189] Hinter dieser Aussage steht die Aristotelische Vorstellung von Gott, der dieser Kausalkette den ersten Impetus gibt. Es gibt jedoch kaum ein prägnanteres Beispiel für den Zusammenhang von radikalem Determinismus und hirnphysiologischer Forschung in der Gegenwart als eine Aussage von Wolf Singer: „Verschaltungen legen uns fest. Wir sollten aufhören von Freiheit zu sprechen."[190] Ich habe mich angesichts vergleichbarer Äußerungen stets gefragt, ob jene Hirnschaltung inzwischen ausgemacht wurde, welche darüber entscheidet, ob jemand Hirnforscher und nicht z. B. Pfarrer wird.

Indeterminismus

Aristoteles: „Als unfreiwillig gilt, was unter Zwang oder aus Unwissenheit geschieht ... Dementsprechend darf als freiwillig das gelten, dessen bewegendes Prinzip in dem Handelnden selbst liegt, wobei er ein volles Wissen von den Einzelumständen der Handlung hat."[191] Pelagius (350 oder 360 – ca. 418 n.u.Z.), scharfer Gegner von Augustinus, lehrt: „Der Herr der Gerechtigkeit wollte, dass der Mensch frei und nicht unter Zwang handele."[192] Gegen Luthers Lehre von der menschlichen Willensunfreiheit erhebt Philipp Melanchthon (1497–1560) moderaten Einspruch: „Vom freien Willen wird gelehret, dass der Mensch etlichermaßen einen freien Willen hat, äußerlich ehrbar zu leben und zu wählen unter den Dingen, so die Vernunft begreift; aber ohne die Gnade, Hilfe und Wirkung des heiligen Geistes vermag der Mensch nicht Gott gefällig werden ...[193] Auch John Locke

(1632–1704) schreibt dem menschlichen Wollen ausdrücklich Wahlfreiheit zu: „Somit besteht die Freiheit also darin, dass wir imstande sind, zu handeln oder nicht zu handeln, je nachdem wie wir wählen oder wollen."[194] Und Bettina Walden hat eine ebenso lakonische wie schlagende Antwort auf Singers Verdrahtungstheorie gegeben: „Ein Fingerschnipsen ist noch keine Partnerwahl."[195]

Das Spannungsverhältnis zwischen Bestimmtsein und Selbstbestimmung drückt sich zudem in den Kategorien der Sozialpsychologie und/oder der Soziologie des Individuums aus. Ein Rollenträger gilt als Person. Das Verhalten von Akteuren, die eine soziale Rolle wie die der Zugbegleiterin und des Zugbegleiters zu spielen haben, wird durch die Erwartungen der Reisenden als Bezugsgruppen sowie durch vielfältige Normen und Regeln beeinflusst und bestimmt. Als Subjekt stellt das Individuum jedoch die Trägerinstanz der Kompetenzen des Selbstbewusstseins und des freien Willens dar. „Das Ich" und „die Ichidentität" bedeuten Begriffe aus dem gleichen Umfeld. Den Kompetenzen des Subjekts sind natürlich Grenzen wie durch die körperliche Verfassung, durch das Unbewusstsein und die äußeren Lebensbedingungen gesteckt. Doch die damit aufgeworfene Frage ist und bleibt:

Gibt es einen Beweis für die Verfügung über den freien Willen?

Kann sich der Indeterminismus auf einen Freiheitsbeweis stützen? „Alle Menschen denken sich dem Willen nach als frei."[196] Aber unterliegen sie damit nicht einer Illusion? Können Individuen tatsächlich Urheber von Geschehen sein? Für Kant stellt „Freiheit" des Willens eine (regulative) *Idee* dar, „deren objektive Realität an sich zweifelhaft ist", während Naturphänomene empirisch festgestellt werden können.[197] Beweislogisch ist es für Kant eine „subjektive Unmöglichkeit, die Freiheit des Willens zu *erklären*."[198] Diese These gilt jedoch zunächst nur unter der Voraussetzung der klassischen Auffassung darüber, worin ein „Beweis" oder eine „Erklärung" bestehe. *Beweisen* bedeutet Argumentation *more geometrico*, nach Art der Geometer. D.h.: Nach der Art der Geometrie des Euklid von Alexandria (3. Jh. v. u. Z.), der in seinen ‚Elementen' eine Beweisfigur benutzt, bei der unter der Voraussetzung von zwei *Axiomen* (obersten Grundsätzen, Prinzipien) ein *Theorem* durch bewiesen wird, dass es sich deduktiv (nach den Regeln des Syllogismus) aus den Voraussetzungen ableiten lässt. Als erklärt gilt dementsprechend ein in einer Behauptung ausgedrückter empirischer Befund, wenn er aus mindestens einem vorausgesetzten Gesetz bzw. einer Gesetzeshypothese nebst Randbedingungen deduziert werden kann. Mit dieser Beweislogik lässt sich das Vorhandensein eines freien Willens von Menschen weder beweisen, noch exakt erklären. Der axiomatische Beweis stützt sich auf *Voraussetzungen*, woraus das Explanandum abgeleitet werden kann. Aber gibt es *vorgängige* Ursachen, dann wäre der freie Wille kein *freier*, allein durch das Subjekt selbst bestimmter Willen mehr, sondern es ginge immer nur um Handlungen unter Bedingungen, Zwängen und vielfältigen kausal wirksamen Faktoren. J. G. Fichte vertritt die Ansicht, dass sich Willensfreiheit zwar nicht in diesem Sinne *beweisen,* wohl aber systematisch *demonstrieren* lässt. Dazu bedarf es nur eines einfachen Gedankenexperiments, das jedes Individuum leicht und für sich selbst durchführen kann. „Jeder wird hoffentlich *sich selbst* denken können. Er wird hoffentlich inne werden, dass, indem er zu diesem Denken aufgefordert wird, er zu etwas von seiner Selbsttätigkeit Abhängigem, zu einem *inneren Handeln* aufgefordert werde, und wenn er das Geforderte vollbringt, wirklich durch Selbsttätigkeit sich affiziere, also *handle.*“[199] Seine Überlegungen folgen in einer Hinsicht dem Vorbild von René Descartes (1596–1650). Dieser hat nach einem Prinzip des Philosophierens gesucht, das niemand im Ernst anzweifeln kann. Er findet es bekanntlich im denkenden Vollzug des Zweifelns selbst. Um ihre skeptischen Gedanken vollziehen zu können, muss die zweifelnde Person existieren, die im Denkakt ihrer Existenz gewiss wird. *Cogito ergo existo.* Ich denke, also bin ich. Anderenfalls gäbe es diesen Akt nicht und ich wüsste ihn auch nicht als den meinen. J. G. Fichte verleiht diesem Gedanken also eine besondere Wendung. Ein Subjekt kann das Andere auffordern, etwas aus freien Stücken zu tun. „Merke auf dich selbst; kehre deinen Blick von allem, was dich umgibt, ab und in dein Inneres, ist die erste Forderung, welche die Philosophie an ihren Lehrling tut.“[200] Die angesprochene Person soll von allem absehen, womit sie sich ansonsten befassen könnte und sich nur auf sich selbst beziehen. Sie wird erkennen, dass sie sich zum Vollzug dieser Handlung – Fichte sagt: „Tathandlung“ – selbst bestimmt und diese Selbstbestimmung im Vollzug als solche erfährt. „Nämlich ich kann mit Freiheit bestimmen, dieses oder jenes zu denken; z. B. das Ding an sich des Dogmatismus (der in diesem Falle als Standpunkt eines uneingeschränkten Bestimmtseins durch die Natur zu verstehen ist – J.R.). Abstrahiere ich nun von dem Gedachten, und sehe lediglich auf mich, so werde ich mir selbst in diesem Gegenstande das Objekt einer bestimmten Vorstellung.“[201] Aber ich bin nicht eigentlich „Objekt“, sondern ich bestimme mich aus *freiem* Entschluss zum Vollzug des Sichselbstdenkens – auch wenn ich dazu angeregt, aber nicht gezwungen wurde. „Mich selbst an sich aber habe ich nicht gemacht, sondern ich bin genötigt, mich als das zu Bestimmende der Selbstbestimmung voraus zu denken.“[202] Ob angeregt oder nicht, jeder Mensch wird – so Fichte – doch sich selbst auf diese Weise denken können. Und dabei wird ihm eines völlig klar: „Jenes Selbstbewusstsein dringt sich nicht auf, und kommt nicht von selbst; man muss wirklich frei handeln, und dann vom Objekte abstrahieren und lediglich auf sich selbst merken ... Mit einem Worte, dieses Bewusstsein kann keinem nachgewiesen werden; jeder muss es durch Freiheit in sich selbst hervorbringen.“[203] Im praktischen Vollzug des vorgeschlagenen Gedankenexperiments, das eine andere logische Struktur aufweist als ein Beweisgang *more geometrico,* werden die Angesprochenen ihrer Fähigkeit zum selbstbestimmten Handeln inne. Aber selbst dieses Verfahren hat seine Grenzen. Es gibt auch in die diesem Falle die Argumentationslücke, die Tatsache, dass selbst der genauestens Begründung die Überzeugung der Adressaten nicht mit Notwendigkeit folgt. Sie müssen der Anregung zum Gedankenexperiment nicht folgen und können die ausgewiesene Ichfunktion weiterhin wenn auch selbstbestimmt als Illusion abtun. Für den *Dogmatismus* „ist alles, was in unserem Bewusstsein vorkommt, Produkt eines Dinges an sich, sonach auch unsere vermeinten Bestimmungen durch Freiheit, mit der Meinung selbst, dass wir frei seien."[204] Der entgegengesetzte Standpunkt, der des *Idealismus*, weist zwar den Vorteil auf, „dass er seinen Erklärungsgrund, die freihandelnde Intelligenz, im Bewusstsein nachzuweisen vermag", aber Dogmatiker können die Fähigkeit zur Selbstbestimmung dennoch leugnen und die Spontaneität des Ich „lediglich zu einem Produkte der Dinge, zu einem Akzidenz der Welt zu machen; der konsequente Dogmatiker ist notwendig auch Materialist."[205] Es scheint sich um eine Auseinandersetzung zu handeln, die letztendlich nicht zu schlichten ist. „Der Streit zwischen dem Idealisten und Dogmatiker ist eigentlich der, ob der Selbständigkeit des Ich die Selbständigkeit des Dinges, oder umgekehrt, der Selbständigkeit des Dinges die des Ich aufgeopfert werden solle."[206] Die gleiche Konstellation ist heutzutage als Dichotomie zwischen rechthaberischem Realismus und radikalem Konstruktivismus vorfindlich. Es scheint also nur das Fazit zu bleiben: „Was für eine Philosophie man wähle, hängt sonach davon ab, was man für ein Mensch ist."[207] Kant hatte jedoch zuvor schon geschrieben, es sei der „subtilsten Philosophie ebenso unmöglich, wie der gemeinsten Menschenvernunft, die Freiheit wegzuvernünfteln. Diese muss also wohl voraussetzen, dass kein wahrer Widerspruch zwischen Freiheit und Naturnotwendigkeit ebenderselben menschlichen Handlungen angetroffen werde, denn sie kann eben so wenig den Begriff der Natur, als den der Freiheit aufgeben. Indessen muss dieser Scheinwiderspruch wenigstens auf überzeugende Art vertilgt werden …"[208] Aber wie ist der Scheinwiderspruch systematisch zu tilgen?

Jenseits der Freiheitsdichotomie[209]

Kantische Antinomien sind nicht mit einfachen Antinomien gleichzusetzen. Einfache Antinomien bestehen aus zwei Gesetzesaussagen (*nomoi*), die sich strikt ausschließen *(anti)*. Die Gesetzesaussagen einer Kantischen Antinomie schließen einander zwar als Thesis und Antithesis aus, aber sowohl für den Satz als auch für den Gegen-Satz lassen sich nach seiner Auffassung gleich gute Argumente vorbringen. Die semantische Tiefenstruktur seiner Freiheitsantinomie impliziert den entscheidenden Schritt zur Problemlösung. Er führt zur strikten Antinomie. Deren syntaktische Kernstruktur habe ich in einer Reihe von Veröffentlichungen und Lehrveranstaltungen der *dritten* Antinomie in der ‚Kritik der reinen Vernunft', also mit der Freiheitsantinomie entnommen.[210] Das Ergebnis sieht so aus:

THESIS

> „Die Kausalität nach Gesetzen der Natur ist nicht die einzige, aus welcher die Erscheinungen in der Welt insgesamt abgeleitet werden können. Es ist noch eine Kausalität durch Freiheit zur Erklärung derselben notwendig."

Die Thesis setzt sich offensichtlich aus zwei Teilsätzen zusammen:

- *Satz 1*: Es gibt zweifellos Naturkausalitäten, die unser gesamtes Leben, auch unseren Willen und unser Bewusstsein bestimmen. Die „innere" und die „äußere" Natur machen sich nachhaltig durch diverse Einwirkungen bemerkbar (Determinismus).
- *Satz 2*: Aber es gibt dazu auch eine „Kausalität aus Freiheit". D.h.: Bestimmte Ereignisse in der Welt der Erscheinungen können nur dadurch angemessen erklärt werden, dass wir annehmen, wir verfügten über einen freien Willen (Indeterminismus).

ANTITHESIS

> „Es ist (= gibt – J.R.) keine Freiheit, sondern alles in der Welt geschieht lediglich nach den Gesetzen der Natur."

- *Satz 3*: Eine jegliche menschliche Lebensäußerung stellt die Wirkung irgendwelcher Ursachen dar (Determinismus). J. Fichte hat die in dieser nach seiner Auffassung zweifelhaften Behauptung enthaltene anthropologische Prämisse einmal so zusammengefasst: „Ich selbst, mit allem, was ich mein nenne, bin ein Glied in dieser Kette der Naturnotwendigkeit."[211] Doch meine Deutungshypothese war und ist, dass die Antithesis aufgrund der Besonderheiten des Kantischen Naturbegriffs unterschwellig einen vierten Satz enthält. Auf die klarste und zugleich kontroverseste Weise kommt er in den ‚Prolegomena' von Kant zum Ausdruck.
- *Satz 4:* „Der Verstand schöpft seine Gesetze (a priori) nicht aus der Natur, sondern schreibt sie dieser vor.[212]

Kommentar

Implizit enthält also auch die Antithesis *zwei* verschiedene Gesetzesbegriffe. Zum einen wird – manifest – auf den einschlägigen Begriff universeller Naturgesetze (Kausalgesetze) der Naturwissenschaften zurückgegriffen (Satz 3, der auf Gesetze *in der Natur* anspielt). Dabei handelt es sich normalerweise um Aussagen, die sich auf Gegebenheiten auf der *Objektseite* der Erkenntnis beziehen (äußere und innere Natur). Zum anderen werden jedoch ausdrücklich „Gesetze" in der Form allgemein verbindlicher Regeln und Prinzipien zur Ordnung und Systematisierung unserer Erfahrungen, mithin im Hinblick auf die *Subjektseite* der Erkenntnis erwähnt. Kant denkt dabei an bestimmte Prinzipien als logisch apriorische Bedingungen der Möglichkeit von Erfahrungen überhaupt. D.h.: Ohne sie in Anspruch zu nehmen, könnten wir gar keine einheitlichen Erfahrungen machen. Diese Doppeldeutigkeit des Gesetzesbegriffs ist auch in folgender Formulierung enthalten: „*Natur* ist das *Dasein* der Dinge, so fern es nach allgemeinen Gesetzen bestimmt ist."[213] Welche Gesetze sind damit gemeint? „Wir müssen aber empirische Gesetze der Natur, die jederzeit besondere Wahrnehmungen voraussetzen, von den reinen oder allgemeinen Naturgesetzen, welche, ohne dass besondere Wahrnehmungen zum Grunde liegen, bloß die Bedingungen ihrer notwendigen Vereinigung in einer Erfahrung enthalten, unterscheiden ..."[214] Rein sprachlich bezieht sich Kant mit dieser Aussage erneut auch auf *empirische Gesetze der Natur, also auf wirkliche und mit Regelmäßigkeit auftretende Ereigniszusammenhänge in der inneren und äußeren Natur.* Sachverhalte in der Natur erscheinen uns, sind jedoch *nicht* gleich der jeweiligen Erscheinung (Wahrnehmung). Sie sind für uns aber niemals in ihrem absoluten Ansichsein, sondern immer nur als Erscheinungen (Resultate der Verarbeitung durch unsere Erkenntnisvermögen) erfahrbar.[215] Gleichzeitig richtet sich die Aussage auf „Naturgesetze" nun aber im Sinne von *Organisationsprinzipien* unserer Eindrücke durch logisch apriorische Grundsätze jeder Erkenntnis der Natur mit den Mitteln von Verstand und Vernunft! Kant bezeichnet diese Grundsätze auch als Regeln apriori, denen keine anderen vorgeordnet sind, woraus sie abgleitet werden könnten.[216] Ein solcher Grundsatz als logische Bedingung der Möglichkeit, Erfahrungen über Naturzusammenhänge zu machen, lautet: *„Alle Veränderungen geschehen nach dem Gesetz der Verknüpfung von Ursache und Wirkung."*[217] Es handelt sich um das *Kausalprinzip,* das wahrlich einer Vielfalt von Erfahrungen und Erklärungen in Alltag und Wissenschaft zugrunde liegt. Der Funke (Ursache) ist ins Pulverfass gefallen und es hat einen gewaltigen Schlag getan (Wirkung). Zu den notwendigen Randbedingungen dieses nach Gesetzen der Chemie natürlich viel präziser darstellbaren Geschehens gehört, dass das Pulver trocken war.

Aus derartigen Vorstellungen über Natur und die Erfahrungsmöglichkeiten von Naturereignissen lässt sich der Freiheitsantinomie eine entscheidende Konsequenz entnehmen: Der Verstand schreibt der Natur in einer bestimmten Hinsicht die Gesetze vor; die Vernunft strebt nach einem immer höheren Synthetisierungsgrad der Erfahrungen. Es handelt sich mithin um Operationen auf der Subjektseite. Sie werden oftmals gezielt, bewusst und selbständig in Anspruch oder wirken unbewusst als Bedingungen der Möglichkeit von Erfahrung überhaupt. Das Individuum *macht* in zahlreichen Fällen absichtsvoll seine Erfahrungen und gewinnt selbständig und bewusst bestimmte Einsichten – immer auf der Grundlage derartiger logischen Voraussetzungen. Kant spricht zudem nicht zufällig von der „Spontaneität" des Verstandes. „Spontaneität" ist ebenfalls ein freiheitstheoretischer Begriff von der Art des Satzes 2 der Thesis. Außerdem bedarf es bei der Anwendung der Kategorien des Verstandes auf den Einzelfall der Urteilskraft, die praktisch geübt werden muss; denn es gibt keine absolut festen Regeln für die Einordnung von Gegenstandsmerkmalen in empirische Begriffssysteme, keine Regeln jedenfalls, welche die Qualität eines Algorithmus aufwiesen. Wenn all dem so ist und vor allem die deterministische Gegenposition zurückgewiesen werden kann, derzufolge dies alles doch nur ein Ausdruck bestimmter, wenn auch noch nicht entdeckter Verdrahtungen unseres Hirns darstellt, dann finden sich auch auf der Seite der Antithesis freiheitstheoretische

Überlegungen, wie sie im Satz 2 der Thesis enthalten sind. So gesehen ergibt sich eine eigentümliche Konstellation der Sätze der Freiheitsantinomie:

1. Es gibt einen übergreifenden und strikten Gegensatz zwischen Thesis und Antithesis, zwischen Indeterminismus und Determinismus:
   T <-g-> A. (T = Thesis; A = Antithesis).
2. Die Thesis enthält jedoch diesen übergreifenden Gegensatz zwischen T und A in Form der Sätze 1 und 2 *in sich* selbst. Denn sie bezieht sich sowohl auf Naturkausalität als auch auf Willensfreiheit. Es besteht damit eine Enthaltensein des äußeren Gegensatzes zwischen Thesis und Antithesis *in* T.
   T[T<-g->A].
3. Unter Voraussetzung des skizzierten Bedeutungsfeldes des Kantischen Naturbegriffs gibt es jedoch auch auf der Seite der Antithesis freiheitstheoretische Begriffe und Aussagen. Sie wurden im Satz 4 zusammengefasst. Demnach enthält auch die Antithesis das Verhältnis von Indeterminismus und Determinismus in sich und drückt nicht nur einen einschränkungslosen Determinismus aus: A [T<-g->A].
4. Daraus ergibt sich folgende Gesamtstruktur:
   T[A<-g->T] <-g->A[T<-g->A]

Der übergreifende Gegensatz zwischen Determinismus und Indeterminismus verschwindet damit nicht zugunsten irgendeines ausgleichenden Prinzips! Wohl aber wird die logische Verhältnisbestimmung von Thesis und Antithesis nicht auf eine einfache Antinomie oder eine schlichte Dichotomie reduziert! Ihr Verhältnis zueinander ist eines der Vermittlung ohne Mitte.

Kapitel 6
Macht und Machteliten[218]

Fähigkeit, Macht und Herrschaft

Facultas bedeutet im Latein in einer Hinsicht „Möglichkeit" und „Gelegenheit". Möglichkeiten oder Gelegenheiten können ergriffen oder verfehlt werden. In einer anderen Hinsicht liest sich *facultas* auch als „Fähigkeit, Geschicklichkeit und Talent." Auf letzterer Grundlage bewegt sich die sog. „Fakultätenpsychologie" mit ihrer klassischen Einteilung menschlicher Erkenntnisvermögen in *Sinnesempfindlichkeit (Rezeptivität, Aesthesis), Verstand (intellectus)* und *Vernunft (ratio)* steckt eine geläufige Doppelbedeutung: Einerseits werden darunter Bestände an Geldmitteln verstanden. Anderseits gibt es die Bedeutung von „Können" oder „Kompetenz." Jemand verfügt über das Können, ist in der Lage, mit einem Problem erfolgreich umzugehen. Es steht in meinem Vermögen diese Situation ein Stück weit zu verändern; es steht in meiner *Macht* dies oder jenes zu bewerkstelligen. Im Unterschied zwischen Können gegenüber Zwang offenbart sich der Doppelcharakter des Machtbegriffs, der in politologischen und soziologischen Texten über soziale Ungleichheit oftmals übergangen wird. Ähnlich verhält es sich mit der lateinischen Vokabel *auctoritas.* Darunter wird neben vielem anderen auch der *Einfluss* verstanden, den jemand ausübt. Zu den Voraussetzungen dafür kann die „Sachautorität" gehören, worüber jemand verfügt. Aufgrund ihrer sachlichen Kompetenz kann die betreffende Person soziales Ansehen (Prestige, Ehre) gewinnen. Das Vermögen, das Können von Personen mit Sachautorität bedeutet das exakte Gegenteil der Wesenszüge eines autoritären Charakters. Es empfiehlt sich offensichtlich, den politischen Machtbegriff im Kontext dieses begrifflichen Umfeldes zu bedenken. Wie wird er definiert? Geradezu zum Standardvorrat an soziologischen Grundbegriffen gehören Max Webers Reflexionen über die Begriffe „Macht" und „Herrschaft". Im § 16 seiner soziologischen Grundbegriffe aus ‚Wirtschaft und Gesellschaft' gibt es eine berühmte, allenthalben gebräuchliche Definition von „Macht":

> „Macht bedeutet jede Chance, innerhalb einer sozialen Beziehung den eigenen Willen auch gegen Widerstreben durchzusetzen, gleichviel worauf diese Chance beruht."[219]

„Chance" versteht sich bei Weber meistens als „Gelegenheit", „Möglichkeit", insbesondere als „Wahrscheinlichkeit". Zur alltagssprachlichen Bedeutung von „Chance" gehören aber auch Begriffe wie „günstige Gelegenheit" oder „Erfolgsaussicht." Macht besteht in der Möglichkeit einer Person oder einer Gruppe von

Personen, den eigenen Willen auch gegen Widerstand durchsetzen zu können. Diese „Chance“ kann auf verschiedenen Faktoren beruhen: auf der Verfügungsgewalt über die Produktionsmittel, mit Hilfe der Unterstützung durch effektive „Erzwingungsstäbe“ wie die Polizei oder durch die Verfügung über wirksame Manipulationstechniken etc. In letzter Instanz stützt sich Macht auf Gewaltandrohung oder physische Gewaltausübung als die *ultima irratio*, um einen widerständigen Willen zu brechen. Doch mitunter können sich machtgestützte Anweisungen auf die Disziplin der Adressaten verlassen. Denn Disziplin besteht für Weber in der Chance, „kraft eingeübter Einstellung für einen Befehl prompten, automatischen und schematischen Gehorsam bei einer angebbaren Vielheit von Menschen zu finden.“[220] Befehl und prompter Gehorsam bilden so gesehen den Kern jeder „Disziplin“. Auch in diesem Falle gibt es wieder eine Doppeldeutigkeit: Es kann auch ein diszipliniertes Vorgehen im Sinne systematischen und überlegten Handelns gemeint sein. Das ist was anderes. In der Tat gelten alltagssprachlich diejenigen als diszipliniert, welche ihrem Handlungskurs ohne Abweichung und Umwege, also gradlinig folgen. Macht bedeutet einen zentralen Bestandteil der Chancen, Herrschaft durchsetzen und ausüben zu können. Aber Macht ist nicht gleich Herrschaft.

> „Herrschaft soll heißen, die Chance, für einen Befehl bestimmten Inhalts bei anderen Personen Gehorsam zu finden.“[221]

Worin aber besteht die Legitimität von Herrschaft und auf welche „Geltungsgründe“ kann sie sich stützen? Die Frage nach den Geltungsgründen deckt sich mit der, worin die verschiedenen Motive der Fügsamkeit der Beherrschten bestehen. Dumpfe, mit aller Selbstverständlichkeit tradierte Gewohnheiten, eingeübte Sitten und Gebräuche oder bloß persönliche „affektuelle“ Vorlieben und Abneigungen kommen in Frage. Doch für längerfristig stabile Formen der Herrschaftsordnung bedarf es nicht zuletzt der „innerlich“ fest verankerten Gründe für die Annahme der „Legitimität“ einer Ordnung bei den Beherrschten selbst. Für die Herrschenden am günstigsten und für den Erhalt einer Herrschaftsstruktur am effektivsten ist es also, wenn die Beherrschten selbst an die Legenden glauben, womit die Herrschaft legitimiert wird (Legitimitätsglaube). Das Gottesgnadentum der Monarchen liefert ein Beispiel dafür. Den Glauben an die göttliche Segnung ihres Status teilen die Monarchen mit den gläubigen Untertanen. In reiner Form gibt es nach Weber drei herausragende Gründe für einen stabilen Legitimitätsglauben bei den Beherrschten, denen jene drei reine Typen der Herrschaft entsprechen:

- *Die legale Herrschaft:* „Die Bürokratie ist der technisch reinste Typus der der legalen Herrschaft.“[222] Es handelt sich um Herrschaft „kraft Satzung“. In der Wirtschaft findet sich der bürokratische Betrieb, in der öffentlich-rechtlichen Herrschaftssphäre die Behörde. Eine Ordnung gilt also aufgrund einer Satzung, eines gezielt aufgestellten (gesetzten) Systems von Regelungen für die

Abläufe in Betrieb oder Behörde, sowie für die sozialen Beziehungen zu den Adressaten. „Gehorcht wird nicht der Person, kraft deren Eigenrecht, sondern der gesatzten Regel, die dafür maßgebend ist, wem und inwieweit ihr zu gehorchen ist."[223] Auch der Vorgesetzte sollte sich der Idee nach an die Regeln der Ordnung halten. Charakteristisch für die bürokratische Herrschaftsordnung ist (a) „das Prinzip der Amtshierarchie und des Instanzenzuges, d. h. ein fest geordnetes System von Über- und Unterordnung der Behörden unter Beaufsichtigung der unteren durch die oberen, – ein System, welches zugleich dem Beherrschten die fest geregelte Möglichkeit bietet, von einer unteren Behörde an deren Oberinstanz zu appellieren."[224] (b) Maßgebend sind Akten, Unterlagen, Dokumente, Schriftverkehr, Kommunikation mit welchen Medien auch immer. (c) Amtstätigkeiten setzen normalerweise eine fachliche Schulung der Mitglieder von Betrieben und Behörden voraus. Sie werden in zahlreichen Fällen auf Vollzeitstellen erbracht (z. B. Berufsbeamtentum) und die Personen können eine Laufbahn durchlaufen. Normalerweise findet die Ausbildung in besonderen Bereichen statt: Jurisprudenz, Verwaltung, Betriebswirtschaft etc. (d) Von den Beamten wird eine sachliche Erledigung der Dienstgeschäfte erwartet. „,Sachliche' Erledigung bedeutet in diesem Fall in erster Linie Erledigung ,ohne Ansehen der Person' nach berechenbaren Regeln. ,Ohne Ansehen der Person' aber ist auch die Parole des ,Marktes' und aller nackt ökonomischen Interessenverfolgung überhaupt."[225] Für Weber hängt das Vordringen der bürokratischen Organisation von ihrer rein technischen Überlegenheit über alle anderen Formen ab. Das kann man am Verhältnis der Kadijustiz zu einem rechtsstaatlichen Verfahren ablesen.[226]

- *Traditionelle Herrschaft:* Dieser Herrschaftstypus besteht in seiner reinen Ausprägung aufgrund des Glaubens an die Unantastbarkeit oder Gottgegebenheit der von jeher vorfindlichen Herrschaftsordnung. Den reinsten Typus stellt in diesem Falle die patriarchalische Herrschaft dar. Exemplarisch für patriarchalische Herrschaft ist die Stellung des *pater familias* in der Oikoswirtschaft (im agrarischen Familienhaushalt) der griechischen und römischen Antike. Gehorcht wird dem männlichen Familienoberhaupt kraft seiner durch das Herkommen „geheiligten Eigenwürde, d. h. durch „Pietät." Bei der „Pietät" handelt sich um Handlungen und Gesinnungen, die verpflichtenden Geboten gegenüber dem Herrn, etwa den Göttern als Übermächten folgen. Die Inhalte der Gebote entstammen weitgehend der Tradition. Eine patriarchalische Herrschaftsordnung besteht also im Verhältnis von Herren zu Knechten und Mägden als Abhängige. Auch die „Honoratiorenherrschaft" verkörpert eine Erscheinungsform der traditionellen Herrschaft. Im Falle der traditionellen Herrschaft bedeuten mithin „die Pietät der Tradition und die Pietät gegen die Person des Herrn" Grundelemente der traditionellen Herrschaft.[227] Die patriarchalische Erscheinung dieses Typus unterscheidet sich historisch von ihrer ständischen Ausprägung. Der ständische Typus wird am eindeutigsten durch die Adelsverwaltung repräsentiert, in reinster Form durch den Feudalismus, der persönliche Treueverhältnisse und den Appell an die ständische Ehre des Gefolgsmannes an Stelle moderner Amtspflichten der Bürokraten aufweist.

- *Charismatische Herrschaft:* Unter dem „Charisma" versteht Weber eine „außeralltäglich ... geltende Qualität einer Persönlichkeit ... um derentwillen sie als mit übernatürlichen oder übermenschlichen oder mindestens spezifisch außeralltäglichen, nicht jedem anderen zugänglichen Kräften oder Eigenschaften begabt oder als gottgesandt oder als vorbildlich und deshalb als ‚Führer' gewertet wird."[228] Ein „Charisma" versteht sich ursprünglich als Gabe, die sich dem Wohlwollen, in der christlichen Religion: dem Wohlwollen des Herrn im Himmel verdankt. Doch die „Ausstrahlung" oder „Ausstrahlungskraft" einer über Sachautorität verfügenden Person kann ebenfalls gemeint sein. So lautet z. B. eine Redewendung: Diese Person strahlt Ruhe und Besonnenheit aus. Aber es geht Weber vor allem um die gefühlsgestützte Folgebereitschaft im Verhältnis zu Führerfiguren wie Propheten, Demagogen oder Kriegshelden. Der Demagoge Hitler liefert das erschreckendste Beispiel für eine Führerfigur in der Neuzeit. Die Anhänger charismatischer Gestalten sind „Jünger", welche die integrierte und opferbreite Gefolgschaft des Führers bilden. Dem Führer wird nicht aufgrund traditionaler Würde und Ehre oder gar wegen seiner gesatzten Stellung gehorcht, sondern durch den Beweis seines Charismas. Aber „bleibt die Bewährung dauernd aus, zeigt sich der Begnadete von seinem Gott oder seiner magischen oder Heldenkraft verlassen, bleibt ihm der Erfolg dauernd versagt, vor allem: bringt seine Führung kein Wohlergehen für die Beherrschten, so hat seine charismatische Autorität die Chance, zu schwinden."[229] Führerfiguren der jüngeren Vergangenheit wie Hitler oder Stalin sowie ihre autokratischen Abkömmlinge in der Gegenwart verbinden das Charisma mit Repression und manipulativer Propaganda. Die Stäbe des Führers werden weder aufgrund fachlicher Qualifikation, noch nach ihrer Standeszugehörigkeit oder patriarchalischer Abhängigkeit in der Hausgemeinschaft ausgewählt. Es geht um ihre Bindung an den Führer und seine „Ausstrahlung".[230] Es fehlt das Rechtsbewusstsein als konsequente Orientierung an rational gesatzten Regeln. Für Weber bedeutet die charismatische Herrschaft zunächst eine spezifisch außeralltägliche und rein persönliche soziale Beziehung.[231] Es kommt aber auch zu einer „Veralltäglichung des Charismas", z. B. als Erbcharisma. Oder durch die „Vorstellung, dass das Charisma eine Qualität des Blutes sei und also an der Sippe, insbesondere den Nächstversippten, des Trägers hafte: Erbcharisma."[232] Charakteristisch für die moderne „Volksherrschaft" ist nicht zuletzt die „plebiszitäre Führer-Demokratie." So erhöht etwa ein Parteichef seine Chancen bei einer freien Wahl nicht zuletzt wegen seiner rhetorischen Überzeugungskraft, letztlich aufgrund seiner gesamten Ausstrahlung als „Persönlichkeit." Die neuzeitlichen Autokraten verstehen und betreiben Wahlen oftmals als Plebiszit. „Das

Plebiszit ist keine ‚Wahl', sondern erstmalige oder … erneute Anerkennung eines Präsidenten als persönlich qualifizierten, charismatischen Herrschers" – nicht zuletzt mit Hilfe des Wahlbetrugs.[233]

All diese Überlegungen lassen sich vielleicht in der Kurzformel zusammenfassen: Herrschaft bedeutet ideologisch legitimierte Macht, wobei die Legitimation entscheidend durch Herrschaftslegenden stabilisiert wird, woran sich die Beherrschten selbst orientieren, obwohl sie eher Nachteile erleiden als Vorteile genießen.

Über einige weitere Definitionen des Machtbegriffs

Die von Max Weber vorgeschlagene Definition des Grundbegriffs „Macht" ist fest in Theorien und Analysen sozialer Ungleichheit etabliert und findet als weit verbreiteter Grundbegriff der Soziologie Verwendung. Aber es gibt andere Fassungen oder wenigstens Variationen dieser Kategorie. Oftmals entfernen sie sich nicht so weit von Max Weber, wie verkündet wird. Nur einige davon zur Illustration:

(a) Barrington Moore (1913–2005) trifft einen Unterschied zwischen „rationaler" und „räuberischer" Macht. Macht als „rationale Autorität" versteht sich dabei nicht so sehr als eindrucksvoller Sachverstand oder als Charisma von Personen, sondern als Folge ihrer Einsetzung in eine Position, in der sie berechtigt sind, Befehlsgewalt auszuüben, also anderen Anweisungen zu geben. „Rationale Autorität ist eine Möglichkeit zur Förderung individueller oder gemeinsamer Zwecke, indem besonderen Personen das Recht und in einigen Fällen sogar die Pflicht übertragen wird, bestimmte Aufgaben wahrzunehmen und im Zuge dieser Aktivitäten anderen Leuten Befehle zu geben."[234] Hinter dieser Definition steht eine ganz spezifische Vorstellung von Rationalität: Handlungsrationalität zeigt sich für Moore dann, wenn es bei einem gegebenen Wissensstand „gute Gründe für die Annahme gibt, dass (die Handlung – J.R.) menschliches Leiden vermindern wird oder zum menschlichen Glück beiträgt, ohne andere Menschen unglücklich zu machen."[235] Wenn die Umstände es erlauben, sollte sich rationale Autorität weniger auf Befehl und Anweisung, sondern mehr auf „Diskussion und Überzeugung" stützen.[236] Mit Hilfe dieser Bestimmung soll der Gegensatz zur „räuberischen Macht" deutlich gemacht werden: Wenn bestimmte Gruppen über die Chance verfügen, Zwang auf diejenigen auszuüben, welche Produkte herstellen und Dienstleistungen erbringen, dann entsteht ein anderes Bild. „Genau genommen existiert räuberische Macht" in einer Situation, „in der jemand andere Leute zwingt, Güter und Dienstleistungen zu beschaffen, und in der die Opfer diese Beziehung zumindest als teilweise legitim und moralisch billigen."[237]

Die Parallelen zu Webers Herrschaftsbegriff dürften deutlich genug sein. Macht wird als Chance, Zwang auf den Willen anderer Subjekte ausüben zu können angesprochen, doch die Machtgruppen können sich zugleich ein Stück weit auf den Glauben der Unterworfenen und/oder Abhängigen verlassen, den Status und die Maßnahmen der Herrengewalten als legitim und legal anzusehen. Macht wurde mithin in Herrschaft transformiert. B. Moore stellt in diesem Zusammenhang implizite Verbindungslinien zur Surplustheorie der Klassenformierung her.[238] Allerdings betont er zu Recht: „Das Herausziehen eines Surplus an sich belegt nicht die Existenz einer räuberischen Herrschaft."[239] Es empfiehlt sich in der Tat, einen Unterschied zwischen einem gesellschaftlichen Mehrprodukt und dem Surplusprodukt zu machen. Das Mehrprodukt bedeutet ein Produktionsergebnis, das über das Ergebnis einer anderen Produktionsperiode hinausreicht (Wachstum). Das Surplusprodukt versteht sich demgegenüber als derjenige Anteil am Mehrprodukt, welche bestimmte Gruppierungen aufgrund ihrer strukturell (z. B. rechtlich) abgesicherten Machtposition zu Lasten und zum Schaden der Erzeuger des Mehrprodukts zu appropriieren vermögen. In diesem Zusammenhang wird die Unterscheidung von Aneignung und Appropriation relevant. „Aneignung" bedeutet die faktische Chance, sich diejenigen Mittel zu eigen machen zu können, welche das kulturell definierte System der Bedürfnisse einer Person ohne implizite oder explizite Benachteiligungen definieren. Es ergibt sich legitimes Eigentum. Die „Appropriation" des Surplusprodukts hingegen wird von einer Reihe von Theorien gesellschaftlicher Ungleichheit als der Grundmechanismus jeder Klassenformierung in Zivilisationen angesehen. Diese Chance stützt sich auf Machtmittel der Herren wie das Eigentum an den Produktionsmitteln, aber auch auf die Möglichkeit, Zwangsmittel oder Erzwingungsstäbe zur Sicherung ihrer Sonderinteressen einzusetzen. Appropriation deckt sich so gesehen weitgehend mit dem, was Moore als „räuberischer Herrschaft" bezeichnet, andere „Ausbeutung" nennen. „So ist eine wirklich räuberische Elite eine solche, die der unterworfenen Bevölkerung sehr wenige Dienste erweist und zu ihrem Vorteil einen so großen Surplus entzieht, dass Armut in großem Ausmaß entsteht, die nicht existieren würde, wäre die unterworfene Bevölkerung sich überlassen."[240] Aber herrschende Klassen können bekanntlich auch dann Anteile der Erträge abziehen oder Dienstleistungen erzwingen, wenn überhaupt kein Mehrprodukt zustande gekommen ist. Die Abhängigen werden unter die Armutsschwelle ins Elend gedrückt. Nicht nur Haiti liefert ein aktuelles Beispiel dafür.

Eine Frage, die sämtliche Macht- und Herrschaftstheorien beschäftigt, zielt auf die Instanzen, welche aus verschiedenen Gründen Macht und Übermacht auszuüben in der Lage sind. Im Falle von Surplustheorien sind dies soziale Klassen zusammen mit den Zwängen, die von strukturellen und organisatorischen Gegebenheiten ausgehen, welche den klassenförmigen Herrengewalten in hohem Grade bequem sind. Im Falle von Barrington Moore nehmen „räuberische Eliten" diesen Status ein. Auch er schlägt eine Unterscheidung vor, die in Theorien sozialer Ungleichheit oftmals unberücksichtigt bleibt: „Es gibt gerechtfertigte und ungerechtfertigte Formen des Elitetums. Sie hängen von den Kriterien ab, auf denen die Unterschiede beruhen.“ Wenn eine Gruppe Wissen und Fertigkeiten mobilisieren kann, welche „nützlich für die Gesellschaft und schwierig zu erlernen und auszuüben sind“, dann verdient sie sich auch besondere Anreize für ihre Bereitschaft zum langwierigen Lernen und besondere Belohnungen bei der Ausübung dieser Funktionen. [241] In diesem Fall kann von *Funktionseliten* die Rede sein. Ihre Position ist nach den Kriterien proportionaler Gerechtigkeit und geometrischer Gleichheit gerecht, ihre Privilegien sind gerechtfertigt. *Machteliten* bedeuten demgegenüber Gruppen in bestimmten Sektoren der Gesellschaft wie Staat, Wirtschaft und Militär, welche nicht nur über verschiedene Mittel verfügen, ihren Willen gegen Widerstand durchzusetzen, sondern auch die Sonderinteressen ihrer Klientel zu bewahren und zu fördern.[242]

(b) Das Verhältnis von Klassen und Eliten stellt ein besonderes Problem von Ungleichheitstheorien dar. Es erscheint mir nicht abwegig, Eliten als einen inneren Bestandteil sozialer Klassen zu betrachten. Ein bekanntes Buch von Gaetano Mosca (1858–1941) trägt den Titel ‚Die herrschende Klasse‘ (1895). Doch es stützt sich nicht so sehr auf einen surplustheoretischen Klassenbegriff, sondern letztendlich auf ein Elitenkonzept. Zwar lautet eine zentrale geschichtsphilosophische These des Autors, die Geschichte werde im Kern vom Gegensatz zwischen einer herrschenden und einer beherrschten Klasse geprägt, aber letztendlich vertritt er die Auffassung, in der Geschichte würde zyklisch die eine Machtelite durch eine aufrührerische andere ersetzt. „Man kann in der Tat sagen, dass die gesamte Geschichte der zivilisierten Menschheit auf einen Konflikt zwischen der Tendenz der herrschenden Elemente, die politische Macht zu monopolisieren und deren Übertragung durch Vererbung zu sichern und der Tendenzen zur Aushebelung der alten Kräfte und eine zum Aufruhr neuer Kräfte zurückzuführen ist.“[243] Eine recht ähnliche Tendenz der Annahmen erscheint dann später bei R. Dahrendorf: „‚Oben‘ und ‚Unten‘, ‚Herrschaft und Beherrschte‘ gibt es für ihn in jeder Gesellschaft. „Die Annahme liegt nahe, in dieser Spaltung den letzten Ursprung der dominanten Konflikte in jeder Gesellschaft zu suchen.“[244] Die Terminologie mag sich verändert haben, Akzente verschoben sein, alles in allem ergeben sich bei all dem keine wirklich einschneidenden Unterschiede beim Vergleich mit der Macht- und Herrschaftstheorie Max Webers. Einen wirklichen Schnitt verkündet Michael Mann ausdrücklich.

(c) Er hat eine 3 Bände umfassende ‚Geschichte der Macht‘ veröffentlicht. Die Darstellung reicht von den Anfängen der Geschichte bis zur griechischen Antike, über das Römische Reich bis hin zum „Vorabend der Industrialisierung.“ Anschließend wird in einem umfangreichen dritten Band die „Entstehung von Klassen und Nationalstaaten“ verhandelt.[245] Mann betont, bei der Planung und Durchführung

seiner voluminösen Schrift habe ihn die Wahnvorstellung geleitet, mit seinem Werk „nicht nur KARL MARX (zu) widerlegen und MAX WEBER neu zu fassen, sondern auch gleich eine bessere allgemeine Theorie der sozialen Schichtung und des sozialen Wandels zumindest umrisshaft (zu) skizzieren."[246] Doch so einfach lassen sich die Einsichten Max Webers nicht abschütteln. In bestimmten Hinsichten will er dessen idealtypisierenden Methode folgen, die ihm geeignet erscheint, gedankliche Ordnung in das „Durcheinander" des tatsächlichen geschichtlichen Geschehens zu bringen.[247] Mann konstruiert Begriffssysteme, die diesem Zweck dienlich sein sollen. Den Ausgangspunkt bildet eine jener Motivationshypothesen, welche nicht nur für Naturrechtstheorien charakteristisch sind (s. o.): Was treibt die Menschen an und was sind die Quellen von Macht und Ohnmacht? Die Antwort ist die einschlägige. „Die Verfolgung nahezu aller unserer Motivationsimpulse, unserer Bedürfnisse und Ziele hat zur Bedingung, dass Menschen in Beziehung treten zur Natur und zu anderen Menschen. Menschliche Ziele und ihre Erreichung machen zweierlei erforderlich: den Eingriff in die Natur – ein materielles Leben im weitesten Sinne – und die soziale Kooperation."[248] Macht bedeutet jedoch für Mann kein ursprüngliches Ziel der Menschen. Macht wird angestrebt, wenn sie sich als ein taugliches Mittel erweist, andere Ziele zu erreichen. Er stimmt daher der Ansicht von Talcott Parsons (1902–1979) zu, der Macht als ein generalisiertes Medium betrachtet, das es erlaubt, die heterogensten Ziele zu erreichen. In dieser Hinsicht ähnelt die Macht dem Geld. Die Definition von Macht, die Mann auf diesem Hintergrund vorschlägt, ist mit der von Max Weber – wie er dann selbst sieht – nahezu deckungsgleich: „Macht in der allgemeinen Bedeutung des Wortes ist die Möglichkeit einer Person, durch Herrschaft über ihre Umgebung ihre Ziele verfolgen und erreichen, d. h. ihren Willen durchsetzen zu können."[249] Erneut im Anschluss an Parsons unterscheidet er zudem einen distributiven von einem kollektiven Aspekt der Machtausübung. Distributive Macht weist den Charakter eines Nullsummenspiels auf. Was den einen ein Gewinn oder Vorteil bei der Zielerreichung darstellt, bedeutet für die anderen Verlust oder Nachteil in gleicher Höhe. Ausbeutung liefert das klassische Beispiel für diesen Zusammenhang. Demgegenüber gibt es bei der kollektiven Machtausübung „Personen, die miteinander kooperieren" und dabei „ihre gemeinsame Macht über Dritte oder über die Natur ausweiten können."[250] Auf dem Boden gemeinsamer Interessen zu einem ansatzweise gemeinsamen Handeln fähige Mitglieder einer sozialen Klasse liefern ein klassisches Beispiel dafür. Mann greift bei seinen Thesen wie viele andere vor und nach ihm mit aller Selbstverständlichkeit auf die Kategorie der „Naturbeherrschung" zurück. Dagegen erhebt Georg Simmel (1858–1918) einen m. E. durchschlagenden Einwand: „Dass wir die Natur besiegen oder beherrschen, ist ein ganz kindlicher Begriff, da er irgend einen Widerstand, eine teleologisches Moment in der Natur selbst voraussetzt, eine Feindseligkeit gegen uns, da sie doch nur gleichgültig ist, und alle ihre Dienstbarkeit ihre eigene Gesetzmäßigkeit nicht abbiegt – während alle Vorstellungen von Herrschaft und Gehorsam, Sieg und Unterworfensein nur darin Sinn haben, dass ein entgegenstehender Wille gebrochen ist."[251] Aber warum leistet die Masse irgendeiner der verschiedenartigen historischen Erscheinungsform von kollektiver Gewaltanwendung, Machtausübung und struktureller Benachteiligung nicht öfters Widerstand als es historisch der Fall war und ist? „Die Massen halten still, weil es ihnen an der kollektiven Organisation fehlt, deren sie bedürften, um sich anders verhalten zu können; sie halten still, weil sie in kollektive und distributive Machtorganisationen eingebunden sind, die von anderen kontrolliert und beherrscht werden. Sie sind organisationell umstellt und umzingelt ..."[252]

Mann legt seiner historischen Soziologie eine weitere Unterscheidung zugrunde: Extensive Macht / Intensive Macht / Autoritative Macht / Diffuse Macht.

- *Ad extensive Macht*: Sie besteht in der Chance, eine große Zahl von Menschen trotz aller logistischen Probleme über weite Räume hinweg so zu organisieren, dass ein halbwegs stabiler Kooperationszusammenhang zwischen ihnen zustande kommt und erhalten bleibt.[253]
- *Ad intensive Macht*: Bei intensiver Macht besteht – unabhängig vom Umfang der räumlichen Gegebenheiten – die Chance, eine große Zahl von Menschen straff zu organisieren. Es kann von ihnen ein hohes Maß an Aktivität und Loyalität verlangt werden.
- *Ad autoritative Macht*: Gruppen und Institutionen können in diesem Falle klare Anweisungen geben und mit einem hohen Grad der Folgebereitschaft der Adressaten rechnen.
- *Ad diffuse Macht*: Die Definition von Mann lautet: „Sie verteilt sich in einer eher spontanen, unwillkürlichen, dezentralen Weise über die Bevölkerung und produziert dabei gleichartige Sozialpraktiken, die zwar ebenfalls Machtbeziehungen implizieren, aber keine explizit von oben verfügten. Diese Macht beruht im typischen Fall nicht auf Anweisung und Gehorsam, sondern auf einem Einverständnis, dass diese Praktiken natürlich oder moralisch oder im augenscheinlichen Gemeininteresse begründet sind."[254]

Letzterer ist an sich ein wichtiger Punkt, dessen Kern nach meiner Auffassung die Vorstellung nicht zurechenbarer Machtverhältnisse und Machteffekte darstellt. Nicht zurechenbar in dem Sinne, dass es keine Machelite, keine Klasse oder ein sonstiges *collectivum* gibt, welches die Macht gezielt ausübt. Die Verhaltens- und Verhaltenslenkung in bestimmte Bahnen kann von normativen Erwartungen, „eingelebten" Sitten und Gebräuchen, Prinzipien der Moral und des Rechts, vom System der kulturell definierten Bedürfnisse, kulturellen Normierungen des Geschmacks oder der Mode etc. oder der akzeptierten „Selbstverständlichkeit" der Produktionsverhältnisse ausgehend geschehen. Aber das schließt überhaupt nicht den Fall aus, dass Normen, Regeln und Kriterien eher den Herren als den Mägden und Knechten zum Vorteil gereichen, dass sie dadurch bevorzugt und ihre Position gestärkt wird. Von zentraler Bedeutung sind überdies jene Erscheinungsformen verhaltenslenkender „diffuser Macht", welche ich als strukturelle Bedingung einerseits, struktureller Zwang andererseits bezeichnen möchte. *Strukturelle Bedingungen* entsprechen den natürlichen und sozialen Existenzbedingungen, die menschlichen Handlungsmöglichkeiten – wie das Klima – zwar Schranken auferlegen, ohne die jedoch andererseits der Fortbestand einer Gesellschaft in Frage gestellt wäre. In der Spiel- und Entscheidungstheorie werden sie als *conditions* bezeichnet. Abgesehen z. B. von Naturkatastrophen, welche eine verheerende Kausalität auf das Leben und Überleben zahlloser Menschen ausüben können, sind mit *strukturellen Zwängen* Einschränkungen der Autonomie der Subjekte gemeint. Machtverhältnisse und Herrschaftsordnungen wirken sich einschneidend auf die Existenzbedingungen der Massen aus. Die von der Sozialstruktur gestützten Interessen der Herren verschließen oftmals Möglichkeiten besserer Verhältnisse, die an sich offen stünden. Das entspricht dem, was Herbert Marcuse „objektive Möglichkeiten" nennt und ein Stück weit auch dem, was in der Spiel- und Entscheidungstheorie unter *constraints* verstanden wird. Die gesamte Art und Weise wie das System sozialer Beziehungen insgesamt überliefert und eingespielt ist, kann objektive Möglichkeiten verschließen.

Man verbindet die Achse *intensiv – extensiv* mit der Achse *autoritativ – diffus* zu einer Vierfeldertafel:[255]

	autoritativ	diffus
intensiv	Befehlsstruktur der Armee	Generalstreik
extensiv	Militaristisches Großreich	Markt

In den Zellen der Tabelle stehen typische Beispiele aus der Geschichte der Gesellschaften. Eine weitere wichtige Ergänzung des Machtbegriffs von Mann besteht in seinen Angaben zu den „Großquellen von sozialer Macht".[256] Die zentralen geschichtlichen Quellen der Macht und Machtausübung sind für ihn:

- *Ideologische Macht (I):* Es geht (a) um die Organisation von Wissen und Bedeutung, Sinngehalten und Sprachspielen in einer Gesellschaft. Ideologie in einem engeren Sinn bedeutet verkehrtes, verdinglichtes Bewusstsein und/oder Inhalte, die im Interesse der Herrengewalten im Umlauf sind und weithin akzeptiert werden. A. Gramsci (1891–1937) hat den Begriff der „Kulturhegemonie" geprägt, der – ähnlich dem Weber'schen Begriff des „Legendenglaubens" – auf all jene Inhalte zielt, womit es den herrschenden Klassen – auch um den Preis von Zugeständnissen – gelingt, die Beherrschten bei der Stange zu halten. Hinzu kommen als zweite Quelle ideologischer Macht (b) Normen, Regeln und Kriterien, welche die Beziehungen der Menschen untereinander regulieren und ein bestimmtes Maß an Kooperation sicherstellen sollen. (c) Als dritte Quelle nennt Mann *„ästhetische bzw. rituelle Praktiken* ... Ein Lied, ein Tanz, visuelle Kunstformen und Rituale ... sind Träger einer speziellen Art von Macht.“ Wo „Sinngebung, Normen und ästhetische und rituelle Praktiken von einer speziellen Gruppe monopolisiert werden“ übt diese „eine beträchtliche extensive und intensive Macht“ aus.[257]

- *Ökonomische Macht (economical = E): „Ökonomische Macht* leitet sich her aus der Erfüllung von Subsistenzerfordernissen vermittels der sozial organisierten Extraktion, Transformation, Distribution und Konsumtion der Gaben der Natur.“[258] Das entspricht natürlich dem, was Marx die „materielle Reproduktion des Lebens“ durch individuelle Arbeit im Rahmen kollektiver Produktionsbedingen und Klassenverhältnisse versteht. An dieser Stelle wird auch von Mann der Klassenbegriff eingeführt. Er will ihn ausdrücklich nur als einen ökonomischen Begriff verstanden wissen, der ganz allgemein auf Gruppen zielt, bei denen die Aufgaben der materiellen Reproduktion des Lebens im Zentrum stehen. Gleichwohl wird auch die übliche Vorstellung herrschender Klassen ins Spiel gebracht. „Diejenigen, die das Herrschaftsmonopol über Produktion, Distribution, Tausch und Konsum haben, d. h. die herrschende Klasse, können umfassende kollektive und distributive Macht in den Gesellschaften erlangen.“[259] Als zusammenfassende Definition für den Klassenbegriff schlägt er von daher die folgende vor: „Klassen sind demzufolge Gruppen mit unterschiedlich großem Einfluss auf die soziale Organisation von Ausbeutung, Umwandlung, Verteilung und Konsum der Naturgegenstände und -gegebenheiten.“[260] So arg weit von Marx entfernt ist diese Definition nun doch nicht.
- *Militärische Macht (M):* Militärische Macht entstammt für den Autor dem Bedürfnis nach Verteidigung gegen militärische Aggression oder stützt die Absichten von Angreifern. Sie impliziert die Dimensionen intensiver und extensiver Macht. Aber militärische Eliten als Elemente des „militärisch-industriellen“ Komplexes (Mills) können zudem leicht kollektive und distributive Macht erlangen und ausüben.
- *Politische Macht (P):* In diesem Falle lautet die Definition: Politische Macht „leitet sich her aus der Zweckdienlichkeit einer zentralisierten, institutionalisierten, territorialisierten Reglementierung vieler Aspekte der sozialen Verhältnisse und Beziehungen ... Die politischen Machtzusammenhänge (betreffen) nur einen einzigen speziellen Raum, das ‚Zentrum‘. Die politische Macht hat ihren Platz in diesem Zentrum und wird nach außen ausgeübt. Sie ist notwendig zentralistisch und territorial und unterscheidet sich in dieser Hinsicht von den anderen Machtquellen.“[261]

Der Autor bezeichnet die Liste dieser 4 Dimensionen als IEMP-Modell. Es handelt sich jedoch weniger um ein „Modell“ im wissenschaftslogisch üblichen Sinn von „Modell“, sondern um ein Begriffsschema als Sortierraster für die Mannigfaltigkeit der geschichtlich verschiedenartigen Ausprägungen dieser Quellen sowie für das historische Geschehen überhaupt. Dabei werden natürlich auch Aussagen über den Zusammenhang zwischen den Dimensionen getroffen und beispielsweise Kausalrelationen zwischen jenen Phänomenen berücksichtig, die im Lichte des begrifflichen Rahmens sortiert und analysiert werden.

Diskursive und systemische Macht

(a) Diskursive Macht

Es gibt zweifellos das Phänomen der sog. „anonymen" Macht bzw. „anonymer" Machtverhältnisse. Als „anonym" wird Macht dann vor allem angesehen, wenn es keine bestimmten Personen, keine abgrenzbaren Gruppen und sozialen Gebilde wie eine Organisation gibt, denen sich die Verfügung über Macht und ihre Anwendung eindeutig zurechnen ließe. Eine bekannte und einflussreiche Vorstellung von nicht zurechenbarer Macht findet sich bei Friedrich Nietzsche (1844–1900). Sie ist in seinen verschiedenartigen Ausführungen zum „Willen zur Macht" enthalten. Dieser offenbart sich nach einer Version beispielsweise in elementaren Befreiungsversuchen auf dem Boden einer prägenden Position der politischen Philosophie: „Der *Individualismus* ist eine bescheidene und noch unbewusste Art des ‚Willens zur Macht'; hier scheint es dem einzelnen schon genug, *freizukommen* von einer Übermacht der Gesellschaft (sei es des Staates oder der Kirche)."[262] Doch letztlich gehe es beim Streben nach Freiheit in einer zweiten Hinsicht um nichts als das Streben nach Macht überhaupt: „Man will *Freiheit*, solange man noch nicht die Macht hat. Hat man sie, will man Übermacht; erringt man sie nicht (ist man noch zu schwach zu ihr), will man *‚Gerechtigkeit', d. h. gleiche Macht.*"[263] Deswegen gerät der Begriff der Freiheit insgesamt unter Ideologieverdacht: „Wir haben heute kein Mitleid mehr mit dem Begriff ‚freier Wille'; wir wissen nur zu gut, was er ist – das anrüchigste Theologen-Kunststück, das es gibt, zum Zweck, die Menschheit in ihrem Sinne ‚verantwortlich' zu machen, das heißt, *sie von sich abhängig zu machen.* – Überall, wo Verantwortlichkeiten gesucht werden, pflegt es der Instinkt des *Strafen- und Richten-Wollens* zu sein, der da sucht."[264] Eine ähnliche Wendung nimmt der Freiheitsbegriff, wenn die Ketten nicht mehr gespürt werden, die weiterhin vorhanden sind: „‚Freiheit des Willens' heißt eigentlich nichts weiter, als keine neuen Ketten fühlen."[265] Den Willen zur Macht treibt das Streben an die Spitze zu gelangen bzw. an der Spitze zu bleiben an: „Wonach bemisst sich die Freiheit, bei den einzelnen wie bei Völkern? Nach dem Widerstand, der überwunden werden muss, nach der Mühe, die es kostet, *oben* zu bleiben."[266] Der Begriff der Wahrheit wird von Nietzsche auf eine ähnliche Weise „dekonstruiert", wie Gedankenzertrümmerer heutzutage zu sagen pflegen: „Könntet ihr einen Gott *denken*? – Aber dies bedeute euch Wille zur Wahrheit, dass alles verwandelt werde in Menschen-Denkbares, Menschen-Sichtbares, Menschen-Fühlbares! Eure eigenen Sinne sollt ihr zu Ende denken!"[267]

Es sind insbesondere zwei Zielrichtungen der Argumentation Nietzsches, welche einen so nachhaltigen Eindruck auf französische Autoren wie Michel Foucault (1926–1984) ausgeübt haben, dass Kritiker von seinem „französischen Nietzscheanismus" sprechen.[268] Die eine dieser Argumentationslinien von Nietzsche lässt sich als „Dezentrierung" des Subjekts bezeichnen. Für ihn stellt es eine Illusion dar, wenn die Menschen annehmen, sie verfügten – von der Abhängigkeit von Naturgesetzen und vom Gehorsam gegenüber Gesetzen als Geboten unabhängig – über die Freiheit, „anders zu handeln." Wahlfreiheit ist eine Illusion. In freiheitstheoretischen Überlegungen steckt für Nietzsche ein Fehler: *„Der Fehler steckt in der Hineindichtung eines Subjekts."*[269] Kurzum: „Das Subjekt ist nur eine Fiktion; es gibt das *ego* gar nicht, von dem geredet wird, wenn man den Egoismus tadelt."[270] Von daher mache es auch keinen Sinn, nach dem Subjekt als Autor irgendeines Interpretationsvorschlages zu suchen: „Man darf nicht fragen ‚*wer* interpretiert denn?', sondern das Interpretieren selbst, als eine Form des Willens zur Macht, hat Dasein (aber nicht als ein ‚Sein', sondern als ein *Prozess*, ein *Werden*) als ein Affekt."[271] Es ist offensichtlich, dass Nietzsche mit diesen Thesen in einen Gegensatz zu Subjekt- und Rationalitätstheorien wie bei Kant tritt (s. o.). „Und wisst ihr auch, was mir ‚die Welt' ist? ... *Diese Welt ist der Wille zur Macht – und nichts außerdem.* Und auch ihr selber seid dieser Wille zur Macht – und nichts außerdem."[272] Die zweite Argumentationslinie Nietzsches, von der Foucault besonders beeindruckt ist, lokalisiert den Willen zur Macht in Sprechakten. So betrachtet es Nietzsche z. B. als einen „Hauptsatz" seines Denkens: *„Es gibt keine moralischen Phänomene, sondern nur eine moralische Interpretation dieser Phänomene. Die Interpretation selbst ist außermoralischen Ursprungs."*[273] Das zeigt sich etwa daran, dass selbst hinter philosophischen Deutungen der Wille zur Macht steht: „Alles moderne Philosophieren ist politisch und polizeilich, durch Regierungen, Kirchen, Akademien, Sitten und Feigheiten der Menschen auf den gelehrten Anschein beschränkt."[274]

Die Dezentrierung des Subjekts sowie die Demonstration des „polizeilichen" Charakters von Sprechakten spielt im Denken von Michel Foucault eine zentrale Rolle.[275] An die Stelle des klassischen Subjekts als Übersubjekt tritt bei ihm „der Diskurs". Das Problem ist allerdings das gleiche wie beim Subjektbegriff: Wie verhält sich der allgemeine Begriff „des Subjekts" (des „Ich", der „Reflexion" etc.). zu den Bewusstseins- und den Willensäußerungen der je konkreten Subjekte? Wie verhält sich der allgemeine Begriff „des Diskurses" zu den verschiedenen Diskursen, die konkret gesprochen werden? – Wie verhält er sich etwa zum ökonomischen Diskurs oder zu all jenen Diskursen von Gruppen, welche von ihnen hier und jetzt gesprochen werden? usf. Nach meiner Auffassung gibt es eine enge Verbindung des Diskursbegriffes von Foucault zu Ludwig Wittgensteins (1889–1951) Begriff des „Sprachspiels." Da gibt es das gleiche Problem. Wie verhält sich „das

Sprachspiel" zu den mannigfaltigen Sprachspielen, die konkret gesprochen werden? Sprache bedeutet ein Spiel nach Regeln der Aussagenformierung. Sie müssen gelernt werden und legen das fest, was Foucault gelegentlich die „Aussagenfunktion" nennt, die wiederum den „Sprechakten" Wittgensteins ähnelt. Mit dem Lernen eine Sprachspiels lernt das Individuum immer zugleich Muster des Umgangs mit Dingen und anderen Personen, eine „Lebensform" wie Wittgenstein sagt.

Foucault thematisiert den anonymen Willen zur Macht, der in „den Diskurs" eingelassen ist. Es gibt jedoch Textstellen, an denen Foucaults Machtbegriff nicht viel anders klingt als der Max Webers: Macht bedeutet dann so viel wie ein „Ensemble von Handlungen, die sich auf mögliches Handeln richten, und sie operiert in einem Feld von Möglichkeiten für das Verhalten handelnder Subjekte. Sie bietet Anreize, verleitet, verführt, erleichtert oder erschwert, sie erweitert Handlungsmöglichkeiten oder schränkt sie ein, sie erhöht oder senkt Wahrscheinlichkeit von Handlungen, und im Grenzfall erzwingt oder verhindert sie Handlungen, aber stets richtet sie sich auf handelnde Subjekte, insofern sie handeln oder handeln können. Sie ist auf Handeln gerichtetes Handeln."[276] Das auf Handeln gerichtete Handeln stößt immer wieder auf Probleme und Widerstände hartnäckiger anderer Menschen. Doch Foucault kommt es in erster Linie darauf an, den anonymen Willen zur Macht klarzumachen, der in „den Diskurs" grundsätzlich eingelassen ist. Diskurse bedeuten überindividuelle Ausschließungssysteme. Sie eröffnen Möglichkeiten, verschließen andere, lassen zu oder schließen aus. Anderseits wird der Diskurs seinerseits als Gegenstand von Machtkämpfen beschrieben. Der Diskurs erscheint dann als „ein endliches, begrenztes, wünschenswertes, nützliches Gut, das seine Erscheinungsregeln, aber auch seine Aneignungs- und Anwendungsbedingungen hat. Ein Gut, das infolgedessen mit seiner Existenz (und nicht nur in seinen ‚praktischen Anwendungen') die Frage nach der Macht stellt. Ein Gut, das von Natur aus Gegenstand eines Kampfes und eines politischen Kampfes ist."[277] Doch vor allem ist es der Diskurs selbst, von dem Machteffekte ausgehen. Der Diskurs erscheint damit als „gewaltige Ausschließungsmaschinerie."[278] So stellt für Foucault nichts anders als für Nietzsche ein jedes Erziehungssystem eine politische Methode dar, „die Aneignung der Diskurse mitsamt ihrem Wissen und ihrer Macht aufrechtzuerhalten oder zu verändern."[279] Das zentrale Theorem der Foucaultschen Diskurstheorie lautet offensichtlich ähnlich wie bei Nietzsche: *Macht ist ein Implikat des Diskurses bzw. der einzelnen Diskurse selbst!* Sie zwingen und regulieren; sie schießen ein und schließen aus. Das Problem liegt für mich darin, dass beim Denken und Sprechen vieles ausgeschlossen und im Hintergrund belassen werden muss, weil wir nicht alles erfühlen, bedenken und besprechen können, was zum Thema wird. Die Unhintergehbarkeit der Abstraktion ist keinesfalls das gleiche wie die machtgestützte Ausschließung durch einen Diskurs!

Subjekttheoretisch zeichnen sich ähnliche Verbindungslinien ab. Für Nietzsche wie für Foucault gibt es keine Urheber des Diskurses. Autoren gibt es nicht eigentlich als die Schöpfer von Texten, nicht „als sprechendes Individuum, das einen Text gesprochen oder geschrieben hat." Es gibt sie nur „als Prinzip der Gruppierung von Diskursen, als Einheit und Ursprung ihrer Bedeutung, als Mittelpunkt ihres Zusammenhalts."[280] Das Subjekt – das Individuum als Träger der Reflexion verstanden – erscheint in einer mittleren Phase der Werkgeschichte Foucaults als nichts mehr denn eine Marionette, die an den Fäden der Regeln, Strukturen und Machteffekte des Diskurses zappelt. Es wird nicht bloß dezentriert, sondern ernsthaft „dekonstruiert." Wenn Klarheit darüber geschaffen ist, „dass alles menschliche Leben und vielleicht das ganze biologische Erbe des Menschen, in Strukturen eingebettet ist, d. h. in eine formale Gesamtheit von Elementen, die beschreibbaren Relationen unterworfen sind, hört der Mensch auf, zugleich Subjekt und Objekt zu sein. Man entdeckt, dass das, was den Menschen möglich macht, ein Ensemble von Strukturen ist, die er zwar denken und beschreiben kann, deren Subjekt, deren souveränes Bewusstsein er jedoch nicht ist."[281] Die Dekonstruktion des Subjekts kann verbal drastische Formen annehmen, die dann zum vom Autor selbst vorgeschlagenen Begriff des „Antihumanismus" führen, was Kritiker wider ihn wenden. „Dasjenige, mit dem sich die verschiedenen Humanwissenschaften wirklich beschäftigen, ist etwas vom Menschen Verschiedenes, das sind Systeme, Strukturen, Kombinatoriken, Form usw. Wenn wir uns daher ernsthaft mit den Humanwissenschaften auseinandersetzen wollen, müssen wir uns vor allem der Illusion entledigen, es gelte, den Menschen zu suchen." Auch die Berufung auf das Glücksstreben des Menschen gehört für Foucault in dieser Phase zu den subjekttheoretischen Illusionen. Man müsse davon ausgehen, dass sich stattdessen „das Optimum des gesellschaftlichen Funktionierens definieren lässt."[282] Foucaults „Antihumanismus" hat natürlich gar nichts mit einem Plädoyer für Unmenschlichkeit zu tun. Vielmehr versteht er unter „Humanismus" die Gesamtheit der Diskurse, in denen den Menschen eingeredet wurde: „Auch wenn du die Macht nicht ausüben kannst, kannst du sehr wohl souverän sein. Ja: je mehr du auf Machtausübung verzichtest und je besser du dich der Macht unterwirfst, die über dich gesetzt ist, umso souveräner wirst du sein."[283] Eigentlich bedeutet Autonomie als Souveränität des Individuums eine völlig zu verwerfende Vorstellung. Denn selbst Philosophen müssen anerkennen, dass sie nicht ihrer Diskurse mächtig sind. Es gibt neben den Philosophen eine Sprache, „die spricht und der er nicht Herr ist."[284]

Doch Foucault hat diese Position zuletzt nicht mehr in dieser Radikalität vertreten. Einen Beleg dafür liefern z. B. Passagen aus dem dritten Band der Schrift über ‚Sexualität und Wahrheit', der die Überschrift „Die Sorge um sich" trägt. Darin findet sich auch die Empfehlung, „drei Dinge auseinanderzuhalten", wenn es um den Individualismus geht. Da gibt es zum einen die rein „individualistische Einstellung, gekennzeichnet durch den absoluten Wert, den man dem Individuum in seiner Einzigkeit beilegt, und durch den Grad an Unabhängigkeit, der ihm gegenüber der Gruppe, der es angehört, oder den Institutionen, denen es untersteht, zugestanden wird." Zum zweiten gibt es den Individualismus des Privatlebens. Ihn kennzeichnet das „Ansehen, in dem die familialen Beziehungen, die Formen der häuslichen Aktivität und der Bereich der Erbinteressen stehen." Schließlich, drittens gibt es die „Intensität der Selbstbeziehungen, das heißt der Formen, in denen man sich selbst zum Erkenntnisgegenstand und Handlungsbereich nehmen soll, um sich umzubilden, zu verbessern, zu läutern, sein Heil zu schaffen."[285] Mit dem dritten Punkt kehrt die Reflexion in den Diskurs von Foucault zurück! Diese Tendenz zeichnet sich noch deutlicher in dem Vortrag ‚Was ist Kritik?' ab, worin Foucault an den Kantischen Begriff der „Aufklärung" anschließt. Er erklärt ausdrücklich sein Einverständnis mit einer bestimmten, neuzeitlichen Tradition der Kritik von Macht und Herrschaft: „Von der hegelschen Linken bis zur Frankfurter Schule hat es eine ganze Kritik des Positivismus, des Objektivismus, der Rationalisierung, der Technisierung gegeben, eine Kritik der Beziehungen zwischen dem Fundamentalprojekt der Wissenschaft und der Technik, die zeigen möchte, wie eine naive Anmaßung der Wissenschaft mit den eigentümlichen Herrschaftsformen der zeitgenössischen Gesellschaft verknüpft ist."[286] Hinzu tritt das Einverständnis mit Kants Bestimmung der Aufklärung als „Ausgang aus der selbstverschuldeten Unmündigkeit."[287] Mündigkeit bedeutet Autonomie. Foucault scheint am Ende den „Antihumanismus" hinter sich gelassen zu haben. Dies wiederum bedeutet jedoch keinen Einwand gegen die Untersuchungen über die mögliche Implikation von Macht und Herrschaftsansprüchen in Diskursen.

(b) Zum Machtbegriff der Systemtheorie[288]

Zu den Grundbegriffen der Theorie des sozialen Systems gehört das Konzept der „symbolisch generalisierten Kommunikationsmedien". Unter „Kommunikation" sollte man sich dabei nicht das Gespräch zwischen konkreten, „ganzen" Menschen verstehen, die einander sehen und hören können, sondern ganz allgemein die Übertragung einer Einsicht, Leistung oder eines Erzeugnisses mit Hilfe eines abstrakten technischen oder symbolischen Übertragungsmittels von einer Systemstelle an die andere. Dieser Übertragungsvorgang wird von Niklas Luhmann (1927–1998) sogar noch abstrakter gedacht. Generalisierte Medien übertragen schon reduzierte Komplexität. Diese These lässt sich vielleicht so lesen: Die Reduktion von Komplexität bildet – zusammen mit der Ziehung und Aufrechterhaltung einer Innen-Außen-Differenz, einer Grenze zwischen System und Umwelt – einen Grundmechanismus jeder Systembildung. D.h.: Die Überfülle der Eindrücke und Einwirkungen, welche das Weltgeschehen auf irgendein System ausübt, muss reduziert, sprich: kleingearbeitet werden, damit das System seine Grenzziehungen aufrechterhalten kann. In der Kybernetik wird dieser Vorgang *constraint on variety* genannt. Das lässt sich als „Einschränkungen im Ereignisraum" lesen. Gemeint ist also eine notwendige Einschränkung im

Raum möglicher Ereignisse, Selektivität, die in Bezug auf das an sich unendlich Vielfältige, das kein System niemals umfassend erleben und behandeln können, unvermeidlich ist. Organisationstheoretisch bewegt sich Selektivität in einem Zwischenbereich zwischen zwei Extremen: Könnte auf ein jedes Ereignis E ein jedes aus der Menge der unendlichen Anschlussereignisse eintreten, gäbe es also keine begrenzten Eintrittswahrscheinlichkeiten, dann herrschte das totale Chaos. Überhaupt nichts wäre gewiss. Wäre andererseits nur *ein* Anschlussereignis auf ein jedes beliebige Ereignis möglich, dann läge eine völlig starre Organisation der Beziehungen vor. Dazwischen liegen die Möglichkeiten der Selektion etwa im Sinne von diversen Graden der Wahlmöglichkeiten von Optionen nach dem Eintreten von E (Freiheitsgrade).

Die Systemtheorie behandelt das menschliche Individuum nicht als Subjekt, nicht als „ganzen" Menschen, sondern als „personales System." Denn das Individuum ist zugleich Element des „organischen Systems" (Körper), des „psychischen Systems" (Seele) oder des „physikalischen Systems" (Natur). Die Gesellschaft gehört zur Umwelt für das psychische System. Aus dem Gesellschaftssystem sowie aus dem Natursystem stürmt nicht zuletzt eine überkomplexe Fülle von Eindrücken auf das personale System ein. Diese müssen durch Selektionsleistungen kleingearbeitet, reduziert werden. So kann unsereins nicht alles wahrnehmen und berücksichtigen, was in einer Situation so alles der Fall ist. Deswegen müssen wir die Gegebenheiten allemal selektiv, in Perspektiven erleben und behandeln. Die Überfülle muss ein Stück weit kleingearbeitet werden. Kommunikationsmedien ermöglichen es nun, im System irgendwo schon reduzierte Komplexität an weitere Systemstellen übertragen, ohne dass der gesamte Reduktionsaufwand von diesen vorne begonnen werden müsste. Das Standardbeispiel für einen derartigen Prozess liefert die *Sprache*. Z. B. Wissen und Informationen sind sprachlich übertragbar. Ein weiteres Paradigma liefert das *Geld*. Einmal angenommen, jemand erfinde eine Strategie zur endgültigen Lösung eines lästigen Problems. Diese Person habe eine bahnbrechende Entdeckung gemacht und behielte sie nicht für sich. Sie bietet sie vielmehr zum Verkauf an. Durch die Bezahlung mit Geld können andere Personen die Problemlösung, die anderswo schon reduzierte Komplexität, erwerben, ohne sich selbst den Kopf über die bisher unüberwindbaren Schwierigkeiten zerbrechen zu müssen. Das Medium Geld eröffnet denjenigen, welche es haben, den Zugang zu einer unbestimmten Menge von Produkten und Dienstleistungen. Luhmann bezeichnet es als ein entscheidendes Merkmal der Kommunikationsmittel, „dass mediengesteuerte Kommunikationsprozesse Partner verbinden, die *beide eigene* Selektionsleistungen vollziehen und dies vom jeweils anderen wissen."[289] Jetzt tauchen doch irgendwie handfeste Personen auf. Sie tragen oftmals die Namen „Ego" und „Alter", Ich und anderes Ich (Du) hieß das einmal. Die Medien stimmen also Selektionsleistungen von Partnern ab, die wissen oder ahnen, dass die Gegenüber Selektion unter Optionen vornehmen können, ihr wählerische Handeln jedoch aufeinander abstimmen (müssen). Parsons, Luhmann und andere haben eine Reihe von Medien dieses Typs untersucht: Wahrheit, Liebe, Recht, Kunst, Glaube, Wertbindung. Das Thema hier ist jedoch *Macht* als Kommunikationsmittel.

Den Kern der Funktion von Macht bildet für Niklas Luhmann die Tatsache, dass bei Alter Unsicherheit im Hinblick auf die Art der Selektion herrscht, die Ego als Machthaber vollziehen wird. Über Macht verfügt Ego zudem deswegen, weil er aus irgendwelchen Gründen über mehr Alternativen des Vorgehens in der gemeinsamen Situation verfügt, über deren Spektrum sich der arme Alter zusammen mit seinen geringeren Optionen nicht so recht im Klaren ist. In einem anderen als dem systemtheoretischen Sprachspiel ließe sich sagen: Es besteht ein Machtgefälle zwischen Ego und Alter. Aufgrund dieses Gefälles kann Ego „bei seinem Partner in der Ausübung seiner Wahl Unsicherheit *erzeugen und beseitigen*."[290] Es entsteht in Umrissen das Bild vom Macht als die Chance Egos, bei Alter Unsicherheit des Vorgehens zu erzeugen oder diesem stattdessen auf die Sprünge helfen zu können. Was aber ist die Funktion von Macht innerhalb einer solchen Konstellation? Macht erbringt wie das Geld oder die Sprache ebenfalls eine Übertragungsleistung. Das geschieht dadurch, dass sie als Mittel fungiert, die Selektionen aus dem Spektrum der Handlungsalternativen oder der Unterlassungen bei Alter zu *beeinflussen*. Jedenfalls stärker als das umgekehrt der Fall ist. Eine Decodierung des systemtheoretischen Jargons könnte hier vielleicht zu folgendem Ergebnis führen: Ego verfügt (wodurch auch immer) über die Chance, die Auswahlhandlungen von Alter auf eine Weise zu beeinflussen, die seinen (Egos) eigenen Wahlhandlungen dienlich ist. Anderenfalls hätte das ganze Geschehen wenig Sinn. Deswegen besteht ein Machtgefälle dann, wenn sich die Einflussmöglichkeiten der einen Instanz im Vergleich zu denen anderen Instanzen sogar auf diejenigen Alternativen des Handelns oder Unterlassens auswirken, die für die Adressaten der Machtausübung – so Luhmann – besonders „attraktiv" sind. Den Adressaten werden dadurch vorhandene und begehrte, objektive Möglichkeiten abgeschnitten. Beim Zwang, dessen Grenzfall die nackte Gewalt darstellt, werden die „Wahlmöglichkeiten des Gezwungenen ... auf Null reduziert."[291] Wahrlich, wahrlich; so ist es! Nach meinem Eindruck bedeutet *Macht* für Luhmann in den meisten Fällen *die Chance zur Beschränkung des Selektionsspielraums der Gegenüber*. Es heißt aber auch: Macht besteht darin, „mögliche Wirkungsketten ... unabhängig vom Willen des machtunterworfenen Handelnden" sicher zu stellen – ob er „will oder nicht."[292] Nun wird das Machtverhältnis kein Jota anders als von Max Weber beschrieben. Dass Machtausübung objektive Möglichkeiten der Unterworfenen abschneidet, stellt überdies einen Gedanken dar, der sich auch in anderen sozialphilosophischen Sprachspielen wiederfinden lässt. Es scheint sehr schwer zu sein, Webers Definitionen wirklich vollständig hinter sich zu lassen. Warum auch? Doch Luhmanns Antwort auf diese Frage hätte vermutlich gelautet: Max Webers Handlungstheorie gehört zu den bedeutendsten Leistungen des „alteuropäischen“ Denkens, das jedoch inzwischen von der modernen Systemtheorie zügig überholt wurde – das meinen jedenfalls Systemtheoretiker.

Kapitel 7
Philosophie der Geschichte

Historie und Historik

Grammatisch stellt der weithin gebräuchliche Ausdruck „die Geschichte" einen sog. „Kollektivsingular" dar. Ein einzelnes Wort für ungemein Vieles. Es wirft Probleme auf. „Die" Geschichte bedeutet keine singuläre überweltliche Instanz wie z. B. das Übersubjekt, das als „Weltgeist" in Hegels Geschichtsphilosophie in Erscheinung tritt. „Es hat sich also erst aus der Betrachtung der Weltgeschichte selbst zu ergeben, dass es vernünftig in ihr zugegangen sei, dass sie der vernünftige, notwendige Gang des Weltgeistes gewesen, des Geistes, dessen Natur zwar immer eine und dieselbe ist, der aber in dem Weltdasein diese seine Natur expliziert."[293] Der Weltgeist, dieses merkwürdige Wesen, das sich z. B. in die verschiedenen „Volksgeister" entäußert, leistet die „ungeheure Arbeit der Weltgeschichte, in welcher er in jeder (seiner epochalen Erscheinungsform – J.R.) den ganzen Gehalt seiner, dessen sie fähig ist, herausgestaltete."[294] Selbst eingefleischte Hegelianer müssen sich jedoch mit dem Gedanken vertraut machen, dass „die Geschichte" weder von sich aus etwas veranlasst, noch etwas bewirkt. Der Ausdruck „die Geschichte" liest sich unabhängig von der Geistesmetaphysik normalerweise als zusammenfassender Begriff für die unüberschaubare, für die unendliche Fülle der Ereignisse, Taten und Abläufe, die in der Vergangenheit geschehen sind. Das widerspricht nicht der Tatsache, dass vieles vom geschehenen Geschehen der Vergangenheit Auswirkungen bis in die Gegenwart hinein hat und wahrscheinlich auch noch in der Zukunft haben wird. Wieviel vom klassischen römischen Recht steckt heute noch in welchen Rechtsordnungen? Ich möchte die Vokabel *Historie* der Gesamtheit vergangener Ereignisse vorbehalten, obwohl damit ursprünglich eine „Erkundung" oder „Erforschung" gemeint ist. Demgegenüber lässt sich unter *Historik* die Geschichtswissenschaft oder die Geschichtsschreibung verstehen. Geschichtsschreibung kann an ihren Ursprüngen natürlich nicht als Darstellung der Weltgeschichte verstanden werden. Denn selbstverständlich konnten diejenigen Personen, welche – von den vielfältigen Formen der mündlichen Überlieferung und Erzählung etwa in der Form von Mythen abgesehen – als Begründer der schriftlichen Dokumentation geschehenen Geschehens gelten können, nur Ereignisse in ihrem unmittelbaren Erfahrungs- und Erlebnisraum festhalten. Hegel erwähnt in diesem Zusammenhang die „ursprüngliche Geschichte", die Historik in ihrer frühesten abendländischen Ausprägung. Dazu rechnen vor allem „*Herodot, Thukydides* und andere ähnliche Geschichtsschreiber, welche vornehmlich die Taten, Begebenheiten und Zustände beschrieben, die sie vor sich gehabt, deren Geist sie selbst zugehört haben, und das, was äußerlich vorhanden war in das Reich der geistigen Vorstellung übertrugen."[295] Ein Beispiel für diesen Typus der Geschichtsschreibung liefert Xenophon (ca. 430–354 v.u.Z.), Schüler des Sokrates (469–399 v.u.Z.), mit seiner ‚Anabasis'. Xenophon agierte u. a. auch als Feldherr, der eine Truppe von griechischen Söldnern des persischen Prinzen Kyros d. J. befehligte und nach dessen Tod in einer Schlacht den Rückzug („Zug der Zehntausenden") nach Griechenland anführte. Die ‚Anabasis' (das bedeutet so viel wie „Aufmarsch") schildert die Probleme und Leiden dieses Rückzuges. Als „Vater der Geschichtsschreibung" wird jedoch gemeinhin Herodot von Halikarnassos (ca. 490–430 v.u.Z.) angesehen. Im Mittelpunkt seiner ‚Historien' stehen die Kriege der Griechen mit den Persern. Thukydides (ca. 454–399 v.u.Z.) schreibt vor allem über den Peloponnesischen Krieg, also über den Konflikt zwischen Sparta und Athen. Er stellt dabei ausdrücklich Anforderungen an die Triftigkeit der Darstellung, in welchem Ausmaß sie auch immer für ihn einlösbar waren. Römische Geschichtsschreiber wie Sallust (86–35v.u.Z.) oder Livius (59v.-17 n.u.Z.) befassen sich mit der Historie Roms. Z. B. Livius schreibt eine Geschichte Roms von der Gründung der Stadt – der Sage nach durch die wolfsmilchgestärkten Zwillinge Romulus und Remus im Jahre 753 v.u.Z. – bis zum Beginn des Prinzipiats von Augustus (63v.-14 n.u.Z.). Caesar (100–44 v.u.Z.) schildert in seiner Schrift ‚*De bello gallico*' seine Feldzüge gegen die Stämme der Kelten und Germanen. Tacitus (ca.58-120 n.u.Z.) befasst sich in seiner ‚Germania' mit den germanischen Stämmen rechts des Rheins. Es handelt sich um ein Gebiet, das letztendlich nicht zu einer römischen Provinz gemacht werden konnte. All diese Autoren schreiben natürlich noch keine „Weltgeschichte" im modernen Sinn des Wortes. Sie schreiben eine Geschichte der ihnen bekannten Welt sowie der angrenzenden oder über die Grenzen drängenden Völker. Es ist die Welt des Mittelmeerraumes (*mare nostrum*). Erst nach dem Zeitalter der Entdeckungen, der Weltumsegelungen, nicht zuletzt des Kolonialismus und Imperialismus kann ernsthaft von einer Welt- oder Universalgeschichte die Rede sein. Nun kann Friedrich Schiller (1759–1805) in einem Vortrag die Frage aufwerfen: „Was heißt und zu welchem Ende studiert man Universalgeschichte?"[296] Die Universalgeschichtsschreibung muss nach seiner Auffassung mehr als die Zusammenfügung von Bruchstücken historischen Detailwissens leisten. Deswegen muss ihr „der philosophische Verstand" zu Hilfe kommen. „Indem er diese Bruchstücke durch künstliche Bindungsglieder verkettet, erhebt er das Aggregat zum System, zu einem vernunftmäßig zusammenhängen Ganzen."[297] Was aber sind die Konstruktionsprinzipien dieses Zusammenhangs? „Aus der ganzen Summe dieser Begebenheiten hebt der Universalhistoriker diejenigen heraus, welche auf die *heutige* Gestalt der Welt und den Zustand der jetzt lebenden Generation einen wesentlichen, unwidersprechlichen und leicht zu verfolgenden Einfluss gehabt haben."[298] Das könnte auch bedeuten: Die Vergangenheit wird im Lichte aktueller, gegenwärtiger Probleme betrachtet. Umgekehrt lässt sich nach signifikanten Nachwirkungen der Vergangenheit in der Gegenwart fragen:

„Selbst in den alltäglichsten Verrichtungen des bürgerlichen Lebens können wir es nicht vermeiden, die Schuldner vergangener Jahrhunderte zu werden; die ungleichartigsten Perioden der Menschheit steuern zu unsrer Kultur, wie die entlegensten Weltteile zu unserem Luxus“ bei.[299]

Schiller hat damit (implizit) drei elementare Fragestellungen aufgeworfen, die für die Logik historischer Forschung mit welchen Variationen auch immer weiterhin bedeutsam sind:

1. Welche Systematik, welche logischen Prinzipien, verknüpfen die Darstellung der historischen Einzelereignisse und Unternehmungen?
2. Welche Probleme und Interessen in der gegenwärtigen Gesellschaft stehen in welchem Verhältnis zur Vergangenheit?
3. Welche Geschehnisse und Taten in der Vergangenheit wirken wie in die Gegenwart hinein?

Die Philosophie der Geschichte mit ihren Antworten auf derartige Fragen wird zu einem besonderen Themenbereich der Sozialphilosophie. So zeigt sie bestimmte Möglichkeiten und Grenzen der Geschichtsforschung auf, Grenzen etwa, wie sie dem idealen Chronisten gesteckt sind.

Der ideale Chronist

Chroniken sollen eine Darstellung der zeitlichen Abfolge von Ereignissen in einem bestimmten Raum sowie in einem längeren oder kürzeren Zeitabschnitt liefern. Das Wort „Chronik“ stammt von der griechischen Vokabel *chronos* ab. Sie bedeutet die *Zeit.* Genau genommen ist damit in der griechischen Mythologie der dem Chaos entstammende Titan *Chronos* gemeint. Er ist der Gott der Zeit. Chroniken sollen wie jede Geschichtsschreibung vergangene Tatsachen, Aktionen und Ereignisse in ihrer Abfolge *in der Zeit* zutreffend darstellen. Aber was ist die Zeit? Es gibt kaum ein komplexeres und kontroverseres Thema als dieses. Aber eines lässt sich mit Sicherheit dazu sagen: Aussagen der Historik greifen zwangsläufig auf die beiden Hauptachsen jeder Zeitbestimmung zurück. Der englische Philosoph John MacTaggart (1866–1925) hat sie als „A-Reihe“ und „B-Reihe“ bezeichnet. Die A-Reihe sortiert Ereignisse gemäß den Prädikaten *vergangen, gegenwärtig und zukünftig.* Ich bezeichne diese Reihe als die der *Geschichtlichkeit* des Geschehens. Die B-Reihe sortiert das Geschehen gemäß den Prädikaten *früher als, gleichzeitig mit* und *später als.* In diesem Falle ließe sich von der Reihe der *Zeitlichkeit* des Auftretens von Ereignissen und Aktionen sprechen. (MacTaggart nennt noch eine C-Reihe. Ein Beispiel dafür liefert die mathematisch zeitlose Reihenfolge von Zahlen). Die immanenten Rückgriffe auf die beiden ersten Reihen sind natürlich so alt wie Menschen überhaupt – etwa beim Ahnenkult – über das nachgedacht und gesprochen haben, was vor ihnen war. Kant behandelt sie im Abschnitt „transzendentale Ästhetik“ als Bedingungen der Möglichkeit unserer sinnlichen Anschauungen. D.h.: „Die Zeit ist eine notwendige Vorstellung, die allen Anschauungen zum Grunde liegt. Man kann in Ansehung der Erscheinungen überhaupt die Zeit selbsten nicht aufheben, ob man zwar ganz wohl die Erscheinungen aus der Zeit wegnehmen kann.“[300] Anschauungen bedeuten Sinnesempfindungen, die uns nur in den logisch vorgängigen (*a priori*) „Formen der Anschauungen“, nur im Achsenkreuz von *Raum* und *Zeit* beeindrucken, „erscheinen“ können. Kant lehrt also die objektive Gültigkeit der Zeit „in Ansehung aller Gegenstände, die jemals unseren Sinnen gegeben werden mögen.“[301] Anders als Newton sich das dachte, gibt es für ihn keine „absolute“, objektive Zeit, sondern es gibt sie nur als logische Prinzipien der Erfahrungsorganisation.

Was geschehen ist, ist geschehen. Es scheint aussichtslos zu sein, irgendwie an diesem Tatbestand rütteln zu wollen. Die Vergangenheit steht fest. Doch dem ist in einer entscheidenden Hinsicht gar nicht so! Diesem Sachverhalt hat schon der Kirchenvater Augustinus mit seiner Zeittheorie auf eine bestimmte Weise Rechnung getragen: Man muss, sagt er, einsehen, „dass alles Vergangene vom Zukünftigen verdrängt wird und alles Zukünftige von dem, was immer gegenwärtig ist, geschaffen wird und seinen Ausgang nimmt.“[302] Was im gegenwärtigen Augenblick der Fall ist, wird im nächsten Moment so vergangen sein wie der einzelne Ton in einer Tonfolge. Augustinus hat offensichtlich die Reihe der *Geschichtlichkeit* der Ereignisse vor Augen. Nach den logischen Prinzipien der A-Reihe bedeutet das geschichtliche Geschehen für die Historik jedoch eine Variable! Denn die Möglichkeiten einer Beschreibung der Vergangenheit sind eine Funktion der Geschichte selbst. Nicht nur, dass sie vom Standpunkt gegenwärtiger Probleme und Interessen aus geschrieben wird, sondern die Beschreibungsmöglichkeiten des Ereignisses E zum Zeitpunkt *to* verändern sich mit der Geschichtlichkeit selbst. Um ein triviales Beispiel zu wählen: 1618 bricht der Dreißigjährige Krieg aus. Niemand hätte ihn zu diesem Zeitpunkt als solchen beschreiben und etwas über seine Dauer aussagen können. Mit dem geschichtlichen Prozess treten neue Aspekte an den vergangenen Ereignissen hervor. Oder: Nicht nur die unmittelbaren Einflüsse eines Geschehens, sondern auch seine längerfristigen Einwirkungen werden erkennbar usf. Heißt dies, dass es – von den Schwierigkeiten z. B. der unzulänglichen Dokumentenlage abgesehen – keine „objektive“, d. h. feststehenden Urteile über die Vergangenheit geben kann? Natürlich nicht. Denn es kommt die B-Reihe als Organisationsprinzip historischer Aussagen allemal mit ins Spiel. Wenn das Ereignis E1 tatsächlich *früher als* das Ereignis E2 eingetreten ist, dann ist diese Beziehung nicht umkehrbar; sie steht fest. Gaius Julius Caesar hat nach allem, was bekannt ist, nicht an den napoleonischen Kriegen teilgenommen. Der Zeitpunkt seiner Ermordung ist genau bekannt. Es waren die Iden des März (15.3.44 v.u.Z.) nach der Zeitrechnung des nach ihm benannten „julianischen Kalenders“, den Caesar in Ägypten kennengelernt und in Rom eingeführt hatte. Der Anspruch von Chroniken besteht im Kern darin, vergangenes Geschehen tatsachengetreu nach den Prinzipien der B-Reihe zu beschreiben. Als eines der Ziele von Chroniken gilt dabei ihre „Vollständigkeit". Dieses Ziel ist utopisch; denn die Erfassung der Merkmale auch nur eines Sachverhaltes sowie all der Beziehungen worin er steht, ist für uns endliche Wesen unerreichbar. Der ideale Chronist, der *alles* erfasst, was in einem noch so kleinen Zeitabschnitt geschehen ist, stellt eine Fiktion dar. Überdies bedeutet „tatsachengetreu" nicht das Gleiche wie „ohne theoretische und begriffliche Voraussetzungen rein beschreibend" vorzugehen. Wie es bei Hegel mit Fug heißt: „Auch der gewöhnliche und mittelmäßige Geschichtsschreiber, der etwa meint und vorgibt, er verhalte sich nur aufnehmend, nur dem Gegebenen sich hingebend, ist nicht passiv mit seinem Denken und bringt seine Kategorien mit und sieht durch sie das Vorhandene; bei allem insbesondere, was wissenschaftlich sein soll, darf die Vernunft nicht schlafen und muss Nachdenken angewandt werden."[303] Schiller hat das nicht anders gesehen. Wie bei allen Erkenntnisbemühungen ist also die Selektivität der Perspektiven auf der Basis von Relevanzkriterien unterhalb von *god's point of view* unvermeidlich. Die „unterschiedenen Weisen des Nachdenkens, der Gesichtspunkte, der Beurteilung schon über bloße Wichtigkeit und Unwichtigkeit der Tatsachen, welches die am nächsten liegende Kategorie ist", sind nicht zu übersehen.[304] Hinweise auf charakteristische Gesichtspunkte der Geschichtsbetrachtung finden sich ebenfalls bei G. W. F. Hegel oder bei Friedrich Nietzsche (1844–1900). Hegel nennt drei Perspektiven, in denen „die" Geschichte im Verlauf der Geschichte betrachtet wurde:[305]

1. *Die ursprüngliche Geschichte:* Sie entspricht – wie etwa bei Xenophon – einer Berichterstattung über ein ganz bestimmtes Geschehen, woran die Historiker oftmals selbst teilgenommen hatten.
2. *Die reflektierende Geschichte:* Historiker schreiben nun Darstellungen von Geschehnissen der Vergangenheit, die während eines längeren Zeitraums stattgefunden haben. Livius beschreibt die Zeit *ab urbe condita* (von der Gründung der Stadt Rom) bis hin zum Prinzipiat von Gaius Octavius (Augustus).
3. *Die philosophische Geschichte:* Es wird gleichsam von einem metatheoretischen Standpunkt aus über Universalgeschichte nachgedacht. Dann werden Fragen wie die aufgeworfen: Was ist der „Sinn" der Geschichte? Auf welches Ziel ist „die" Geschichte ausgerichtet? Welche Stufen, Stadien, Phasen durchläuft „die" Geschichte? Gibt es Fortschritt im Geschichtsverlauf? Hegel Philosophie der Geschichte weist diesen Charakter auf. Zwei ebenso berühmte wie strittige These von ihm lauten: (a) Von der Weltgeschichte kann gesagt werden, „dass sie die Darstellung des Geistes sei, wie er sich das Wissen dessen, was er an sich ist, erarbeitet; und wie der Keim die ganze Natur des Baumes, den Geschmack, die Form der Früchte in sich trägt, so enthalten auch schon die ersten Spuren des Geistes virtualiter die ganze Geschichte."[306] Hegel greift hier auf die folgenreiche Keimzellenmetapher der Geschichtsbetrachtung

zurück. Zu ihren Folgen gehört der Versuch entschlossen orthodoxer Marxisten, den gesamten Kapitalismus samt seinem Staat („Staatsableiter") aus der Keimzelle der Ware („Wertform und Warenanalyse") abzuleiten. (b) „Die Weltgeschichte ist der Fortschritt im Bewusstsein der Freiheit – ein Fortschritt, den wir in seiner Notwendigkeit zu erkennen haben."[307] Gibt es notwendige Fortschritte „der Geschichte"? Gibt es sie nur im *Bewusstsein* der Freiheit?

Nietzsche macht einen anderen Vorschlag zur Bestimmung von Gesichtspunkten der Geschichtsbetrachtung.

1. *Die monumentalistische Historik:*[308] Sie liefert Narrationen, Erzählungen z. B. in der Form von Sagen. Es geht oftmals um die Aktivitäten von Helden bis hin zu den Taten mächtiger Personen, denen ein bedeutender Einfluss auf die Historie nachgesagt werden kann. Despoten und Diktatoren liefern trostlose Beispiele dafür. Die monumentalistische Geschichtsschreibung erzählt aber zudem von großen Vorbildern wie Mahatma Gandhi oder Nelson Mandela, von wirkungsmächtigen Denkern wie Aristoteles, der nicht umsonst „Lehrer des Abendlandes" genannt wurde. Die monumentalistische Geschichtsauffassung geht nach Nietzsche zu all dem davon aus, dass vergangene Größe in der Gegenwart in veränderter Form wiederbelebt werden könne und müsse. Die Gefahr besteht darin, dass dabei unheimlich viel Verschiedenes übersehen wird. Alle „scharfen Ecken und Kanten (werden) zugunsten der Übereinstimmung zerbrochen ..."[309] In diesen Bereich fällt zudem die konservative Geschichtsschreibung. Sie weist den Grundzug des „Bewahrenden und Verehrenden" auf. Betrachter blicken „mit Treue und Liebe dorthin", also mit Pietät (Respekt, Ehrfurcht, Demut) dorthin zurück, wo sie und das Verehrte hergekommen sind. In diesem Falle besteht für Nietzsche die Gefahr darin, dass die historische Pietät den „kräftigen Entschluss zum Neuen" hindert. Sie „lähmt den Handelnden, der immer, als Handelnder, etwelche Pietäten verletzen wird und muss."[310]
2. *Die antiquarische Geschichtsschreibung:* Hier hat der ideale Chronist seinen Platz. Im Rahmen kontrafaktischer Annahmen wird ihm zugetraut, einen Bericht über vergangenes Geschehen zu verfassen, der das Geschehen absolut wahrheitsgetreu überliefert und den interessierenden geschichtlichen Zeitabschnitt in sämtlichen Details wiedergibt. Ein „jedes Faktum (soll) in seiner genau geschilderten Eigentümlichkeit und Einzigkeit" geschildert werden.[311] Zugleich wird die Forderung nach einer umfassen historischen Bildung der Menschen erhoben, wobei dieser Bildungsprozess oftmals beim Innerlichen stehenbleibt. Nietzsche hat in diesem Zusammenhang sein berühmtes Wort vom „Handbuch innerlicher Bildung für äußerliche Barbaren" geprägt, das nicht nur auf gebildete Nazischergen passt.[312] Er hat zudem den Historismus seiner Zeit vor Augen. Kennzeichnend für den Historismus ist die Forderung des Geschichtswissenschaftlers F. Meinecke (1862–1954) nach „Ersetzung ei-

ner generalisierenden Betrachtung geschichtlich-menschlicher Kräfte durch eine individualisierende Betrachtung."[313] Die geschichtlichen Phänomene sollen in ihrer raum-zeitlichen Eigenart und Einzigartigkeit zum Untersuchungsgegenstand gemacht werden. Die Gefahr, die Nietzsche in diesem Falle sieht, besteht darin, dass dieser „historische Sinn, wenn er *ungebändigt* waltet und alle seine Konsequenzen zieht", die Zukunft entwurzelt, „weil er die Illusionen zerstört und den bestehenden Dingen ihre Atmosphäre nimmt, in der sie allein leben können."[314]

3. *Die kritische Historik:* Die kritische Historik bewertet und beurteilt historische Phänomene im Lichte aktueller Probleme, Interessen und Wertideen. Sie wird nach Nietzsche daher von demjenigen geschrieben, welchem „eine gegenwärtige Not die Brust beklemmt, und der um jeden Preis die Last von sich abwerfen will."[315] Im Unterschied zum Menschen leben Tiere nach seiner Auffassung unhistorisch: „Der Mensch fragt wohl einmal das Tier: warum redest du nicht von deinem Glücke und siehst mich nur an? Das Tier will auch antworten und sagen: das kommt daher, dass ich immer gleich vergesse, was ich sagen wollte – da vergaß es aber auch schon diese Antwort und schwieg, so dass der Mensch sich darob verwunderte ... So lebt das Tier *unhistorisch*; denn es geht auf die Gegenwart."[316] Vielleicht wird damit die Erinnerungsfähigkeit der Tiere wie das Elefantengedächtnis des Elefanten unterschätzt. Die kritische Historie stellt darauf ab, der geschichtlichen Erfahrung Möglichkeiten zu entnehmen, mit Problemen in der Gegenwart besser zurechtzukommen, die „beklemmte Brust" zu befreien. Deswegen ist das Geschichtsbewusstsein von besonderer Bedeutung. „Wir brauchen sie (die Geschichtskenntnisse – J.R.) zum Leben und zur Tat, nicht zur bequemen Abkehr vom Leben und von der Tat, oder gar zur Beschönigung des selbstsüchtigen Lebens und der feigen und schlechten Tat."[317] Ein umfassendes Geschichtsbewusstsein gehört zum Menschen „als dem Tätigen und Strebenden, ihm als Bewahrenden und Verehrenden, ihm als den Leidenden und der Befreiung Bedürftigen."[318] Doch die kritische Historik weist ebenfalls ein möglicherweise auftretende Schwierigkeit auf: Das Leben braucht „den Dienst der Historie", aber ein „Übermaß der Historie" schadet dem Leben.

Geschichtsbilder

Metaphern und Analogien sind nicht nur in den Geschichtswissenschaften im Gebrauch. Analogien weisen einen Vorbild- und einen Abbildbereich auf. Wasserströme werden zum Vorbild für elektrische Ströme als Nachbild. Oder in der Ungleichheitsforschung ist von den Schichten einer Gesellschaft die Rede. Sie werden auch *strata* genannt werden. Den Vorbildbereich für Auffassungen über die Stratifikation der Gesellschaft bilden offensichtlich Gesteinsschichten. Der Nachbildbereich fasst die Über- und Unterordnung der verschiedenen Schichten in der Gesellschaft. Sie werden mit Hilfe verschiedener „Schichtmodelle" dargestellt. So wird z. B. die Metapher der „Zwiebel" oder „Pyramide" herangezogen: Oben an der Spitze befinden sich wenige Personen, die meisten lagern als „Unterschicht" an der Basis der Pyramide. Über die Qualität von Metaphern und Analogien entscheidet nicht ihre Wahrheit oder Unwahrheit, sondern ihre Brauchbarkeit oder Unbrauchbarkeit im Hinblick auf mögliche Einsichten in die realen Verhältnisse. Geschichtsbilder bedeuten bildhafte Vorstellungen vom Gesamtverlauf „der" Geschichte oder werden z. B. in Analogie zu Vorgängen in der Natur entworfen. Zur Menge der charakteristischen Geschichtsvorstellungen gehört

(1) Das teleologische Geschichtsbild

Von „der" Geschichte als Universalgeschichte der Menschheit wird in diesem Falle angenommen, sie verliefe in Richtung auf ein Endziel (*telos*). Ein einflussreiches Beispiel liefert die biblische Geschichte vom Paradies, vom Sündenfall und dem jüngsten Gericht. Aber auch Mythen und Sagen haben immer schon einen auf ein Ziel hin ausgerichteten Verlauf des irdischen Geschehens angenommen. Die nordische Sage vom Weltenbrand und der Götterdämmerung stellt nur eines von zahllosen Beispielen dar. Es lassen sich zwei elementare Typen des teleologischen Geschichtsbildes unterscheiden. Da sind zum einen diejenigen Vorstellungen, welche einen Verlauf in Richtung auf ein Heilsziel annehmen (Eschatologien bzw. positive Utopien). Thomas Morus (1478–1535), Jurist und Staatsmann zu den Zeiten von Heinrich VIII. in England, stellt sich eine Insel vor, in der menschliche Tugenden und Gerechtigkeit ohne jede Einschränkung verwirklicht sind. Oder: Am Ende der Klassenkämpfe wird die Geschichte in der klassenlosen Gesellschaft ausmünden (Marx und Engels). Zum anderen wird der Geschichtsverlauf als Weg in den Abgrund gedacht (Apokalypse). Gegenwärtig entsteht der Eindruck, die Menschheit befände sich aufgrund der fortschreitenden Naturzerstörung auf dem nachhaltigen Weg ihrer Abschaffung. Nach Ernst Bloch zielten Sozialutopien im Verlauf der Geschichte „auf menschliches Glück, das (egalitäre – J.R.) Naturrecht auf menschliche Würde. Die Sozialutopie malte Verhältnisse voraus, in den die *Mühseligen* und *Beladenen* aufhören, das Naturrecht konstruierte Verhältnisse, in den die *Erniedrigten* und *Beleidigten* aufhören."[319] Zum teleologischen Geschichtsbild lassen sich zudem *Fortschrittsvorstellungen* rechnen, selbst wenn kein positiver oder negativer Endzustand imaginiert wird. Der Begriff „Fortschritt" impliziert den Gedanken an *Verbesserungen*. Zwar ist es sprachlich üblich, zu sagen, ein bestimmtes Gemeinwesen sei insgesamt „fortschrittlich", aber dabei wird gemeinhin an die Steigerung bestimmter Variablen gedacht: Fortschritt der technischen Produktivkräfte bei Marx, Fortschritt „im Bewusstsein der Freiheit" bei Hegel, Fortschritt im Alphabetisierungsgrad in Entwicklungsländern etc. Doch gleichzeitig merkt Hegel an, dass die Menschen selten etwas aus der Geschichte lernen: „Was die Erfahrung aber und die Geschichte lehren, ist dieses, dass Völker und Regierungen niemals etwas aus der Geschichte gelernt und nach Lehren, die aus derselben zu ziehen gewesen wären, gehandelt haben."[320] Bei allen tatsächlichen Fortschritten oder bei allem festen Fortschrittsglauben finden ständig Rückschläge und Stagnationen statt.

(2) Das zyklische Geschichtsbild

Die Annahme, dass das Leben des einzelnen Menschen eine Kreisbahn von der Geburt, über den Lebenslauf zu Tod und Wiedergeburt (Reinkarnation) verläuft, gibt es schon früh in verschiedenen Kulturen. So beispielsweise im Hinduismus. Je nach der Qualität der Lebensführung der Einzelnen, je nach ihrem Verhältnis zu religiösen, moralischen und geistigen Geboten, häufen sie ein positives oder negatives Karma an. Das wirkt sich auf die Gestalt aus, worin die Reinkarnation stattfindet. Platon (488–348) schildert in seinem Dialog ‚Menon' ein Experiment, das beweisen soll, dass es Reinkarnation tatsächlich gibt. Sokrates, der Hauptakteur der Platonischen Dialoge, zeigt seinem Gesprächspartner Menon, dass ein junger, ungebildeter Sklave durchaus korrekte Antworten auf Fragen nach den Merkmalen einer geometrischen Figur geben kann. „SOKRATES. Siehst du wohl, Menon, wie ich diesem nichts lehre, sondern alles nur frage? Und jetzt glaubt er zu wissen, wie groß die Seite ist, aus der das achtfüßige Viereck entstehen wird. Oder denkst du nicht, dass er es glaubt? MENON: Allerdings:"[321] Für diese Leistung gibt es nach Platon nur eine Erklärung: „Weil nun die Seele unsterblich ist und oftmals geboren wird und, was hier ist und in der Unterwelt, alles erblickt hat; so ist auch nichts, was sie nicht in Erfahrung gebracht hätte ..."[322] Dass die Universalgeschichte eine Kreisbahn durchläuft, dieser Gedanke taucht in der Neuzeit in prominenten und folgenreichen Ausprägungen auf. Berühmt ist Friedrich Nietzsches Geschichtsbild: „Alles geht, alles kommt zurück; ewig rollt das Rad des Seins. Alles stirbt, alles blüht wieder auf, ewig läuft das Jahr des Seins. Alles bricht, alles wird neu gefügt: ewig baut sich das gleiche Haus des Seins. Alles scheidet, alles grüßt sich wieder; ewig bleibt sich treu der Ring des Seins. In jedem Nu beginnt das Sein; um jedes Hier rollt sich die Kugel Dort. Die Mitte ist überall. Krumm ist der Pfad der Ewigkeit." Also sprach Zarathustra.[323] Krumm ist der Pfad der Ewigkeit und nicht linear aufsteigend, wie es einige teleologischen Modelle voraussetzen. Von Nietzsche (und Goethe) zeigt sich insbesondere Oswald Spengler (1880–1936) tief beeindruckt. Spengler ist ein entschiedener Gegner der (Weimarer) Demokratie und hofft auf die Führungskraft eines Diktators, den er im Gründer der faschistischen Bewegung in Italien: Benito Mussolini (1883–1945) verkörpert sah. Hitler und den Nationalsozialismus lehnte er hingegen wegen dessen Antisemitismus, primitiven Rassismus und Gewaltbereitschaft ab. Ebenso berühmt, bekannt wie umstritten ist sein Hauptwerk ‚Der Untergang des Abendlandes', das einen beachtlichen Einfluss auf all diejenigen Menschen und Organisationen zu den Zeiten Weimars ausübte, welche der demokratischen Verfassung des Staatswesens sowie dem liberalen und aufklärerischen Denken in Feindschaft gegenüberstanden. Es ist der Geist der „konservativen Revolution" der damaligen Zeit, die nach einem starken und autoritären Staat mit nachhaltiger Elitenförderung strebte. Auch gegen die klassischen mechanistisch-mathematischen Wissenschaft richtete sich Spenglers Werk, der dem ein Denken in organischen Ganzheiten entgegenstellte. Das prägt sein Geschichtsbild, das in Analogie zum organischen Wachstum und Vergehen entworfen wird. Dieses soll die „Logik" des Geschichtsverlaufs klarmachen und wird von Spengler als sein originärer Einfall gepriesen: „In diesem Buch wird zum erstenmal der Versuch gewagt, Geschichte vorauszubestimmen. Es handelt sich darum, das Schicksal einer Kultur, und zwar der einzigen, die heute auf diesem Planeten in Vollendung begriffen ist, der westeuropäisch-amerikanischen, in den noch nicht abgelaufenen Stadien zu verfolgen."[324] Die „für alles Organische grundlegenden Begriffe" Geburt, Jugend, Lebenslauf, Altern und Tod oder Aussaat, Wachstum, Blühen und Verblühen werden auf die Geschichte von Kulturen übertragen – ein ewiger Kreislauf. „Ich sehe statt jenes öden Bildes einer linienförmigen Weltgeschichte, das man nur aufrecht erhält, wenn man vor der überwiegenden Menge der Tatsachen das Auge schließt, das Schauspiel einer Vielzahl mächtiger Kulturen, die mit urweltlicher Kraft aus dem Schoße einer mütterlichen Landschaft, an die jede von ihnen im ganzen Verlauf des Daseins streng gebunden ist, aufblühen, von denen jede ihrem Stoff, dem Menschentum, ihre *eigne* Form aufprägt, von denen jede ihre *eignen* Leidenschaften, ihr *eignes* Leben, Wollen, Fühlen, ihren *eignen* Tod hat."[325] Der Untergang Deutschlands als Teil des „zivilisierten" westeuropäischen Abendlandes ist dann von den Nazis tatsächlich herbeigeführt worden.

(3) Das hermeneutische Geschichtsverständnis

Hermes eilt in der griechischen Mythologie als Götterbote durch die Gegend, um die Nachrichten der Olympier zu übermitteln. Von Aristoteles gibt es die Schrift ‚Peri Hermeneias', die dann als ‚De Interpretatione' ins Latein übertragen wurde. Es geht in diesem Text um Hermeneutik als Kunst der Auslegung von *Sinn*. Die historische Hermeneutik ist nicht zuletzt um das *Verstehen* des Sinns historisch zurückreichender schriftlicher und/oder mündlicher Verlautbarungen bemüht. Es lassen sich einige elementare Fragestellungen im Hinblick auf die Sinnexegese historischen Geschehens unterscheiden: 1. Welche Rolle spielt überhaupt *Sinn* in der Geschichtsschreibung? 2. Was bedeutet „verstehen" historischen Sinns? 3. Was ist der Sinn *der* Geschichte? Weist sie Sinn in der Form der sog. „Logik" des Geschichtsverlaufs auf?

- *Ad 1:* Geschichtskunde betreibt nicht zuletzt die Exegese des Sinns von Dokumenten, Protokollen der *oral history*, Biographien, Berichten, Überlieferungen, Briefen, Schilderungen des zeitgenössischen Geschehens usf. Der Schelmenroman *Simplicius Simplicissimus* des Christoffel von Grimmelshausen (1622–1676), der Erfahrungen des Autors als Teilnehmer am Dreißigjährigen

Krieg verarbeitet, liefert ein Beispiel für den Roman als Quelle historischer Einsichten. Die Ergebnisse der Exegese des Sinns von Texten der verschiedensten Art dienen als empirische Basis der Historik.

- *Ad 2:* Die Exegese historischer Dokumente lässt sich als *Geschichtshermeneutik* beschreiben und betreiben. Das Verstehen des Sinns und der Bedeutung von Texten geht vom mehr oder minder breit informierten Horizont eines Vorverständnisses aus. Auf dem Boden dieses Vorverständnisses werden Deutungshypothesen, Vermutungen über den manifesten, vor allem den latenten Sinngehalt der Texte und „sinnhaften" Elemente aufgestellt. Hypothesen und Vorverständnis werden auf Texte angewandt (appliziert), dadurch erschließen sich an diesen neue Seiten und zugleich wird das Vorverständnis vertieft. Danach beginnt der Prozess unter erweiterten Einsichten von Neuem usw. im „hermeneutischen Zirkel", der eigentlich eine Spirale darstellt. H. G. Gadamer hat sich mit dem Verfahren des *historischen* Verstehens auseinandergesetzt. Für Hegel, so Gadamer, besteht die Historik nicht in der „Restitution des Vergangenen", sondern „in der *denkenden Vermittlung mit dem gegenwärtigen Leben* ...[326] Diese Vermittlung ist nur im Rahmen eines Vorverständnisses möglich, welches nicht allein auf Wissensbestände zurückgreift, die durch die bisherige Geschichtsforschung erweitert wurden, sondern immanent mit Interessen, Orientierungen und Wertideen zusammenhängen, die der Gegenwart entstammen. Ein derartiges Vorverständnis steckt die Perspektiven ab, welche beim Rückblick auf die Vergangenheit unvermeidlich sind. Den idealen Chronisten kann es nicht geben (s. o.). Ein wichtiges Kriterium für das Gelingen der Verstehensoperation ist die „Einstimmigkeit aller Einzelheiten zum Ganzen."[327] Mit der Vertiefung der Einsichten durch Sinnverstehen ebenso wie durch die Geschichtlichkeit der Gegenwart, ändern und erweitern sich die Einsichten in das historische Geschehen sowie das erneut anzuwendende Vorverständnis. Die Einsichten des geschichtshermeneutischen Vorgehens führen – wie in allen anderen Wissenschaften – nicht nur zu differenzierteren Deutungshypothesen, sondern auch zu Befunden, die als wahr, zumindest als gut bestätigt gelten können. Gadamer grenzt sich ausdrücklich gegen das szientistische Geschichtsverständnis ab: „Offenbar kann man nicht im selben Sinne von einem identischen Gegenstand der Erforschung in den Geisteswissenschaften sprechen, wie das in den Naturwissenschaften am Platze ist, wo die Forschung immer tiefer in die Natur eindringt. Bei den Geisteswissenschaften ist vielmehr das Forschungsinteresse, das sich der Überlieferung zuwendet durch die jeweilige Gegenwart und ihre Interessen in besonderer Weise motiviert."[328] Das entspricht ein gutes Stück weit auch dem, was Nietzsche als die kritische Historik beschrieben hat.
- *Ad 3:* Aber hat die Geschichte selbst einen Sinn? Folgt sie z. B. einem göttlichen Plan? Kant betont, dass die Geschichtsphilosophie „bei Menschen und ihrem Spiele im Großen gar keine vernünftige *eigene Absicht* voraussetzen kann."

Aber gibt es vielleicht „eine *Naturabsicht* in diesem widersinnigen Gange menschlicher Dinge“?[329] Kant bejaht diese Frage. Gesellschaftlicher Widerstreit und Konkurrenz als Ausdruck einer „ungeselligen Geselligkeit“ stacheln die Menschen dazu an, ihre Anlagen und Möglichkeiten zu entwickeln. Das ist die List der Vernunft. Genau die gegenteilige Position vertritt Max Weber. Für ihn stellt die Historie eine „chaotische Mannigfaltigkeit“ unverbundener Einzelereignisse dar. „Nun bietet das Leben, sobald wir uns auf die Art, in der es unmittelbar entgegentritt, zu besinnen suchen, eine schlechthin unendliche Mannigfaltigkeit von nach- und nebeneinander auftauchenden und vergehenden Vorgängen ‚in‘ uns und ‚außer‘ uns.“[330] Das Weltgeschehen weist mithin den Charakter einer „sinnlosen Unendlichkeit“ auf. Sinn und Bedeutung hat die Geschichte *für uns* (nicht an sich) nur aufgrund der Perspektiven, worin wir das Geschehen betrachten, wobei Idealtypen das kognitive Mittel für den Zweck darstellen, die historische Einzigartigkeit von Phänomenen wie die mittelalterliche Stadt in Europa zu verstehen. Auf die Frage nach einer „Logik“ der Universalgeschichte wurden und werden ganz verschiedene Antworten gegeben. Ist das vergangene Geschehen nicht einfach nur chaotisch, sondern weist es eine Struktur, synthetisierende Prozesse und Ordnungsprinzipien auf, die gemeinhin als „Logik“ bezeichnet werden? Ein schlichtes Schema dieser Art stellt die Einteilung in „Antike, Mittelalter und Neuzeit“ dar. Andere Stufenschemata der Menschheitsentwicklung liefern ein differenzierteres Bild. Graeber und Wengrow erwähnen das „ältere Schema“ der Menschheitsentwicklung. Dessen Stufen sind:

- *Band Societies.* Damit sind Gruppen der Jäger und Sammler aus ganz frühen Zeiten gemeint. Es gab bei ihnen – so heißt es – keine formalen politischen Rollen, eine nur geringe Arbeitsteilung und es herrschte Egalität wie im Naturzustand der Kontrakttheorien. Ihre technischen Errungenschaften und Organisationsgrade werden allerdings oftmals unterschätzt!
- *Tribes (Stammesgesellschaften):* Es handelt sich um Ackerbauern, die jedoch noch keine Bewässerungswirtschaft betreiben und keine landwirtschaftlichen Geräte wie den Pflug einsetzen. Stammesführer können keine besonders nachdrückliche Befehlsgewalt in Anspruch nehmen. Abstammung (Ahnenreihe) und Totems spielen eine wichtige Rolle.
- *Chiefdoms* (Häuptlingsgesellschaften): Abstammung wird nun wie beim Blutadel zu einem Ordnungsprinzip des Systems der sozialen Ungleichheit. Es gibt Häuptlinge, Aristokraten, die breite Bauernbevölkerung, Händler und oftmals Sklaven. Produktionssteigerungen gewährleisten einen Surplus, der es erlaubt, spezielle Gruppen wie die Priester oder Militärs zu unterhalten. Der Häuptlingssitz wird zu einem Lebenszentrum.
- *States*: Es handelt sich um die großen Zivilisationen und Staatsgebilde in der Geschichte. Sie setzen eine extensive Landwirtschaft, das Gewaltmonopol der Herrscher, arbeitsteilige Verwaltung mit den entsprechenden

Rollenträgern, Priester, extensiven Handel sowie eine weitreichende Arbeitsteilung bzw. soziale Differenzierung voraus.[331] Graeber und Wengrow zeigen jedoch anhand einer Fülle kulturanthropologischen und paläontologischen Materials, dass dieses Stufenschema der Menschheitsentwicklung in verschiedenen Hinsichten zu kurz greift.

(4) Das szientistische Geschichtsbild

Das szientistische Denken orientiert sich an den Naturwissenschaften (*sciences*), die auf strengen Gesetzen wie die in der Physik oder Astronomie aufbauen. Aber gibt es strenge Gesetze der Geschichte und der Gesellschaft? Kann die Geschichtsschreibung bei ihrer Erklärung, warum ein ganz spezifisches historisches Phänomen aufgetreten ist, auf Gesetzeshypothesen zurückgreifen, die den Rang von universellen Zusammenhangsaussagen wie das Gravitationsgesetz in den Naturwissenschaften aufweisen? Dabei natürlich abgesehen von Naturgesetzlichkeiten, die zur Erklärung eines historischen Ereignisses unerlässlich sind. Die meteorologischen Auswirkungen einer langen Dürreperiode waren und sind verheerend für ganze Zivilisationen. Aber was ist eine *Gesetzmäßigkeit*? Die Antworten auf diese Frage fallen kontrovers aus. Einige Merkmalsangaben genießen ein etwas breiteres Einverständnis:

Zum Gesetzesbegriff

a) Gesetze weisen die logische Form von Konditionalaussagen auf. *Wenn (vorausgesetzt, dass)... dann ...*" Wenn p (Antezedenz), dann q (Konsequenz).
b) Wenn H2O auf 100° erhitzt wird, dann kocht es – allerdings unter *Randbedingungen*. Die Gasflamme unterm Topf z. B. darf nicht erlöschen. Es geschieht also etwas unter sonst gleichen Randbedingungen (*ceteris paribus*).
c) Gesetze haben einen *universellen* Charakter. Sie gelten jederzeit, überall und ausnahmslos. (Wahrscheinlichkeitsgesetze sagen allerdings: wenn p, dann q mit einer Wahrscheinlichkeit von mindestens >50 %). Universelle Gesetze gelten für *alle* Fälle des untersuchungsrelevanten Variablenbereichs. Deswegen werden universelle Gesetze mit dem logischen Alloperator (x) angeschrieben: Lies: „Für alle Fälle des Variablenbereichs x gilt überall, jederzeit und ausnahmslos ..." Angenommen, x habe die Eigenschaft F = xF. x sei Wasser. Dann gilt (cet. par.) beim Erhitzen von Wasser auf 100° = F, dass es kocht = xG. Also lautet die einfachste Gesetzesformel: (x)xF→xG. (cet. p.). Für alle Fälle gilt: Wenn F, dann auch G (cet. par.).
d) Gesetzesaussagen können nicht *partikularisiert* oder *individualisiert* verwendet werden. D.h.: Das Gesetz sollte nicht bloß für einige Fälle und schon gar nicht für nur den einzelnen Fall gelten. Ein allgemeines Gesetz, das nur für die eine Person P gilt, stellt einen Widersinn dar.

e) Die Gesetzesaussagen müssen immanent sowie in ihrem Verhältnis zueinander *widerspruchsfrei* sein.
f) Gesetzeshypothesen müssen möglichst überprüfbar sein. Oftmals wird „Gesetz“ mit „Kausalgesetz“ gleichgesetzt, wie immer auch der Begriff der „Kausalität“ dabei erläutert wird. p ist „die“ Ursache, q „die“ Wirkung.
g) Zu den entscheidenden Anforderungen an gesetzesbasierte Aussagensysteme gehört, dass sie *Erklärungen* und *Prognosen* ermöglichen. Die einfachste logische Form von Erklärungen und Prognosen wurde von C. G. Hempel (1905–1997) und P. Oppenheim (1885–1977) entwickelt (s. o.). Ihr Vorschlag wird seitdem auch als das „HO-Schema rationaler Erklärungen“ bezeichnet.

Frage/Problem: Warum ist diese Straße so glatt?
Gesetzeshypothese: $(x)p \rightarrow q$. Immer, wenn Eisregen fällt, dann ist die Straße glatt.
Randbedingungen: C1....Cn. Es fällt tatsächlich Eisregen. Die Temperatur ist unter -10^0C, es wurde nicht gestreut u. a. m.

Schlussfolgerung: Da die Gesetzeshypothese wahr oder zumindest gut bestätigt ist, weil die Randbedingungen tatsächlich gegeben sind, ist die Straße glatt!

Gesetzeshypothese und Randbedingungen bilden zusammen die Erklärungsgrundlage (*Explanans*). Das Phänomen „Eisesglätte“ (das zu Erklärende = *explanandum*) lässt sich aus Gesetz und Randbedingungen nach den Prinzipien der Deduktion ableiten und ist damit erklärt. Es gilt die Symmetriethese. D.h. Erklärung und Prognose weisen die gleiche logische Struktur auf. Für Prognosen gilt: Ein Phänomen, das in der Zukunft auftreten könnte, wird aus Gesetz plus Randbedingungen abgeleitet. Die empirische Überprüfung durch Falsifikationsversuche muss zeigen, ob das vorhergesagte Ereignis tatsächlich eingetreten ist.

Doch wie verhält es sich damit in den Geschichts- und Sozialwissenschaften? Gibt es „das“ *Gesetz* „der“ Geschichte? „Die Geschichte“ bedeutet einen singulären Fall. Also kann es nach den o. a. Merkmalen aus logischen Gründen kein Gesetz „der“ Geschichte geben. „Die Entwicklung des Lebens auf der Erde und der menschlichen Gesellschaft ist ein einzigartiger historischer Prozess. Wie wir annehmen können, spielt sich ein solcher Prozess gemäß einer ganzen Anzahl verschiedener kausaler Gesetze ab, etwa nach Gesetzen der Mechanik, der Chemie, der Vererbung und Segregation, der natürlichen Zuchtwahl usw. Seine Beschreibung ist jedoch kein Gesetz, sondern nur ein singulärer Satz.“[332] Also kann die Historik auf kein universelles Gesetz „der“ Geschichte zurückgreifen. Wohl aber bedient sich die Geschichtsschreibung der verschiedensten Gesetzesannahmen aus den verschiedensten Disziplinen. Eine andere Frage ist es, ob es einzelne geschichtliche und/oder soziale Gesetze gibt? Diese Frage wird in einer Reihe von Schriften zur Philosophie der Geschichtserkenntnis und Geschichtsschreibung ebenfalls verneint. Die Historik befasst sich in erster Linie mit der Abfolge von Taten, Ereignissen und anderen Phänomenen im Zeitablauf. Chroniken bedeuten in einer Hinsicht Darstellungen eines solchen Geschehens vom Zeitpunkt to bis zum Zeitpunkt tn. Es lässt sich auch sagen die Darstellungen der einzelnen Ereignisse von to bis tn stelle eine Schilderung, eine Erzählung (Narration) in den Grenzen möglicher Detailgenauigkeit dar, die Chroniken zwangsläufig gesteckt sind (s. o.). Kann und muss eine historische Erklärung in Hinblick auf eine solche Narration auf Gesetzesaussagen zurückgreifen, welche die einzelnen Ereignisse übergreifen, umfassen? Gibt es „covering laws" als Explanans historischer Erklärungen, Gesetzesaussagen, welche den oben angeführten Merkmalen entsprechen? Diese Frage wird in einer Reihe von Schriften zur Philosophie der Geschichtserkenntnis und Geschichtsschreibung energisch verneint. Exemplarisch ist das Buch von A. Danto: ‚Analytical Philosophy of History'. Darin befasst der Autor sich auch mit Narrationen.[333] Narrationen zielen im Grunde auf die Erklärung von Veränderungen. Der Ausgangszustand ist ja meistens nicht genau gleich mit dem Endzeitpunkt des Untersuchsuchungszeitraums. Die fraglichen Ereignisse „sind als Endpunkte eines zeitlich ausgedehnten Wandels miteinander verbunden – als der Anfang und das Ende eines zeitlichen Ganzen – und es ist der damit angezeigte Wandel, wofür eine Ursache gesucht wird."[334] „Das" einen solchen Ablauf übergreifende Gesetz (*covering law*) gibt es nicht. „Bei der Erklärung der Tatsache, dass Ludwig der XIV unpopulär starb, indem man zeigt, dass er eine Politik befolgte, die den nationalen Interessen Frankreichs diametral entgegengesetzt war, kann der Historiker es in der Tat als schwierig empfinden, zu sagen, welches Gesetz dieser Erklärung ihr Recht verleiht. Er kann ungestraft jeden Logiker herausfordern, der auf das Argument zurückgreift, dass es ein solches Gesetz geben *muss* und ihn auffordern, ihnen dieses Gesetz zu benennen."[335] Gäbe es dieses, würde es jedoch empirisch nicht für alle Monarchen ausnahmslos dienen. Es ist leicht falsifizierbar. Natürlich gibt es vielfältige Ursachen, die zum Übergang von to zu t1, t2 ... tn beigetragen haben. Aber für „das soziale Gesetz" derartiger Abfolgen kann ich leider kein Beispiel anführen. Ich kenne keines. Bei ökonomischen Gesetzen sieht das nicht anders aus. Immer, wenn die Diskontrate gesenkt wird, steigt – ceteris paribus – die Investitionsneigung der Unternehmen? Nicht alle Menschen, im Gegenteil: die Menschen im weitaus größten Teil der Menschheitsgeschichte haben sich gewiss nicht den Kopf über die Diskontrate etc. zerbrochen. Probleme dieser Art gibt es natürlich erst mit der Etablierung von Zentralbanken. Wenn das mit der Diskontrate oder mit der Zinspolitik als Mittel der Inflationsbekämpfung tatsächlich so wie im Lehrbuch funktionieren sollte, dann handelt es sich um einen *regelmäßigen* Ereigniszusammenhang der ab einer bestimmten Zeit t1 bis heute gültig und teilweise durch historisch spezifische Organisationen und Institutionen *geregelt* ist. Faktische Regelmäßigkeiten des Ereigniszusammenhangs bedeuten allerdings eine Grundvoraussetzung auch von Gesetzesaussagen. Es gilt *in raum-zeitlichen Grenzen, in Abschnitten und Phasen*: Immer, wenn p auftritt, dann ist bislang auch q aufgetreten. Und was soll gegen die Untersuchung historischer (raum-zeitlich indizierter) Regelmäßigkeiten einzuwenden sein? Sie erlauben durchaus Erklärungen und Prognosen! Immer wenn die Zentralbank als Institution moderner Gesellschaften die Zinsen erhöht, dann wird x (cet. par.) geschehen – mindestens mit einer gewissen Wahrscheinlichkeit. Deswegen versehen Anhängerinnen und Anhänger den Aussagen über historische Regelmäßigkeiten (ob sie nun eine Folge von *Regelungen* darstellen oder nicht) den prinzipielle Differenzen zu universellen verdeckenden Namen „Quasigesetze". Gewiss hat die Zentralbank auch das eine oder andere Ereignis *verursacht.*

(5) Die historisch-materialistische Geschichtsauffassung

(a) Die „Dialektik" der Produktivkräfte und der Produktionsverhältnisse. Die von Marx und Engels begründete historisch-materialistische Geschichtsauffassung ist im 20. Jh. in der Sowjetunion sowie in den anderen sog. „Ostblockstaaten" zu einer Art Staatsreligion verkommen. „Histomat" war ein Kürzel dafür. Da insbesondere Marx bei all seiner Hegelkritik etwas von dessen Dialektik hielt, lautete ein anderes Kürzel „Diamat" (dialektischer Materialismus). Marx selbst hat schon die ersten Anzeichen zur Dogmatisierung und Kanonisierung seiner Lehre wahrgenommen und sich davon distanziert. Er soll seinem Schwiegersohn Paul Lafargue (1842–1911) gesagt haben: „Ce qui'l y a de certain c'est que moi, je ne suis pas Marxiste" (Eines ist sicher: Ich bin kein Marxist.)[336] Für eine deterministische und ökonomistische Deutung der Kritik der politischen Ökonomie hat sich gleichwohl für die Nachfolger von Marx nicht zuletzt ein besonderes Lehrstück angeboten: Das Vorwort zu seiner Schrift ‚Zur Kritik der politischen Ökonomie' (MEW 13). Es geht vor allem um folgende Passage:

> „In der gesellschaftlichen Produktion ihres Lebens gehen die Menschen bestimmte, notwendige, von ihrem Willen unabhängige Verhältnisse ein, Produktionsverhältnisse, die einer bestimmten Entwicklung der Produktivkräfte entsprechen. Die Gesamtheit dieser Produktionsverhältnisse bildet die ökonomische Struktur der Gesellschaft, die reale Basis, worauf sich ein juristischer und politischer Überbau erhebt, und welcher bestimmte gesellschaftliche Bewusstseinsforschung entsprechen. Es ist nicht das Bewusstsein der Menschen, das ihr Sein, sondern umgekehrt ihr gesellschaftliches Sein, das ihr Bewusstsein bestimmt. Auf einer gewissen Stufe ihrer Entwicklung geraten die materiellen Produktivkräfte der Gesellschaft in Widerspruch mit den vorhandenen Produktionsverhältnissen oder, was nur ein juristischer Ausdruck dafür ist, mit den Eigentumsverhältnissen, innerhalb deren sie sich bisher bewegt hatten. Aus Entwicklungsformen der Produktivkräfte schlagen diese Verhältnisse in Fesseln derselben um. Es tritt dann eine Epoche sozialer Revolution ein. Mit der Veränderung der ökonomischen Grundlage wälzt sich der gesamte ungeheure Überbau langsamer oder rascher um" (MEW 13; Vorwort).

Im Angesicht der ökonomistischen Folgen, die dieses Schlüsselzitat hatte, erscheint seine Kommentierung und Problematisierung Schritt für Schritt für angemessen:

- *Erste Stufe des Modells:* Die Menschen werden, ob sie wollen oder nicht, in das jeweils historisch bestehende gesellschaftliche Verhältnis ihrer Individualarbeiten zueinander sowie in die jeweilige Herrschafts- und Eigentumsordnung hineingeboren. *Produktionsverhältnisse* umfassen die geschichtlich vorfindlichen Positionen der Individuen in der Ungleichheitsordung von *Reichtum, Macht und Ehre.* „Macht, Reichtum, Ehre ... machen Mut und hierdurch öfters auch Übermut."[337] Eigentumsungleichheit und das Gefälle von Macht bei geringerer Gegenmacht in seiner Form als Klassenverhältnisse samt einem Prestigegefälle (Ehre, Ansehen) bilden die Grundmerkmale von Produktionsverhältnissen. Zu den *Produktivkräften* zählen Werkzeuge, Vorrichtungen, Maschinen und andere Betriebsmittel, Rohstoffe, Immobilien, aber auch die Arbeitskräfte mit ihrem Geschick, Wissen und Einfallsreichtum zusammen mit Mustern ihrer Zusammenarbeit. Den Ausgangspunkt der Darstellung bei Marx bildet eine Art Gleichgewicht. Die Produktivkräfte *entsprechen* eingangs den Produktionsverhältnissen. Es gibt mit anderen Worten wenige Anstöße für wirklich einschneidende Veränderungen.
- *Zweite Stufe.* Marx fügt dem nun eine entscheidende Annahme zum Verhältnis von Basis und Überbau bei. Die Produktionsweise des materiellen Lebens *bestimmt* den geistigen, den politischen, rechtlichen, moralischen und kulturellen Überbau der Gesellschaft. „Bestimmen" kann – von der Merkmalsbestimmung abgesehen – auch als Übersetzung der lateinischen Vokabel *determinare* gelesen werden. Ökonomische Faktoren und Interessen „bestimmen", determinieren mit gesetzmäßiger Notwendigkeit Inhalte des Überbaus. Das Denken im 19. Jh. steht in vielen Bereichen unter dem Einfluss der Newtonschen Mechanik, was eine ökonomistisch-deterministische Lesart des Basis-Überbau-Verhältnisse gewiss nahe gelegt hat. Dagegen hat sich Friedrich Engels energisch in einem Brief an Joseph Bloch verwahrt: „Nach materialistischer Geschichtsauffassung ist das *in letzter Instanz* bestimmende Moment in der Geschichte die Produktion des wirklichen Lebens. Mehr hat weder Marx noch ich je behauptet. Wenn nun jemand das dahin verdreht, das ökonomische Moment sei das einzig bestimmende, so verdreht er jene Sätze in eine nichtssagende, abstrakte absurde Phrase."[338] Es bestehe Wechselwirkung zwischen Basis und Überbau, womit dem Überbau zwangsläufig eine eigenständige *Kausalität* zugetraut wird. Doch damit taucht das nächste normalwissenschaftliche Problem dieser Lehre auf: Was bedeutet „in letzter Instanz" genauer? Wechselwirkung ist ein kausalanalytischer Begriff. Wie verträgt sich diese Tatsache mit dem Anspruch auf eine „dialektische" Verhältnisbestimmung der Produktivkräfte mit den Produktionsverhältnissen?

- *Dritte Stufe:* Die Produktivkräfte entwickeln sich. In den ersten Zivilisationen in Mesopotamien werden Bewässerungssysteme gebaut, der Ertrag steigt; Getreidespeicher erlauben Vorratshaltung, Saatgutaufbewahrung, Besteuerung, womit der Unterhalt von Priestern, Höflingen und Militär möglich wird. Aber wieso gibt es überhaupt ein Fortschreiten der Produktivkräfte? G. A. Cohen gibt eine einfache Antwort auf diese Frage: Sie entwickeln sich aus dem einfachen Grund, dass Gesellschaften aus freien Stücken so gut wie nie bereit sind, höherentwickelte Produktivkräfte durch niedrigere zu ersetzen.[339]
- *Vierte Stufe:* Die gegebenen Produktivverhältnisse werden letztendlich und notwendigerweise zur Fessel für die Produktivkräfte. Einerseits passen Arbeitsanforderungen, Arbeitsweise und Arbeitsstil nicht mehr so ganz zu neuen Technologien. Das ist von den Zeiten der industriellen Revolution und neuerdings von den neuen Informationstechnologien her bekannt. Arbeitsplätze (z. B. der Kleinbauern oder Hörigen in der in ihrer Bedeutung zurückgehenden landwirtschaftlichen Produktion) werden vernichtet, Arbeitsanforderungen verändern sich drastisch, gewohnte Lebensstile der abhängig Arbeitenden werden erschüttert. Das reicht heutzutage bis ins absurde Detail: Das Handy scheint sich in der modernen Lebenswelt zu einer Art geistigem Grundnahrungsmittel auszuwachsen. Das ist die eine Seite der Medaille. Die andere besteht darin, dass die Herrengewalten an sich vorhandene Möglichkeiten der Verbesserung gesellschaftlicher Situationen be- oder verhindern; sie schneiden „objektive Möglichkeiten" (H. Marcuse) ab, wenn sie die Herren privilegierende Eigentumsordnung gefährden. Diese Art Fesseln lassen sich heutzutage recht gut an der Lobbyarbeit im Parlament ablesen. „Freie Fahrt (mit über 200 Sachen) für freie Bürger." Aber nach Marx wird die Fesselung der Produktivkräfte durch die Produktionsverhältnisse schließlich so eng, dass eine „Epoche sozialer Revolution" eintritt. Er hat gewiss die Französische Revolution vor Augen, aber auch den 1851 erfolgreichen Putsch von Carles Louis Napoleon Bonaparte (1808–1873), dem späteren Napoleon III. Das ist ein Putsch, den Marx in seiner Schrift ‚Der 18. Brumaire des Louis Bonaparte' als eine „lumpige Farce" einer Revolution verspottet. Die französische und die russische Revolution bedeuten radikale Umwälzungen von Kernstrukturen der Gesellschaft so wie das Verhältnis von Grundherren und abhängigen Landsassen samt den Normen und Lebensstilen der höfischen Kultur im Absolutismus durch die Französische Revolution zum Verschwinden gebracht wird. Aber keine Revolution vermag jemals *alles* in und an einem fortbestehenden Lebenszusammenhang umzuwälzen. Z.B. zahllose Sitten und Gebräuche bestehen fort. Und nicht jedes Spannungsverhältnis zwischen Produktivkräften und Produktionsverhältnissen führt notwendigerweise zum Aufstand und gewaltförmigen Konflikt. Gleichwohl können tief

einschneidende Veränderungen der Lebensumstände von Gruppierungen eintreten.

- *Fünfte Stufe:* Sie bezieht sich auf das Basis-Überbau-Problem. Im Zuge oder nach der Epoche der Umwälzung des materiellen Unterbaus der Gesellschaft „wälzt sich der ganze ungeheure Überbau langsamer oder rascher um", heißt es in der ‚Einleitung'. In Anlehnung an die These, dass sich der kulturelle Überbau mit einer Verzögerung nach einer gesellschaftlichen Revolution umwälzt, hat William Ogburn (1886–1959) seine These vom *cultural lag* veröffentlicht. Bei Ernst Bloch (1885–1977) gibt es den Begriff der „historischen Ungleichzeitigkeit". Bestimmte Sektoren der Gesellschaft hinken – wie etwa „das Dorf" – phasenweise hinter der Entwicklung der industriellen Produktivkräfte her.

Marx betont, man müsse diesen gesamten Vorgang „naturwissenschaftlich getreu" betrachten und er spricht ihm den Charakter einer Gesetzmäßigkeit „der Geschichte" zu. Nach meiner Auffassung gibt es eine Reihe historischer Phänomene, bei denen das Modell als Erklärungsbasis (Explanans) durchaus zur systematischen Einsicht in Gegebenheiten führt. Wissenschaftslogisch handelt sich bei dem Gang über die 5 Stufen um eine in bestimmten Fällen brauchbare *Kausalkette.* Aber von einer *Dialektik* der Produktivkräfte und der Produktionsverhältnisse, die schärferen logischen Ansprüchen genügte, kann nicht die Rede sein. Der Eindruck von „Dialektik" wird nur deswegen erweckt, weil ein „Widerspruch" zwischen den Produktivkräften und den Produktionsverhältnissen bestehen soll. Dahinter steht nach meiner Auffassung die Widerspruchsäquivokation. „Der Ball ist eckig." Das stellt – von esoterischen Kreisen abgesehen – einen handfesten logischen Widerspruch dar. „Widersprüche" werden nun terminologisch mit sozialen Konflikten und scharfen gesellschaftlichen Konflikten, mit Klassenantagonismen gleichgesetzt. Aber soziale Konflikte lassen sich umstandslos mit Begriffen der aristotelischen Logik, also mit den Mitteln der Analytik, erfassen! Auch da kommt noch keine Dialektik ins Spiel. Ich bin überdies der Meinung, dass eine andere Textstelle, nämlich aus der Schrift ‚Die Deutsche Ideologie' von Marx und Engels ein über Determinismus und Ökonomismus, also über die Verabsolutierung des Produktivkraftschemas hinausreichendes Bild vom „historischen Materialismus" liefert.

(b) Über die Voraussetzungen aller menschlichen Existenz. In der Schrift über ‚Die deutsche Ideologie' hat Marx einen Grundriss der materialistischen Geschichtsauffassung gezeichnet, der logisch entschieden flexibler ausfällt als die Kausalkette des Produktivkraftschemas. Er unterscheidet drei „Voraussetzungen der menschlichen Existenz, also auch aller Geschichte".[340] Es handelt sich um drei elementare *Bezugsprobleme, Reproduktionsprobleme*, die in jeder Gesellschaft bearbeitet werden müssen. Das *erste* Problem ist das der materiellen Reproduktion des individuellen und kollektiven Lebens. „Zum Leben gehört aber vor allem Essen und Trinken,

Wohnung, Kleidung und noch einiges Andere."[341] Und all dies setzt individuelle Arbeit sowie kollektive Produktion voraus. Von daher geht es um die ökonomische, materielle *Basis* der Gesellschaft. Das *zweite* Systemproblem bezieht sich auf die *sexuelle Reproduktion* des gesellschaftlichen Lebenszusammenhang im Geschlechter- und Generationenverhältnis. Die Menschen fangen an „andre Menschen zu machen, sich fortzupflanzen – das Verhältnis zwischen Mann und Weib, Eltern und Kinder."[342] Das *dritte* Systemproblem betrifft die Reproduktion, die Übertragung des kulturellen Überbaus. Wissen, Fertigkeiten, Sitten und Gebräuche, Normen, Regeln und Kriterien etc. werden in Erziehungs- und Lernprozessen weitergetragen. Marx betont, wie entscheidend die Sprache für diesen Vorgang ist. Es erscheint mir sinnvoll, den Begriff des *gesellschaftlichen Seins* dem Zusammenhang der ersten beiden Reproduktionsprobleme vorzubehalten. Marx bezeichnet den Überbau mitunter als „gesellschaftliches Bewusstsein". Diesen Begriff möchte ich jedoch dem vorbehalten, was Georg Simmel „die subjektive Kultur" der Individuen nennt. Jeder Mensch hat einen gewissen Anteil an der „objektiven Kultur", worunter der kulturelle Überbau insgesamt zu verstehen ist. In der Moderne ist kein Mensch mehr in der Lage, über die Gesamtheit der Ideen des Überbaus, der objektiven Kultur im Gedächtnis zu verfügen. Die Arten und Weisen, wie Gesellschaften diese drei „Voraussetzungen der menschlichen Existenz" im Verlauf der Geschichte bearbeitet haben und weiterhin bearbeiten müssen, sind nicht nur in verschiedenen Graden erfolgreich, sondern fallen recht unterschiedlich, wenn nicht völlig gegensätzlich aus. Es ist bislang noch nirgendwo gelungen, sie in reine Aufgaben zu verwandeln.

Kapitel 8
Statik, Dynamik und Praxis

Grundfragestellungen

Eingangs, im 1. Kapitel, habe ich die These vertreten, die meisten Motive und Thesen, welche die klassische *philosophia practica universalis* kennzeichnen, könnten auch heute noch – gewiss mit einer Reihe von Veränderungen – als erkenntnisfördernd angesehen werden. Diese Annahme impliziert auch jene Grundfragestellungen, welche nach Kant für die Philosophie im Allgemeinen kennzeichnend sind:

> „Das Feld der Philosophie in dieser weltbürgerlichen Bedeutung lässt sich auf folgende Fragen bringen:
> 1) Was kann ich wissen?
> 2) Was soll ich tun?
> 3) Was darf ich hoffen?
> 4) Was ist der Mensch?
> Die erste Frage beantwortet die *Metaphysik*, die zweite die *Moral*, die dritte die *Religion*, die vierte die *Anthropologie*."[343]

Philosophie des gesellschaftlichen Mit- und Gegeneinanderlebens befasst sich heutzutage oftmals als Metatheorie nicht zuletzt mit den allgemeinsten inhaltlichen Voraussetzungen sozialwissenschaftlicher Theorien, mit ihren sozialontologischen Hintergrundannahmen, Schlüsselmetaphern sowie mit den logischen und methodologischen Prinzipien der Geisteswissenschaften im Allgemeinen, mit einzelnen gesellschaftswissenschaftlichen Diskursen der Gegenwart im Besonderen. Lassen sich ähnlich wie bei Kant die allgemeinsten Fragestellungen oder Bezugsprobleme von Theorien menschlicher Vergesellschaftung ausmachen, wenn auch die Arten und Weisen mit ihnen umzugehen, grundverschieden bis hin zu gegensätzlich sein können? Von Marx Bedingungen der menschlichen Existenz abgesehen. Das scheint mir möglich zu sein; denn in den meisten sozialwissenschaftlichen Theorien lassen sich (ganz verschiedene) Umgangsformen mit drei Bezugsproblemen metatheoretisch ausmachen.[344]

1. *Das Problem der gesellschaftlichen Synthesis*: Was hält die Gesellschaft zusammen? Welche Konstitutionsprinzipien fügen die Gesellschaft zu einem wie immer auch heterogenen Verbund? Gibt es überhaupt solche Prinzipien, welche den Zusammenhalt der Gesellschaft bedingen?
2. *Das Problem der gesellschaftlichen Dynamis*: Welche Faktoren tragen grundlegend zu Veränderungen, zum sozialen Wandel – zu einem Wandel bei, der am Ende

gar Kernstrukturen, bestanderhaltende Prozesse sowie systemtragende Organisationen einer Gesellschaft umwälzt?

3. *Das Problem der gesellschaftlichen Praxis*: Welche Handlungen – von der Praxis in der alltäglichen Lebenswelt, über die Aktivitäten von Gruppen, Behörden und staatlichen Instanzen bis hin zu den Unternehmungen breiter sozialer Bewegungen – tragen auf welche Weise zur Statik oder Dynamik einer Gesellschaft bei?

Das Problem der sozialen Synthesis

Die Frage nach dem wie immer auch fragilen Zusammenhang der Gesellschaft reicht weit in die Geistesgeschichte zurück. Philosophisch tritt sie – wie in Platons ‚Staat' – des Öfteren im Verbund mit Utopien und/oder herrschaftslegitimierenden Legenden auf. Das hat sich anhand von verschiedenen Beispielen aus der Geschichte der Naturrechtsdenkens gezeigt (s. o.). Der *Vertrag* gilt in zahlreichen Fällen als diejenige Schlüsselinstitution, welche Vergesellschaftung überhaupt erst möglich macht. Bei Hobbes leistet ein Friedensvertrag den Ausgang aus dem mörderischen Naturzustand, während der Staatsvertrag dem Monarchen das Gewaltmonopol überlässt. In der Soziologie wurde die Frage nach konstitutiven Prinzipien der Synthesis der Gesellschaft immer wieder ausdrücklich verhandelt.

Zum Beispiel É. Durkheim beantwortet sie in Kategorien „gesellschaftlicher Solidarität:" Er vertritt die These, „Arbeitsteilung" sei keine rein ökonomische Kategorie, sondern diene darüber hinaus der Sicherung des Zusammenhalts der Mitglieder der Gesellschaft. Wenn dem so ist, dann gilt, dass die Arbeitsteilung zudem „einen moralischen Charakter haben muss, denn die Bedürfnisse nach Ordnung, Harmonie und sozialer Solidarität gelten gemeinhin als moralische."[345]

Georg Simmel wirft diese Problemstellung sprachlich im Anschluss an Kant mit seiner Formulierung: „Wie ist Gesellschaft möglich?" auf.[346] Er gibt im Grunde zwei verschiedene Antworten auf diese Frage: (1) Regelmäßige gesellschaftliche Beziehungen ereignen sich aufgrund von *Formen der Wechselwirkung* zwischen den Menschen; denn „Gesellschaft im weitesten Sinne ist offenbar da vorhanden, wo mehrere Individuen in Wechselwirkung treten." [347] Wechselwirkung bezeichnet also das allgemeinste Prinzip der Vergesellschaftung. *Form* bedeutet in diesem Falle so viel wie „Struktur" oder „Ordnungsmuster." Es handelt sich mithin um ein Relationsgefüge, um ein bestimmtes Grundmuster von Beziehungen zwischen Individuen und Gruppen. „Soll es also eine Wissenschaft der Gesellschaft geben, deren Gegenstand die Gesellschaft und nichts andres ist, so kann sie nur diese Wechselwirkungen, diese Arten und Formen der Vergesellschaftung untersuchen wollen."[348] Den *Inhalt* der Form bilden jedoch psychische Momente wie Triebe, Neigungen, Motive, Zielsetzungen, Interessen. Hinter der gleichen Form können ganz verschiedene Inhalte stehen. Der gleiche Beziehungstypus der „Konkurrenz" kommt aufgrund der verschiedensten psychischen Faktoren wie z. B. durch ökonomische Interessen oder sportlichen Wettbewerb zustande. (2) Simmel nennt – wiederum im Anschluss an Erwägungen von Kant – zudem drei „soziale Apriorien", die Vergesellschaftung überhaupt erst möglich machen. Ohne sie ließen sich soziale Beziehungen nicht aufrechterhalten. Das *1. Apriori* hat folgenden Inhalt: Wir sehen im Verlauf der alltagsweltlichen Interaktionen „den Anderen in irgendeinem Maße verallgemeinert", können ihn also wie jeden Gegenstand nie in der Fülle seiner Eigenschaften erfassen. „Es scheint, als hätte jeder Mensch einen tiefsten Individualitätspunkt in sich, der von keinem anderen, bei dem dieser Punkt qualitativ abweichend ist, innerlich nachgeformt werden kann ... Das vollkommene Wissen um die Individualität des Anderen ist uns versagt."[349] Es handelt sich um eine der Bedingungen der Möglichkeit menschlicher Interaktion als Wechselwirkung, hinter der jener logische Grundsatz steht, dass uns keine vollständige Beschreibung auch nur eines einzelnen Sachverhaltes möglich ist und trotzdem darüber kommuniziert werden kann.

Talcott Parsons, einer der einflussreichsten Soziologen nach dem 2. „Weltkrieg, bezeichnet die Frage nach sozialer Synthesis als „Hobbesian Problem of Order", mithin als „Hobbes' Problem der sozialen Ordnung".[350] Dabei müsste die normative von der faktischen Ordnung einer Gesellschaft unterschieden werden. Die tatsächliche Ordnung der Gesellschaft soll durch sozialwissenschaftliche Theorien erfasst werden, dabei ist die normative Ordnung „stets relativ zu einem gegebenen System von Normen oder normativer Elemente, ob es sich nun um Zielsetzungen, Regeln oder andere Normen handelt."[351] Soziale Ordnung verkörpert einen gewissen Grad der gesellschaftlichen *Integration.* Soziale Integration hängt nach einer zentralen These des komplexen und im Zeitverlauf sich ändernden Gedankengebäudes von Parsons in einer Gesellschaft entscheidend von der Verinnerlichung eines gemeinsamen Wertesystems (*common value system*) ab. Charakteristisch ist auch die Betrachtung von gesellschaftlichen Tatsachen im Lichte ihrer *Funktion* als Beitrag zur Gesamtordnung des sozialen Systems. An der zentralen These seines Werks machen sich zahlreiche Kritiken an Parsons' Arbeiten fest. So will z. B. Ralf Dahrendorf die Parsonianische Integrationstheorie durch eine Konflikttheorie ergänzen. „Es ist meine These, dass die permanente Aufgabe, der Sinn und die Konsequenz sozialer Konflikte darin liegt, den Wandel globaler Gesellschaften und ihrer Teile aufrechtzuerhalten und zu fördern. Wenn man so will, könnte man dies als die ‚Funktion' sozialer Konflikte bezeichnen."[352] A. Gouldner hat Parsons' Integrationstheorie damals besonders scharf kritisiert. „Der Konservatismus des Funktionalismus findet, wie der jeder Gesellschaftstheorie, seinen tiefsten Ausdruck darin, dass er geradezu fasziniert ist vom Problem der sozialen *Ordnung.*"[353] Gleichwohl wurde das Problem der (prekären) Ordnung einer Gesellschaft zu einem Zusammenhang immer wieder als konstitutives Bezugsproblem der Lehre von der Gesellschaft ausgezeichnet. Für N. Luhmann ist „eine die Disziplin konstituierende Problemstellung der allgemeinste semantische Bezugspunkt, über den die Disziplin verfügt."[354] Diese konstituierende Problemstellung bezieht sich auf die Bedingungen der Möglichkeit gesellschaftlicher Allgemeinheit. „Mit der Problemstellung ‚Wie ist soziale Ordnung möglich?' bezieht sich die Soziologie auf soziale Systeme, also auch auf das umfassende System der Gesellschaft."[355] Im gegenteiligen Hinblick auf die elementare Ebene alltäglicher Handlungen heißt es beispielsweise: „Es besteht eine freiwillige Koordination der Handlungen, bei der jede der beiden Parteien eine Vorstellung davon hat, wie die Dinge zwischen ihnen gehandhabt werden sollten; bei der die Vorstellungen beider Seiten übereinstimmen; bei der jeder Partner glaubt, dass diese Übereinkunft existiere; und jeder der Überzeugung ist, dass auch der andere in Kenntnis dieser Übereinkunft handele."[356] Es herrscht ein gewisser Grad der Übereinstimmung (*consensus*) der Orientierungen der Partnerinnen und Partner in der Interaktion. Wie er zustande kommt, das lässt sich anhand der Interaktionstheorie von G. H. Mead verfolgen.[357]

Das Problem der sozialen Dynamis

Irgendwelche Veränderungen ereignen sich ständig im Großen oder im Kleinen an irgendwelchen Stellen der Gesellschaft. Angestoßen werden sie häufig durch *Probleme*, die sich beim individuellen Denken und Handeln, bei Interaktionen zwischen Einzelnen *in* Gruppen oder *zwischen* Gruppen auftun. Probleme werden darüber hinaus durch und in Institutionen und Organisationen, durch den Ablauf sozialer Prozesse (wie der ökonomische Kreislauf), schließlich durch Krisen auf der Ebene des sozialen Gesamtsystems in der Geschichte aufgeworfen. Im Verlauf des Alltagshandelns tauchen Probleme insbesondere dann auf, wenn die gewohnte Lebensführung – G. H. Mead spricht von der *ongoing activity* – empfindlich gestört wird. Das ist zwar nicht garantiert, aber es kann daraufhin zu einem gewissen Wandel der Einstellungen, Wissensbestände und Handlungsstrategien von Akteuren kommen. Die eingespielten, in diesem Sinn „statischen" Verhältnisse werden gestört und dadurch „dynamisch", in verschiedenen Graden veränderlich. Doch gleichzeitig kann kein individuelles Leben jemals auf den bewussten oder vorbewussten Rückgriff z. B. auf unhinterfragte Routinen und gewohnte Rezepte verzichten. Eingespielte Wissensbestände und Maximen des Handelns bleiben in einem unproblematisierten Horizont (Husserl) allemal mit im alltäglichen Spiel. Soziale Konflikte – in einem kleinen oder im großen Maßstab – erzeugen besonders handfeste Probleme für die unmittelbar Beteiligten. Konflikte auf gesamtgesellschaftlichem Niveau (soziale Diskrepanzen) werden oftmals – was allerdings wegen der Äquivokation mit dem logischen Widerspruchsbegriff leicht in die Irre führt (s. o.) – als „gesellschaftliche Widersprüche" bezeichnet. Gemeint sind z. B. Auseinandersetzungen zwischen Großgruppen oder Parteiungen. Besonders scharfe Auseinandersetzungen auf gesamtgesellschaftlichem Niveau werden auch als *Antagonismen* bezeichnet – so wie Klassenkämpfe nach der These von Marx den entscheidenden dynamisierenden Faktor in der Geschichte der menschlichen Zivilisationen darstellen. Es gibt *destruktive* Konflikte. Eine Reihe davon kann einen Lebenszusammenhang insgesamt bedrohen (Antagonismen), eine zerstörerische Dynamik freisetzen. Im Gegensatz dazu können *produktive* Konflikte zu einem Fortschritt in irgendwelchen Dimensionen wie etwa der technischen führen. Die historische Konstellation der beiden Konflikttypen verleiht den bestehenden Verhältnissen ihre je spezifische Dynamik. Auguste Comte (1798–1857), von dem oder von dessen Lehrer Henri de Saint-Simon (1790–1825) der Name „Soziologie" für die Wissenschaft von der Gesellschaft stammen soll, hält die Verhältnisbestimmung von *Statik* und *Dynamik* einer Gesellschaft für das theorieprägende Thema dieser neuen Wissenschaft. Denn für ihn ist es klar, dass „der Fortschritt ganz im gleichen Maße wie die Ordnung eine der beiden Grundbedingungen der modernen Zivilisation darstellt."[358] Revolutionen verändern bestehende Verhältnisse in ihrer Kernstruktur zusammen mit einer Fülle politischer oder kultureller Schlüsselinstitutionen und Organisationen. Aber selbst ein revolutionierter Lebenszusammenhang enthält weiterhin eine Fülle „statischer", in ihrem Kern nicht wesentlich veränderter Elemente. Beispiel: Der Untergang des Römischen Reiches stellt ein zentrales Thema dar, das Generationen von Geschichtsschreibern beschäftigt hat. Doch z. B. die monarchischen Spitzen des „heiligen römischen Reiches Deutscher Nation" wollten ausdrücklich an eine Reihe von römischen Vorbildern aus der Kaiserzeit anschließen. Begriffe wie „Kaiser" oder „Zar" bedeuten Ableitungen vom Namen Caesars. Modernere Diktatoren und Autokraten stützen sich gemeinhin auf eine breite Anhängerschaft in der Gesellschaft, deren Gesinnung und Legendenglaube dem Interesse der Herrengewalten an Statik, am Erhalt des *status quo* entgegenkommt. Doch auch sie müssen mit Spannungen, mit Widerständigkeiten nicht nur im Umkreis ihrer Clique rechnen. Widerstände werden von ihnen zwar niedergehalten, wenn nicht brutal niedergeschlagen, interne Machtkämpfe kennen jedoch Gewinner und Verlierer. Eine besondere Dynamik in Richtung auf Verbesserung der bestehenden Verhältnisse weisender Gegenläufigkeiten entstehen in autoritären Staaten natürlich nur selten – solange jedenfalls bis die herrschaftsgläubigen Massen dem bislang charismatischen, nun aber erfolglosen Machthaber die Unterstützung entziehen. In diesem Zusammenhang wird die Unterscheidung zwischen *Herrschaft und Sachautorität* relevant. Oftmals findet sie zusammen mit der Einebnung der Differenz zwischen produktiven und destruktiven Konflikten keine hinreichende Beachtung. Bei Ralf Dahrendorf wird das besonders deutlich: *Einerseits* wird von ihm hervorgehoben, zu einer soziologischen Konflikttheorie gehöre neben „Wandel und Konflikt noch ein dritter Gedanke: der Gedanke des Zwanges. Vom Standpunkt dieses Modells werden Gesellschaften nicht (wie bei Parsons – J.R.) durch Consensus, sondern durch Zwang, nicht durch allgemeine Übereinstimmung, sondern durch die Kontrolle einiger durch andere“, also durch Herrschaft zusammengehalten.[359] Bedeutet dies, sie werden durch destruktive Konflikte zwischen Herrschenden und Beherrschten *zusammengehalten*? „‚Oben‘ ‚Unten‘, Herrschende und Beherrschte gibt es in jeder Gesellschaft. Die Annahme liegt nahe, in dieser Spaltung den letzten Ursprung der dominanten Konflikte jeder Gesellschaft zu suchen.“[360] *Andererseits* heißt es: „Wenn hier von Konflikten die Rede ist, so sind damit alle strukturell erzeugten Gegensatzbeziehungen von Normen und Erwartungen, Institutionen und Gruppen gemeint. Entgegen dem Sprachgebrauch müssen diese Konflikte keineswegs gewaltsam sein. Sie können latent oder manifest, friedlich oder heftig, milde oder intensiv auftreten.“[361] Sind nun produktive Konflikte mitgemeint? Sozialer Wandel kann langsam und zäh vor sich gehen oder z. B. zu stark beschleunigten Stilen der Lebensführung im Alltag der Gegenwart führen. Prozesse der Produktion, der Verteilung und des Verbrauchs von Waren sollen schneller ablaufen. Lieferung *just in time.* Das soziale System der Gegenwart gedeiht auf derartigen Wegen zum globalisierten „Turbokapitalismus“.[362] É. Durkheim hat den Zusammenhang zwischen langsamem oder beschleunigtem sozialem Wandel und gesellschaftlicher Synthesis anhand der Unterscheidung zwischen einem allgemeinen Typus „segmentärer“, vergleichsweise statischer Gesellschaften und dem Typus der durch Arbeitsteilung und gesteigerte soziale Differenzierung gekennzeichneten und im ständigen Wandel befindlichen Marktgesellschaften untersucht. Durkheims Blick auf die Moderne erinnert an den § 191 der Hegelschen Rechtsphilosophie: „Ebenso *teilen* und *vervielfältigen* sich die *Mittel* für die partikularisierten Bedürfnisse und überhaupt die Weisen ihrer Befriedigung, welche wieder relative Zwecke und abstrakte Bedürfnisse werden; – eine ins Unendliche fortgehende Vervielfältigung … die Verfeinerung ist.“[363] Die Synthesis dieses Systems der immer weiter verfeinerten Bedürfnisse wird entscheidend durch den Tausch der Arbeitsergebnisse auf Märkten, also durch Tauschverträge und den Geldverkehr geleistet. Vergleichbar werden die Produkte durch den *Wert.* „In diesem sind sie dasselbe. Dieser Wert selbst als Ding ist das *Geld.* Die Rückkehr zur Konkretion, dem Besitz ist der *Tausch.*“[364] Die Schlüsselthese von Durkheims Buch über Arbeitsteilung lautet, dass sich „im Recht alle wesentlichen Varianten der sozialen Realität widergespiegelt finden.“[365] Gleichzeitig betont er, „dass die Arbeitsteilung die, wenn nicht die einzige, so doch hauptsächliche Quelle der sozialen Solidarität ist.“[366] Das lässt sich vielleicht so lesen, dass die Arbeitsteilung eine Quelle sozialer Solidarität darstellt, deren Wesensmerkmale und Wirkungen sich im Recht widerspiegeln. Soziale Synthesis bedeutet für Durkheim das Gegebensein von *Solidarität.* Er unterscheidet zwei Typen sozialer Solidarität: (a) die *mechanische* von der (b) *organischen* Solidarität.

- *Ad a:* Das Charakteristikum der mechanischen Solidarität besteht darin, dass in diesem Falle der Zusammenhang darauf zurückzuführen ist, „dass eine gewisse Anzahl von Bewusstseinszuständen allen Mitgliedern einer und derselben Gesellschaft gemeinsam ist. Das Strafrecht ist ihr materieller Ausdruck ...“[367] Ein Vorschein von T. Parsons’ Konzept der *common values* ist erkennbar. Es handelt sich um einen Typus der Solidarität, welcher „das Individuum direkt an die Gesellschaft bindet.“[368] Dabei gilt für Durkheim: „Je primitiver die Gesellschaften sind, desto ähnlicher sind die Individuen, aus denen sie sich zusammensetzen.“[369]

- *Ad b:* Er will die Arbeitsteilung unter einem neuen Gesichtspunkt betrachten. Ihre wahre Funktion bestehe auch darin, „zwischen zwei oder mehreren Personen ein Gefühl der Solidarität herzustellen.“[370] So gesehen muss die Arbeitsteilung einen „moralischen Charakter“ aufweisen, „denn die Bedürfnisse nach Ordnung, Harmonie und sozialer Solidarität gelten gemeinhin als moralische.“[371] Wie das gemeint ist, lässt sich sehr klar anhand von ausgeklügelten Verträgen illustrieren, welche in der modernen bürgerlichen Gesellschaft die Beziehungen zwischen Menschen und Organisationen nicht nur beim Handelsverkehr, Kauf und Verkauf regulieren. Aber wodurch wird die Einhaltung der Verträge gesichert? Eine Antwort lautet: Durch die Strafandrohung bei Vertragsbruch! Sie muss so durchschlagend sein, dass sie das klug abgewogene Selbstinteresse ausreichend zur Einhaltung der Vereinbarungen motiviert. Durkheims Antwort lautet hingegen: Vertragstreue als *moralische* Orientierung führt beim Abschluss letztendlich zur Sicherheit für die Beteiligten. Von daher lautet seine berühmte These: „Nicht alles ist vertraglich beim Vertrag.“[372]

Nicht nur mit diesem Theorem hat Durkheim seinen Standpunkt in der alten Kontroverse im Verlauf der Moral- und Sozialphilosophie über die Verhältnisbestimmung von Nützlichkeit und Sittlichkeit, *utilitas vel honestas*, klargemacht. In der Gesellschaft der Neuzeit wird das Individuum wesentlich durch ökonomische Interessen angetrieben. Dem ist so, „weil die ökonomischen Funktionen den größten Teil der Bürger absorbieren.“ Deswegen „gibt es eine Vielzahl von Individuen, deren Leben fast ganz in einem industriellen und kommerziellen Milieu verläuft. Daraus folgt, dass, weil ihr Milieu nur schwach von Moralität geprägt ist, der größte Teil ihrer Existenz außerhalb jedes moralischen Handelns verläuft.“[373] Doch es gilt für ihn weiterhin: „Wenn wir in den Beschäftigungen, die fast unsere ganze Zeit ausfüllen, keine andere Regel kennen als die Regel unseres wohlverstandenen Interesses, wie sollen wir uns an die Uneigennützigkeit, an das Selbstvergessen, an Opfer gewöhnen?“[374] Gar nicht! Denn die Abstandnahme von jeder sittlichen Orientierung bei der Interessenorientierung und beim Interessenabgleich führt letztendlich zur *Anomie.* Zu einer zerstörerischen Dynamik.

Das Problem der sozialen Praxis

Bei diesem Problem geht es wesentlich um die Vernunft oder Unvernunft menschlicher Handlungen. Aber sind Denkweisen wie die der Sozialphilosophie und Soziologie überhaupt zur Behandlung dieser Problematik in der Lage und nach wissenschaftlichen Kriterien befugt? Die bei Max Webers vorherrschende Antwort lautet: Nein! Er ist der einflussreichste Vertreter der *Dichotomiethese*: „Worauf allein es für diese („die Methodik der empirischen Disziplinen" – J.R.) ankommt, dass einerseits die Geltung eines praktischen Imperativs als Norm und andererseits die Wahrheitsgeltung einer empirischen Tatsachenfeststellung in absolut heterogenen Ebenen der Problematik liegen und dass der spezifischen Dignität *jeder* von beiden Abbruch getan wird, wenn man dies verkennt und beide Sphären zusammenzuzwingen sucht."[375] Anders ausgedrückt: Die Dichotomiethese verlangt, „die völlige Geschiedenheit der Wertsphäre von dem Empirischen", also die vollständige logische Geschiedenheit des Seins (*is*) vom Sollen (*ought*) sehr ernst zu nehmen. Was das Verhältnis von wissenschaftlicher Theorie und gesellschaftlicher Praxis angeht, folgt aus der Dichotomiethese die logisch schärfste Fassung des Weber'schen Postulates der *Wertfreiheit der Forschung*. Zuvor hatte schon David Hume (1711–1778) logisch völlig überzeugend gezeigt, dass sich aus reinen Tatsachenaussagen keine Sollenssätze ableiten lassen (*Humes Theorem*). Aus dem empirischen Befund: „In dieser Gesellschaft gibt es Klassen" folgt auf den formalen Wegen der logischen Deduktion keineswegs die Aussage: „Diese Klassen müssen abgeschafft werden" – es sein denn, mit dem empirischen Begriff der Klasse als Ausdruck für eine Erscheinungsform sozialer Ungleichheit wird zugleich die Notwendigkeit ihrer Abschaffung mitgedacht. Doch all dies bedeutet für Weber nicht, Wissenschaftlerinnen und Wissenschaftler müssten es sich in einem Elfenbeinturm bequem machen. Denn er wendet sich zwar entschieden gegen die Vermischung der dichotomisierten Ebenen, aber „nicht etwa gegen das Eintreten für die eigenen Ideale … *Gesinnungslosigkeit* und *wissenschaftliche* ‚Objektivität' haben keinerlei innere Verwandtschaft."[376] Wenn Wissenschaftlerinnen und Wissenschaftler ihre Ergebnisse in die Praxis einbringen wollen, dann müssen sie allerdings von der wissenschaftlichen Rolle in die politische überwechseln, also sich in den Kampf um politische Werthaltungen und Zielsetzungen einmischen. Doch für Weber ist zugleich ein Schritt über die ganz strenge Grenzziehung hinaus möglich, ohne dass dabei das Postulat der Wertfreiheit verletzt wird. Denn es gibt eine Form praktischer Empfehlungen, die Wissenschaft abgeben kann, ohne dass dabei gegen die Dichotomiethese verstoßen wird: Angenommen, eine bestimmte Gesetzmäßigkeit oder Ereignisregelmäßigkeit: $p \rightarrow q$ (cet. p.) sei bekannt. Dann kann von Seiten der Wissenschaft aus gesagt werden: „Wenn (*vorausgesetzt, dass*) Du p wirklich willst, dann kann Dir die Wissenschaft sagen: Du musst p einsetzen, um q zu erreichen. Ob es jedoch *vernünftig* oder *moralisch* geboten ist, q herbeizuführen, darüber kann die empirische Wissenschaft nicht befinden und keine Entscheidung herbeiführen. Das sind normative und keine empirischen Fragen. Gegen das Postulat der Wertfreiheit wird mit dieser Argumentation logisch deswegen nicht verstoßen, weil „der Satz: x ist das einzige Mittel für y, ... in der Tat die Umkehrung des Satzes auf x folgt y" ist.[377] Dieser Befund bedeutet den Kernbestandteil des *technologischen Praxisverständnisses.* Auf diese Weise lässt sich einwandfrei sagen, was jemand tun *solle,* wenn q das Ziel darstellt. Welche logischen Merkmale kennzeichnen dieses Sollen? In der klassischen Logik des Aristoteles erscheinen sie in der Form des sog. *praktische Syllogismus.* Diese Schlussfigur erweckt den Eindruck eines *notwendigen* Zusammenhangs zwischen Theorie und Praxis. Sie lautet ja in ihrer einfachsten Fassung wiederholt:

Obersatz (Majorprämisse): Eine Person hat die Absicht (das Ziel), den Zustand Z herbeizuführen (das Ziel Z zu erreichen).
Untersatz (Minorprämisse): P ist der korrekten Meinung, M sei das geeignetste dafür, Z zu erreichen.

Schlussfolgerung (Conclusio): P setzt M mit Erfolg in der Praxis ein.

Doch die *Praxislücke* ist damit nicht überwunden. D.h.: Die Schlussfolgerung erweckt den Eindruck, als werde die *Handlung* (der praktische Einsatz von M) zwangsläufig vollzogen. Dem ist nicht so! Denn die Conclusio eines praktischen Syllogismus stellt keine *Handlung,* sondern einen *Satz* über eine Handlung dar. Akteure können in der Praxis locker sagen: Ich mach' das nicht, mir ist nicht danach etc. Darob der Unvernunft gescholten, kann die Reaktion sein: Na und, kehr doch vor Deiner eigenen Tür! Der durch den praktischen Syllogismus aufgeworfene Zusammenhang zwischen Überlegung (Theorie) und Praxis ist *empirisch kontingent* und nicht *logisch notwendig,* obwohl das Vorgehen selbst angesichts einer bedrohlichen Lage tatsächlich geboten sein kann. Der Zwang eines logisch zwingenden Arguments ist nicht mit der Nötigung zu einem bestimmten Vorgehen identisch! Auch beim praktischen Syllogismus erscheinen wertende Urteile über den Vernunftstatus der Zwecke, die verfolgt werden oder verfolgt werden sollten, nicht sinnvoll möglich. Für oder gegen Wertideen können sich Menschen in Webers Vorstellungen nur entscheiden. Zwar sind Werte – so Weber – der Diskussion nicht vollends entzogen[378], aber es handelt sich bei ihnen „letztlich überall und immer wieder nicht nur um Alternativen, sondern um unüberbrückbaren tödlichen Kampf so wie zwischen ‚Gott' und ‚Teufel'."[379]

Doch es gibt durchaus Schritte über die Grenzen der Dichotomiethese hinaus. So hat zum Beispiel Hilary Putnam (1926–2016) diese These grundsätzlich in Frage gestellt. Er schließt sich der Ansicht von J. Dewey (1859–1952) an, dass die für die Dichotomiethese maßgebende Disjunktion zwischen Tatsachenaussagen und Werturteilen zu den vielen wissenschaftlich völlig unfruchtbaren

Schwarz-Weiß-Prädikationen gehört.[380] Putnam stellt vor allem zwei grundlegende Folgen aus einem streng verstandenen Wertfreiheitspostulat in Frage. Sie lauten: (1) Werturteile bedeuten keine Aussagen über irgendwelche Tatsachen. Sie sind nicht wahr oder falsch. Die in ihnen enthaltenen Vernunftbestimmungen sind nicht begründbar, sondern können immer nur vorausgesetzt werden. *Fact and value* bilden nun einmal eine Dichotomie. (2) Werturteile sind nicht wahrheitsfähig, weil sie „subjektiv" sind. D.h.: Sie gründen ausschließlich in den Wertorientierungen der jeweiligen Subjekte. „In diesem Jahrhundert haben viele Sozialwissenschaftler beide (o. a. Dogmen – J.R.) mit schrecklich bedeutsamen Konsequenzen akzeptiert."[381] Für Putnam haben Philosophen wie Dewey, Pierce und Mead demgegenüber gezeigt, „dass Wert und Normativität die *gesamte* Erfahrung durchdringen."[382] Aber hat sich Max Weber tatsächlich so streng an die Grenzen der „Fact/Value-Dichotomy" gehalten, wie sie im Anschluss an jene beiden Grundannahmen normalerweise gezogen werden? Einige Schritte über die Grenzlinie hinaus finden sich in gewisser Weise sogar bei ihm selbst! An einer Stelle schreibt er: „Alle Naturwissenschaften geben uns Antwort auf die Frage: Was sollen wir tun, *wenn* wir das Leben *technisch* beherrschen wollen."[383] An der Oberfläche deckt sich diese Formulierung mit dem technologischen Praxiskonzept (s. o.). Von Simmels einleuchtender Kritik an der Metapher der Naturbeherrschung abgesehen, scheint die Botschaft zu sein: *Wenn* sive *vorausgesetzt, dass* wir das Leben beherrschen wollen, dann müssen wir auf der Basis unserer naturwissenschaftlichen Kenntnisse von Gesetz- oder Regelmäßigkeiten die technischen Mittel einsetzen, die zu diesem Ziel führen. Aber steht es gleichsam in unserem Belieben, *dieses* Ziel statt irgendeines anderen zu wählen? Wohl kaum. Denn solange das fundamentale Interesse an Selbsterhaltung handlungsmotivierend ist, besteht die *Notwendigkeit* sich irgendwie Mittel für den Lebensunterhalt zu besorgen. Weber betont dabei ausdrücklich, *alle* Naturwissenschaften seien auf diese Problematik, *das heißt aber: auf das Systemproblem der materiellen Reproduktion* ausgerichtet. So gesehen impliziert Webers Beispiel eine Überschreitung der Grenzen der strengen Dichotomiethese: Die Naturwissenschaften – nicht bloß die Orientierungen der Naturwissenschaftlerinnen und Naturwissenschaftler! – tragen das selektive Potential zur Verwendung in Bezug auf einen *bestimmten* Typus lebenserhaltender menschlicher Praxis *in sich*. Es handelt sich um einen immanenten Praxisbezug der Theorie. Dieser Zusammenhang lässt sich auch mit Hilfe eines anderen Begriffs von Weber verdeutlichen: mit Hilfe des Begriffs der *Sinnadäquanz*. In seinem berühmten Artikel über ‚Die protestantische Ethik und der Geist des Kapitalismus' beschreibt er die Sinn-„Adäquanz" von Inhalten der protestantischen Ethik im Verhältnis zur kapitalistischen „Form", d. h. zur kapitalistischen Sozialstruktur und ihrer Entwicklung. „Die ‚kapitalistische' Form einer Wirtschaft und der Geist, in dem sie geführt wird, stehen zwar generell im Verhältnis ‚adäquater' Beziehung, nicht aber in dem einer ‚gesetzlichen' Abhängigkeit voneinander."[384] Sinn (Geist) und Form stimmen zusammen, andere Praxismuster wie die des verschwenderischen Feudalherrn sind diesem Geist bestimmt nicht sinnadäquat. Jürgen Habermas' Analyse der „empirisch-analytischen Wissenschaften“ und seine Lehre von den Erkenntnisinteressen scheint von diesen Überlegungen beeinflusst zu sein.[385] Denn nach seiner These stehen die „empirisch-analytischen Wissenschaften“, die Naturwissenschaften oder andere im Einklang mit den Methoden der Naturwissenschaften arbeitende Disziplinen „unter dem leitenden Interesse an der möglichst informativen Sicherung und Erweiterung erfolgskontrollierten Handelns.“[386] „Erfolgsorientiertes Handeln“ bedeutet im Zuge der Zweck-Mittel-Koordination erfolgreiches, also zweckrationales Handeln. Das technologische Praxiskonzept ist demnach *in* den empirisch-analytischen Wissenschaften aufgehoben. Von daher lässt sich leicht eine Verbindungslinie vom inneren Praxisbezug des Wissens zum Systemproblem der materiellen Reproduktion ziehen. Mit diesem Bezugsproblem zurechtzukommen, so ließe sich zudem der Anschluss an einen anderen Begriff von Habermas herstellen, stellt ein „Gattungsinteresse“ der Menschheit überhaupt dar. Deswegen implizieren die empirisch-analytischen Wissenschaften ein technisches Erkenntnisinteresse.

Einschub

Habermas erwähnt noch zwei weitere Typen menschlichen Wissens, bei denen ebenfalls eine Verbindung zu Gattungsinteressen hergestellt werden kann, die letztlich auf jene Reproduktionsprobleme bezogen sind, welche Marx als die Konstitutionsprinzipien der vielfältigen Erscheinungsformen menschlicher Praxis in der Geschichte ausgezeichnet hat (s. o.). Die beiden anderen Wissenstypen sind (2) die *historisch-hermeneutischen Wissenschaften.* „Hier konstituiert sich der Sinn der Geltung von Aussagen nicht im Bezugssystem technischer Verfügung ... Sinnverstehen bahnt anstelle der Beobachtung den Zugang zu den Tatsachen. Der systematischen Überprüfung von Gesetzesannahmen entspricht hier die Auslegung von Texten.“[387] Das innere Erkenntnisinteresse dieses Wissenstyps ist auf die Aneignung geschichtlicher Sinngehalte ausgerichtet, welche die Bewahrung oder Veränderung gegenwärtiger Kulturinhalte, „Kulturprobleme“ (Weber) sowie faktisch in der Gegenwart bestehender Problemsituationen unterstützen können. Von daher lassen sich einerseits Verbindungslinien zum Problem der Reproduktion der Gattung im Geschlechter- und Generationenverhältnis, andererseits zu Problemen der Reproduktion des kulturellen Überbaus ziehen. Die historisch-hermeneutischen Wissenschaften arbeiten unter einem „praktischen Erkenntnisinteresse.“ Habermas nennt schließlich noch (3) die *kritisch orientierten Wissenschaften.* Sie setzen einen besonderen Akzent auf das Systemproblem der kulturellen Reproduktion, denn sie bezeichnen so etwas wie die vielfältigen historischen Ausprägungen menschlicher Bemühungen um Aufklärung. Ihre Perspektiven werden immanent auf ein „emanzipatives Erkenntnisinteresse“ fokussiert. Es geht darum, „das Bewusstsein aus der Abhängigkeit von hypostasierten Gewalten (zu) lösen.“[388] „Hypostasierte Gewalten“, das sind z. B. Prozesse, die von Menschen in Gang gehalten werden und ihnen dennoch wie fremde Gewalten, wie „Sachzwänge“ begegnen. Dazu gehören natürlich auch Götter und Geister, Legenden und Ideologien u. a. m.

Auf diese Weise werden die weitreichendsten Schritte über die Grenzlinie der Dichotomiethese hinaus vollzogen. Es gibt demzufolge einen *inneren* Zusammenhang zwischen Wissen, nicht zuletzt Theorien, mit *äußeren Praxismustern* (Sinnadäquanz), letztlich mit Gattungsinteressen, die an die konstitutiven Probleme der Reproduktion der Gattung geknüpft sind (immanenter Praxisbezug). An jener erstaunlichen Stelle stellt Weber diesen Zusammenhang selbst her und fest: „Der indirekte Einfluss, der unter dem Drucke ‚materieller' Interessen stehenden sozialen Beziehungen, Institutionen und Gruppierungen der Menschen, erstreckt sich oft unbewusst auf alle Kulturgebiete ohne Ausnahme, bis in die feinsten Nuancierungen des ästhetischen und religiösen Empfindens hinein."[389] Äußere Interessen vermitteln sich bis in die „feinsten Nuancierungen" der Kulturwertideen hinein! Ähnliche Überlegungen werden von Vertreterinnen und Vertretern der „Edinburgher Schule" der Wissenschafts- und Techniksoziologie angestellt: „Die Behauptung ist nunmehr, dass soziale Prozesse in den Inhalt selbst, also in die Schlussfolgerungen und die Kenntnisse der Wissenschaftler, Eingang finden."[390] Mit dieser Behauptung und den darauf basierenden Forschungen haben die Edinburgher nicht nur Staub aufgewirbelt, sondern auch erbitterten Widerstand im Umkreis der empirisch-analytischen Wissenschaften angeregt. Aber warum soll „das" in Ideen eingelassen Interesse *grundsätzlich* nur zu deren Verkehrung in Ideologie führen? Das lässt sich nur bestimmten Interessen, nämlich Macht- und Herrschaftsinteressen sowie ihrer Rolle im Kontext von Privilegierung und Diskriminierung nachsagen.

Kapitel 9
Sozialontologie

Ontologie

Die Ontologie stellt ein uraltes Gebiet der Philosophie dar. Ihre Fragestellungen richten sich auf der allerallgemeinsten Ebene der Betrachtung auf das Verhältnis von Sein oder Nicht-Sein. In einem der überlieferten Fragmente seines Werks schreibt Parmenides von Elea (520/515-460/455 v.u.Z.): „Dies muss man denken und sagen: *(Nur) das Seiende gibt es*. Denn es ist möglich, dass es wirklich vorhanden ist; das Nichtseiende aber ist unmöglich: das heiße ich dich zu bedenken."[391] Der Namen „Sozialontologie" ließe sich ebenfalls auf eine uralte und höchst allgemeine Fragestellung beziehen: auf die Frage nach der „Natur (*natura*) der Gesellschaft". Was sind Merkmale, ohne die sie das nicht wäre, was sie *ist*? Weitaus häufiger wird jedoch der Ausdruck „Konstruktion der sozialen Realität" statt des Begriffs der „Sozialontologie" gebraucht, wenn es um Antworten auf diese Frage geht.[392] Aber mit diesem Etikett wird leicht eine bestimmte Denkweise der Philosophie und der Soziologie in Verbindung gebracht: Die des *Konstruktivismus*, der eine *spezifische* Antwort auf die Frage nach der „Seinsweise" der Gesellschaft gibt. Es gibt die verschiedensten Vorschläge für Begriffe, welche dem Blick auf Sein im Allgemeinen, auf die Seinsweise der Gesellschaft im Besonderen die Richtung weisen. Eine (teilweise an Hegel anschließende) Möglichkeit sieht so aus: [393]

- *Ansichsein:* Etwas ist – wie die Materie – unabhängig von all unserem Denken, Fühlen, Wahrnehmen, Sprechen und Handeln der Fall. Diese Vorstellung steckt in Begriffen wie *Fakt, Tatsache, Sachverhalt, Gegebenheit, Objekt, Gegenstand*. Sachverhalte weisen also einen nicht-kognitiven bzw. nicht-linguistischen Status auf.
- *Fürunssein:* Etwas ist uns in den Sinnen, in der Beobachtung, im Denken (im Verstand), in der Vernunft gegeben. Es erscheint uns. In diesen Umkreis fallen Begriffe wie *Phänomen, Eindruck, Empfindung, Beobachtung, Sinnesdatum, psychischer Inhalt, Sprechakt, Ausdruck, Gedanke* und nicht zuletzt *Idee.*
- *Anundfürsichsein:* In diesem Falle geht es um grundlegende, paradigmatische Annahmen über das Verhältnis von Ansichsein und Fürsichsein. Hegel spricht in diesem Falle von der „dritten Stellung des Gedankens zur Objektivität."[394]
- *Dasein:* Dieser Begriff lässt sich schlicht und einfach als Inbegriff für alles, was der Fall ist verstehen. „Die Welt ist alles, was der Fall ist."[395]
- *Seinsweise:* Die verschiedensten Sachverhalte sind auf ganz verschiedene Weisen für uns da. Z.B. die erste Stellung des Gedankens (Bezugnahmen auf das

Ansichsein; Realismus) geht davon aus, dass das Gemälde eines Gebirges für uns nicht auf die gleiche Weise da ist wie die Berge selbst.
- *Soziales Sein:* Es geht um die Seinsweise der Gesellschaft und/oder der einzelnen sozialen Tatsachen. In diesen Bereich fallen so schöne Fragen wie die: Gibt es „die Gesellschaft als Ganze" (Totalität) überhaupt oder stellt „Gesellschaft" nur einen hilfreichen Sammelbegriff für all das dar, was tatsächlich der Fall ist: die Individuen mit der Fülle ihrer beobachtbaren Reiz-Reaktionsbeziehungen? Weisen „soziale Gebilde" wie eine Aktiengesellschaft eigenständige Merkmale und Wirkungsmöglichkeiten auf?
- *Soziale Tatsachen:* Tatsachen bedeuten von ihrem terminologischen Hause aus eigentlich Sachen der *Tat.* Das kommt von der lateinischen Vokabel *factum* her, die unter anderem auch „die Tat", „das Gemachte" bedeutet. Das ist ein Fakt, ein bestehender Sachverhalt! So ist es tatsächlich und nicht anders! Tatsachen werden auch als gesicherter Befund angehen, selbst wenn es sich nicht um etwas handelt, das wie ein Felsen (*rock bottom*) fest steht. Es gibt Feststellungen, die nichts fest Stehendes betreffen oder gar nicht erst betreffen sollen – der Trumpismus liefert ein Beispiel dafür. Die verschiedensten Vorgänge und Aktionen in einer Gesellschaft bilden die Menge der sozialen Tatsachen.

In diesem terminologischen Rahmen lassen sich zur Illustration einige wenige Beispiele für Kernvorstellungen von „Sozialontologien" skizzieren:

Einige Beispiele für sozialontologische Hintergrundannahmen

Beispiel 1: Wesen, Erscheinung und Schein (Platon und die Folgen)

Sachverhalte weisen neben zufälligen (akzidentiellen) auch *wesentliche* (substantielle) Eigenschaften auf. Kämen diese ihnen nicht zu, dann wären sie nicht von dieser bestimmten Gattung oder Art. Eine lebende Schildkröte mit Flügeln ist außerhalb der beflügelten Phantasie schwer vorstellbar. Platon hat die – durch Gattungsbegriffe repräsentierten – Ideen als ansichseiende Sachverhalte behandelt, die ewig und unveränderlich sind. Zugleich dienen sie als die vollkommenen Vorbilder (*paradeigmata*) für konkret daseiende, für die an ihnen teilhabenden Einzelheiten, die uns in der Erfahrung begegnen. M.a.W.: Sie *erscheinen* uns in den Sinnen, die jedoch nie an die Vollkommenheit des Vorbildes heranreichen. Erscheinungen weisen für uns wie so viele Inhalte der Alltagsorientierungen den Charakter des unhinterfragbar Gegebenen (*doxa*) auf. Erreichbar sind die Ideen nur durch das reine Denken (epistemé). Erschwerend hinzu kommt, dass unsere Sinne uns gewaltig täuschen können. Dann entsteht *Schein,* der *Anschein,* so sei es und nicht anders. Wir können andere täuschen, zum Schein den Eindruck erwecken, die Dinge lägen so und nicht anders.

Elementare philosophische Begriffe wie diese haben Schule gemacht. Ihre differenzierende Formation und kritische Reformulierungen durchziehen die Geschichte der abendländischen Philosophie. Bei Kant versteht sich das Wesen als Welt der Dinge an sich (Ansichsein). Wir können als endliche Wesen bei unseren Erkenntnisbemühungen jedoch keine direkte Einsicht (*intentio recta; 1. Stellung des Gedankens*) in das Ansichsein erreichen. Das ist uns nur durch das Nadelöhr unserer Bedingungen der Möglichkeit, überhaupt Erfahrungen machen zu können, also durch die logischen Formen der Sinnesempfindlichkeit (Raum und Zeit), des Verstandes (Kategorien) und der Vernunft (Schlussfolgerungen) hindurch (*intentio obliqua; 2. Stellung*) möglich. Wie Kant sagt: Wir verfügen nur über die *Dinge als Erscheinung*. *Schein* kann jedoch entstehen, wenn wir dennoch den Anspruch erheben, etwas *unvermittelt* über das Ansichsein aussagen zu können. Marx bestimmt das Wesen als der Geschichte zugrundeliegende Reproduktionsprobleme und die Weisen ihrer Bearbeitung, während der Schein als gesellschaftliche Verkehrung der Erscheinungen zur Ideologie gefasst wird. Ein Beispiel liefert bei ihm der „Warenfetisch“: „Das Geheimnisvolle der Warenform besteht also einfach darin, dass sie den Menschen die gesellschaftlichen Charaktere ihrer eigenen Arbeit als gegenständliche Charaktere der Arbeitsprodukte selbst, als gesellschaftliche Natureigenschaft dieser Dinge zurückspiegelt, daher auch das Verhältnis der Produzenten zur Gesamtheit als ein außer ihnen existierendes gesellschaftliche Verhältnis von Gegenständen.“[396] Heutzutage begegnet uns der Warenfetisch vor allem als Propagierung quasi-naturgesetzlicher Warentauschverhältnisse, die – mit dem verkündeten Anschein nach heilsamen Effekten – unsere Lebensführung beeinflussen oder beeinträchtigen. „Der Markt wird's schon richten“. Vom Bischof George Berkeley (1685–1753) stammt der berühmte philosophische Spruch: *Esse est percipi.* Sein ist Wahrgenommenwerden. Dieser Ausspruch ist doppeldeutig. Einmal könnte das ähnlich wie bei Kant so zu lesen sein, dass uns das Sein nicht unabhängig vom Wahrgenommenwerden (Beobachten etc.) zugängig ist. Es erscheint uns. Und dazu passt Hegels These: Die Erscheinung ist dem Wesen wesentlich. D.h.: Das Ansichsein ist uns nur über die Muster des Fürunsseins zugängig. Zum Zweiten könnte es heißen: Das Sein ist *gleich* dem Wahrgenommenwerden. Damit ergäbe sich eine sensualistische Spielart des konstruktivistischen Fehlschlusses (s. u.). Friedrich Nietzsche verspottet all jene von Platon inspirierten Metaphysiken, die mit der Annahme eines Wesens arbeiten, das den Erscheinungen zugrunde liegt als „Hinterweltler“. Vertreterinnen und Vertreter des modernen Positivismus zielen in eine ähnliche Richtung. „Nur *sachhaltige* (empirisch bestätigte – J.R.) *Aussagen* sind theoretisch sinnvoll; (scheinbare) Aussagen, die grundsätzlich nicht durch ein Erlebnis fundiert werden können, sind sinnlos.“[397] Der Ausflug in philosophische Hinterwelten gilt ihnen als obsolet; denn alle Erkenntnis muss in „Erlebnissen“, systematischen Beobachtungen verankert sein, um als wissenschaftlich sinnvoll gelten zu können. Im Geist dieses Wissenschaftsverständnisses hat Erwin K. Scheuch auf dem legendären 16. Deutschen Soziologentag in der Festhalle zu Frankfurt/M Einwände gegen all jene erhoben, welche der Gesellschaft als ganzer wirkliches und wirksames („objektives“) Dasein zuschreiben. „Die Soziologie, soweit sie sich als Einzelwissenschaft unter anderen Einzelwissenschaften vom Menschen und dessen Produkten versteht, hat bisher in diesem Jahrhundert mit wenigen Ausnahmen auf die Analyse gesamtgesellschaftlicher Systeme verzichtet.“ „Gesellschaft“ bedeutet keine faktisch gegebene Totalität, sondern stellt einen *primitiv term* dar. Das ist ein solcher Begriff, der zwar wichtig für die Theoriebildung ist, aber nicht *empirisch definiert* (operationalisiert) werden kann. „Als Erklärungsobjekt selbst wird „Gesellschaft“ gewöhnlich solchen Ansätzen überlassen, die in Problemverständnis und in der Vorgehensweise als sozialpilosophisch zu charakterisieren sind.“[398]

Th. W. Adorno setzt sich sowohl dieser Dichotomisierung von Soziologie und Sozialphilosophie als auch der Verspottung des Hinterweltlertum derjenigen strikt entgegen, welche nach einem Wesen hinter den Escheinungen fahnden. „Wesen und Erscheinung sind kein Märchen aus alten Zeiten, sondern bedingt von der Grundstruktur einer Gesellschaft, die notwendig ihren eigenen Schleier zeitigt.“[399] Soziologie muss „Einsicht in die Gesellschaft, in das Wesentliche der Gesellschaft sein.“ Dabei hat sie das, was gesellschaftlich der Fall ist, an der Idee einer vernünftigen Ordnung der Verhältnisse, an der Idee einer „versöhnten Gesellschaft“ (Adorno) zu messen und zugleich „die Möglichkeiten einer Veränderung der gesellschaftlichen Gesamtverfassung aufzuspüren.“[400] Zur Soziologie gehört nicht zuletzt der Blick dafür, „wie in einzelnen sozialen Phänomenen Wesentliches aufgeht oder erscheint.“[401] Einzusehen ist zugleich, dass das noch das einzelne Phänomen, die festgestellte einzelne Tatsache als „Datum“, mit der gesellschaftlichen Totalität vermittelt ist. M.a.W.: Die *einzelnen* sozialen Tatsachen sind nicht „die letzte Rechtsquelle der Erkenntnis“, sondern mit der existierenden gesellschaftlichen Totalität immanent vermittelt. Es bedarf dabei immer auch der Gesellschaftstheorie, um diesen immanenten Zusammenhang des Wesens mit den einzelnen Erscheinungen klarzumachen.

Beispiel 2: Zwischen Idealismus, Realismus und Situationsdefinition

Es gibt Thesen, Theoreme und Begriffe im Kanon der soziologischen Denkweisen, die in einem breiten und tendenziell einhelligen Gebrauch sind. Dazu gehört das sog. „Thomas-Theorem.“ Es stammt von Dorothy S. (1899–1977) und William I. (1863–1947) Thomas. Es lautet: *Wenn Menschen Situationen als wirklich definieren, dann sind sie real in ihren Konsequenzen.* Wenn Menschen, die Situation, worin sie sich befinden, als *Zusammenkunft* definieren, werden sie sich anders zueinander verhalten als dann, wenn sie ihre Situation als bloße *Ansammlung* deuten. *Definition of the situation* stellt einen Grundbegriff der Schule des symbolischen Interaktionismus dar. Deren Namensgeber ist Herbert Blumer (1900–1987), der in einer Reihe von Hinsichten an das Werk von George H. Mead (1863–1931) anschließt.

Blumer nennt drei Prämissen, welche den symbolischen Interaktionismus kennzeichnen.

- *1. Prämisse:* Menschen handeln „Dingen" gegenüber auf der Grundlage von „Bedeutungen" (*meanings*). „Dinge" entsprechen all dem, was den Menschen in der Wahrnehmung als Nicht-Ich begegnet – materielle Objekte, Artefakte, andere Personen, aber auch Normen, Regeln, Kriterien, Kulturphänomene überhaupt („ideelle Gebilde") werden ausdrücklich eingeschlossen.
- *2. Prämisse:* Die Bedeutung der „Dinge" wird aus der sozialen Interaktion abgeleitet bzw. entsteht im Verlauf von Interaktionen. Diese Annahme entspricht der Ableitung signifikanter Gesten aus Szenen der Interaktion bei Mead.
- *3. Prämisse:* Die Bedeutungen werden in einem interaktiven Prozess der Auseinandersetzung der Individuen mit den „Dingen" in ihrer Welt verwendet und abgewandelt."[402]

Sowohl das Thomas-Theorem als auch das Konzept der individuellen und/oder kollektiven Situationsdeutung implizieren die stichhaltige Einsicht, dass bestimmte soziale Phänomene für Beobachter (vom Beobachterstandpunktaus) nur dadurch der Fall x sind, weil die Akteure (Aktorstandpunkt) meinen, glauben, x sei der Fall. In diesem Punkt unterscheiden sich die durch „Definition" gesetzten sozialen Tatsachen einschneidend von physikalischen Tatsachen. Im Falle sozialwissenschaftlicher Untersuchungen müssen die Beobachter den *Sinn* verstehen, welchen die „Untersuchungsobjekte", die beobachteten Subjekte selbst mit ihrem die Tatsachen setzenden Tun und Lassen verbinden. So weit bekannt ist, folgen Elektronen den Gesetzen der Atomphysik und orientieren sich nicht an irgendwelchem Sinn wie etwa an einem Ziel. Eine Meinung über ihre Situation hegen sie schon gar nicht. Natürlich sind nicht alle sozialen Tatsachen von dieser Art. Menschen können eine tatsächlich bestehende Problemsituation definieren, wie sie wollen, dadurch allein verschwindet sie nicht. (Schön wär's!).

John R. Searle hat sich mit einem anderen (ergänzenden) Typus „gesetzter" sozialer Tatsachen auseinandergesetzt. Er arbeitet mit dem Regelbegriff. Wir folgen Regeln und beobachten u. U. Regelmäßigkeiten des Zusammenhangs von Ereignissen. Aber beileibe nicht alle sozialen Regelmäßigkeiten sind die Konsequenz der Orientierung von Menschen an Regeln. Searle unterscheidet (a) *konstitutive Regeln* von (b) den *direktiven Regeln.*[403]

- *Ad a: Konstitutive,* also grundlegende Regeln setzen eine soziale Tatsache überhaupt erst in die Welt. So kann ein Individuum z. B. durch einen Spruch von einer sozialen Rolle in die entgegengesetzte gebeamt werden. Der Delinquent geht als „unbescholtene Person" zum Gericht und landet nach dem Richterspruch als „Vorbestrafter" im Gefängnis. Oder: Zunächst tritt eine Person als Kandidatin an. Dann verkündet der Versammlungsleiter, was sie von nun an ist: „Hiermit sind Sie Vorsitzende unseres Vereins." Bei vielen Gelegenheiten findet in einer differenzierten Gesellschaft ein solcher Rollentausch wie der vor Gericht statt. Doch nicht alle sozialen Regeln sind konstitutive Regeln.

- *Ad b: Direktive Regeln* regulieren „Tätigkeiten, die unabhängig von den Regeln bestehen."[404] So lenken die Regeln der StVO die wilde Fahrt von motorisierten Blechkisten – vielleicht mit Ausnahmen in Städten wie Kairo oder Djakarta – in bestimmte Bahnen. Denn Regeln überhaupt schreiben vor, wie in bestimmten Situationen vorzugehen sei. Die Wagenlenker haben sich auf dem europäischen Festland auf der rechten Spur zu halten.

Doch im Zentrum der Überlegungen von J. Searle steht die sozialontologische Frage, „wie es eine epistemisch objektive gesellschaftliche Wirklichkeit geben kann, die teilweise durch ontologisch subjektive Einstellungen konstituiert wird."[405] Teilweise! Hinzu tritt die Frage nach dem Verhältnis von Deutungen und Welt, die Frage nach dem Unterschied „zwischen denjenigen Merkmalen der Welt, die unabhängig von unseren Einstellungen und von Intentionalität ganz allgemein bestehen und denjenigen Merkmalen, die nur relativ zu unserer Intentionalität" – zu unseren Absichten und Zwecksetzungen – bestehen. Beide Fragestellungen bewegen sich im Spannungsverhältnis von Grundannahmen des Realismus und des Idealismus, wobei Searles Argumente weder auf den einen, noch auf den andren Pol zurückfallen sollen! Was die Natur angeht, ist seine Position eindeutig *realistisch*. „Es gibt eine Wirklichkeit, die gänzlich unabhängig von uns besteht; ein beobachter-unabhängiges So-und-So-Sein der Dinge, und unsere Feststellungen über die Wirklichkeit sind wahr oder falsch, je nachdem ob sie getreu widergeben wie die Dinge sind."[406] Im Falle der Sozialwissenschaften liegen die Dinge anders; denn verschiedene Inhalte der Situationsdeutung sowie konstitutive Regeln setzen bestimmte soziale Tatsachen überhaupt erst in die Welt. Dabei kann diese Menge sozialer Tatsachen als die der *institutionellen Tatsachen* bezeichnet werden. Searle vertritt die These: „Alle institutionelle Wirklichkeit kann erklärt werden, indem man genau diese drei Begriffe verwendet: kollektive Intentionalität, Funktionszuweisung und konstitutive Regeln."[407] Kollektive Intentionalität bezeichnet nicht einfach das *factum* einer gemeinsamen Tätigkeit, sondern darüber hinaus eine Praxis, wobei die Individuen zugleich bestimmte Intentionen, Glaubensinhalte, Antriebe und Zwecksetzungen teilen sowie ihre Tätigkeit auf ein gemeinsames Ziel hin ausrichten.[408] Orchestermusiker spielen faktisch nicht nur zusammen, sondern ihr erfolgreiches Zusammenspiel ist allen ein Zweck. Das für das Verständnis institutioneller Tatsachen maßgebende Konzept der „Funktionszuweisung" basiert auf einer Unterscheidung zwischen „rohen" und institutionellen Tatsachen. „Rohe Tatsachen" bestehen aus all jenen Sachverhalten, welche – wie der Mount Everest – unabhängig von unserem Fühlen, Denken, Sprechen und Wollen, also *an sich* vorhanden sind.[409] Rohen Tatsachen kann jedoch von Akteuren eine bestimmte Funktion zugewiesen werden. Das geschieht durch konstitutive Sprechakte. Den Rubikon gibt es als einen kleinen Fluss in der Emilia-Romagna (nahe Cesena), der zu Zeiten der römischen Republik die Grenzlinie zur Provinz Gallia Cisalpina bildete. Über diesen Fluss lässt sich z. B. stichhaltig aussagen, dass er nicht sehr lang und breit ist sowie in die Adria mündet. Das alles sind rohe Tatsachen. Eine Tatsache ist es auch, dass Caesar am 10.1.49 v.u.Z. den Rubikon überschritt. Aber die Funktion als *Grenzlinie*, die von bewaffneten Heeren nicht überschritten werden durfte, ist dem Rubikon durch Instanzen der römischen Republik, also durch konstitutive Regeln *zugeschrieben* worden. Von daher lässt sich eine „Statusfunktion" zur Genesis institutioneller Tatsachen formulieren:

> X gilt als Y in C[410]
> Der Rubikon (= X) gilt als Grenzlinie (= Y) in Rom (= C).

„Gilt als" kann so gelesen werden: Ist im Zuge kollektiver Intentionalität mittels konstitutiver Regeln als institutionelle Tatsache gesetzt worden.

Nochmals: Nicht alle soziale Tatsachen sind institutionelle Tatsachen, nicht alle Regeln bedeuten konstitutive Regeln, nicht alle Regelmäßigkeiten des Zusammenhangs von Ereignissen in einer Gesellschaft sind die Folge von Regelungen. Regeln und Regelorientierungen können zwar eine bedeutsame Rolle für „Quasigesetze" (s. o.) in der Gesellschaft spielen, aber diese weisen dennoch eigenständige Merkmale und Wirkungsmöglichkeiten auf. Kauf und Verkauf von Waren im Kapitalismus funktionieren z. B. nicht ohne Kalkulation, Verträge und eine normalerweise garantierte Vertragstreue, aber der Kapitalkreislauf als solcher kann selbst diejenigen, die davon am meisten profitieren, beispielsweise mit dem Bankrott bedrohen, obwohl sie dem Fetisch des Marktradikalismus zutiefst verpflichtet sind. Es ergibt sich der nicht sonderlich überraschende Befund: Die soziale Welt setzt sich aus einer Vielfalt *verschiedener* sozialer Tatsachen zusammen. Sozialontologisch ruft die berühmte methodologische Empfehlung Durkheims, man müsse sozialen Tatsachen *commes des choses*, wie Gegenstände behandeln, leicht ein Missverständnis hervor. Sie sind natürlich nicht wie Festkörper von der Art eines Steines zu behandeln, sondern Durkheim macht auf diese Weise darauf aufmerksam, dass soziale Tatsachen einem so hart wie eine Mauer entgegenstehen können.[411]

Beispiel 3: Sprechakt, Sprachspiel und Situationsdefinition

John Austin (1911–1960) hat ein Buch mit dem Titel: ‚How to do things with words' veröffentlicht. Man könnte diesen Titel etwas freizügig mit ‚Was man mit Worten alles anstellen kann' übersetzen. Die deutschsprachigen Überschriften machen jedoch das zentrale Thema dieses einer Vorlesung entstammenden Textes deutlich: ‚Zur Theorie der Sprechakte'.[412] Die Sprechakttheorie zeigt mit Fug, dass Sprache nicht nur Lautgabe sowie ein Medium zur Übermittlung wahrer oder falscher Informationen, sondern zugleich eine Form des sozialen Handelns darstellt. Austins hat eine Unterscheidung dreier elementarer Typen des Sprechhandelns vorgeschlagen. Sie zählt inzwischen zu den Grundbegriffen der Sprechakttheorie:

1. *Lokutionäre Sprechakte:* Es handelt sich um logisch-grammatisch korrekt geformte Sätze, die wahr oder falsch sein können.
2. *Illokutionäre Sprechakte:* In diesem Falle geht es um die interaktionspragmatische Funktion der Äußerung, um einen Typus sprachlich-praktischer Beziehungen zu Adressaten. Beispiele sind das Gelöbnis, ein Versprechen, eine Entschuldigung etc.
3. *Perlokutionäre Sprechakte* verweisen zugleich auf die Konsequenzen der Äußerungen von Sprecherinnen und Sprechern. Mit dem Versprechen geht die Verpflichtung einher, es einzuhalten, einem Befehl soll Folge geleistet werden etc.

Sprechen dient also nicht nur der Übermittlung von Informationen, sondern bedeutet immer auch eine praktische Form des Umgangs mit Dingen und anderen Personen. Deswegen übertragen Sprechakte nicht allein Wissen, sondern bedeuten immer auch Arten und Weisen mit anderen Menschen umzugehen oder umzuspringen. Selbst der Monolog setzt die Idee der Ansprache an eine Person voraus und ist nur nach dem Erlernen einer Sprache im Rahmen von Interaktionen und Kommunikationen mit signifikanten Anderen überhaupt möglich. Durch Sprechakte werden in der überwiegenden Mehrzahl der Fälle soziale Beziehungen im Rahmen der gesellschaftlich geltenden Normen, Regeln und Kriterien hergestellt, aufrechterhalten, verändert oder abgebrochen. Von daher ergibt sich die Plausibilität des Grundsatzes von G. H. Mead: „Man kann eine Sprache nicht als reine Abstraktion übermitteln; man übermittelt bis zu einem gewissen Grad auch das hinter ihr stehende Leben."[413] Das der Sprache zugrunde liegende Leben entspricht dem gesellschaftlichen Mit- und Gegeneinanderleben. Genau der nämliche Gedanke findet sich bei Ludwig Wittgenstein. In seinem Buch ‚Philosophische Untersuchungen' führt er den inzwischen fest etablierten Begriff des *Sprachspiels* ein. Die Sprache bedeutet ein Spiel nach gesellschaftlichen, natürlich auch logischen und grammatischen Regeln. Es wird mithin immer auch nach gesellschaftlichen Regeln menschlicher Interaktion gespielt: „Das Wort ‚Sprach*spiel*' soll hier hervorheben, dass das Sprechen der Sprache ein Teil ist einer Tätigkeit, oder einer Lebensform ... Nicht: ohne Sprache können wir uns nicht miteinander verständigen, wohl aber: ohne Sprache können wir andre nicht Menschen so und so beeinflussen; können wir nicht Straßen und Maschinen bauen. Und auch: Ohne den Gebrauch der Rede und der Schrift könnten sich Menschen nicht verständigen."[414] Bei Mead (und anderen) liegt die gesellschaftliche Lebensform den Sprachspielen zugrunde und er leitet Sprache als System „signifikanter Symbole" aus der Interaktion von Menschen ab, die versuchen, in der Einschätzung ihrer Problemsituation und ihrem Vorgehen in derselben übereinzukommen. In die gleiche Richtung weist auch eine Aussage bei Wittgenstein: „Die Begründung aber, die Rechtfertigung der Evidenz kommt zu einem Ende; – das Ende aber ist nicht, dass uns gewisse Sätze unmittelbar als *wahr* einleuchten, also eine Art Sehen unsrerseits, sondern unser *Handeln*, welches am Grund des Sprachspiels liegt."[415] Nicht die unmittelbare Einsicht in die Gegebenheiten, die Rolle der Sprache in der *Praxis* verhilft uns zur Einsicht. Das sozialontologische Grundproblem besteht offensichtlich darin, dass eine angemessene Verhältnisbestimmung zwischen „der Sprache" bzw. den mannigfaltigen Sprachspielen, die im ständigen Gebrauch sind zu der gesellschaftlichen Praxis, zum „Handeln" – wie es bei Wittgenstein heißt – zu finden. Aber außer der zitierten Stellungnahme zum Problem gibt es bei ihm noch zwei weitere gegenläufige Antworten auf die sozialontologische Kardinalfrage der Sprechakttheorie: In den ‚Philosophischen Untersuchungen' (Aphorismus 23) heißt es, das Sprachspiel bzw. die Sprachspiele bedeuteten ein *Teil* der Lebensform. In diesem Falle gelten Sprachspiel und Lebensform zwar nicht als identisch, aber das Sprachspiel ist *Teil* einer Lebensform. Vielleicht wird hier an ein Verhältnis einer Teilmenge zu einer Gesamtmenge gedacht? An einer wieder anderen Stelle lautet die Auskunft: „Ich werde auch das Ganze der Sprache und der Tätigkeiten, mit denen sie verwoben ist, ‚das Sprachspiel' nennen."[416] Sprache und Praxis werden zwar weiterhin sprachlich voneinander abgehoben, aber dass sie mit einander „verwoben" sind, könnte auch auf einen untrennbaren Zusammenhang von Sprechakten mit gesellschaftlichen Gegebenheiten meinen. meinen. Sie würden in dieser Hinsicht eine Einheit bilden. Damit könnte Wittgenstein allerdings auch in die Nähe des heroischen Konstruktivismus rücken. Das Sprachspiel ist gleich der Lebensform?

Beispiel 4: Ist das Sein gleich dem sprachlichen Gesetztsein?

Kant trifft eine Unterscheidung zwischen dem *intellectus archetypus* und dem *intellectus ectypus*. Der *intellectus archetypus* entspricht einer urbildlichen Vernunft, die mit ihrem Wort die Sache zugleich in die Welt zu setzen, zu konstituieren fähig ist. Der *intellectus ectypus* bezeichnet den Verstand von endlichen Wesen wie wir Menschen es sind, die auf „von außen" kommende Eindrücke (Erfahrung) und deren diskursive Verarbeitung mit Begriffen angewiesen sind.[417] Dem entspricht die Unterscheidung zwischen Ansichsein (Unabhängigsein von allen gedanklichen, sprachlichen Operationen der Menschen wie es vor allem für die Materie gilt) und Fürunssein (in der Erfahrung gegeben und/oder gedacht bzw. ausgesprochen). Das Verhältnis dieser beiden Pole zueinander bedeutet die Schlüsselfrage jeder Erkenntnistheorie, eben die Frage nach der „dritten Stellung des Gedankens zur Objektivität", eine Stellung, die sich zugleich der Dichotomie zwischen naivem Realismus und absolutem Idealismus entzieht! Der Mount Everest stellt eine Tatsache der Außenwelt dar. Seine kollektive „Definition" als Herausforderung für Extrembergsteiger verkörpert eine institutionelle Tatsache. Aber wie hängen diese beiden Positionen zusammen? Searles Funktionsgleichung allein reicht nicht aus. Denn es gibt andere soziale Tatsachen als nur die institutionellen, deren Charakter Searle ja mit seinem Konzept der „Funktionszuweisung“ bestimmt. An einigen Stellen kann der (falsche) Eindruck entstehen, auch für ihn sei das soziale Sein *gleich* dem sprachlichen Sein. „Welche Rolle spielt die Sprache bei der Schaffung der institutionellen Wirklichkeit? Eine naheliegende, aber dennoch verblüffende Verwendung von Sprache beim Aufbau der institutionellen Wirklichkeit ist, dass wir oft durch eine performative Äußerung institutionelle Tatsachen schaffen können.“[418] Es gibt in der Tat viele gesellschaftliche Tatsachen, die durch Sprechakte *gesetzt,* überhaupt erst in die Welt gesetzt werden. Z.B. bei bestimmten Rollenzuweisungen durch Sprechakte wird das sinnfällig. Gleichwohl ist das Sein der Gesellschaft nicht gleich dem Sein von Sprache, das Sprachspiel ist nicht *gleich* der Lebensform. Ein Malocher kann seine Arbeit durch ein Sprachspiel, etwa durch das des Fluchens begleiten, aber seine schwere körperliche Tätigkeit setzt sich nicht aus linguistischen Zügen in einem Sprachspiel zusammen. Auch Searles Überlegungen weisen letztendlich in diese Richtung: „Ich sage hier nicht, dass die gesamte institutionelle Wirklichkeit ‚textuell‘ ist oder in dem Sinne Bedeutung hat, in dem Sätze und Sprechakte eine Bedeutung haben. Das wäre falsch.“[419] Anders sieht es bei derjenigen Position aus, welche Wittgenstein neben seinen beiden anderen einnimmt und die darauf hinausläuft, dass sich kein „Grund“ bestimmen lässt, worauf sich Sprachspiele aufbauen lassen. Das Sein ist dann womöglich *gleich* dem sprachlichen, textlichen „Gesetztsein“. Dieser Gedanke findet sich – ich weiß nicht so recht, ob in ironischer oder ernst gemeinter Form – bei Vertreterinnen und Vertretern des sog. „Konstruktivismus.“ Von J. Derrida stammt der Spruch: „Il n'y a pas dehors texte.“ Es gibt nichts jenseits des Textes. Ich denke, diese Aussage verdankt ihre Beliebtheit ihrer Ambivalenz. Denn sie kann auf mindestens drei verschiedene Weisen gelesen werden: 1. Es steht nichts hinter dem Text; nichts liegt ihm zugrunde (ähnlich wie in dem einen Falle bei Wittgenstein). Diese Ansicht ist – gelinde gesagt – strittig. Oder die Übersetzung lautet: 2. Nichts kann uns unabhängig von Sprache (und Bewusstsein) zugängig werden (ähnlich wie bei Kant). Das trifft zu. Oder es soll heißen: 3. Alle Sprechakte sind konstitutive Sprechakte. Das ist falsch. Die nämliche Ambivalenz findet sich bei einer Reihe der Vertreterinnen und Vertretern der soziologischen Schule der *Ethnomethodologie.* Einer ihrer Begründer, Harold Garfinkel (1917–2011), befasst sich intensiv mit alltäglichen Sprechhandlungen. Ethnomethodologie, so erklärt er, geht von der These aus, dass die Aktivitäten, wodurch die Gesellschaftsmitglieder Muster organisierter Alltagsaffairen hervorbringen und managen mit den Methoden (procedures) identisch sind, wodurch für diese Muster Rechenschaft abgelegt wird (to account). Entscheidend ist die These, dass die Muster (settings) der alltäglichen Interaktion mit den Methoden identisch sind, wodurch die Akteure über eben diese Muster Rechenschaft ablegen. Die üblichen Ambivalenzen entstehen durch die Mehrdeutigkeit des Verbums to account. Nach meinem Eindruck gibt es bei Garfinkel (mindestens) 4 prägende Bedeutungsdimensionen von to account:

1. Es handelt sich um eine *Identitätsthese*. Sie lautet: Die alltagsweltlichen Verfahren der Gesellschaftsmitglieder bringen nicht nur Muster von „Alltagsaffairen", Formen der Interaktion hervor, sie sind vielmehr mit diesen *identisch*. *To account* lässt auch als „stellt sich dar als" lesen. Die alltagsweltlichen Verfahren *stellen* eine bestimmte soziale Tatsache oder einer Relation *dar*. Sie sind nicht nur so und nicht anders, die soziale Welt ist mit den *accounting practices* identisch.
2. Sie stellen aber auch eine soziale Tatsache für andere dar. D.h.: Sie machen sie sie für andere *erfahrbar*. „Dies ist ein Befehl!" Danach weiß man jemand, was zu tun oder – wenn möglich – schleunigst zu umgehen ist.
3. Nun sagt Garfinkel auch, die Alltagsverfahren machten die Tatsachen und Relationen bzw. Sprechakte als „sinnvoll" erfahrbar. Heißt das, sie würden vom Beobachterstandpunkt aus als „vernünftig" ausgewiesen? Nein, denn es gilt das Prinzip der „ethnomethodologischen Indifferenz." D.h. Ethnomethodologie macht den selbstverständlichen Charakter von alltagsweltlich eingespielten Aktivitäten überhaupt erst als Selbstverständlichkeit erfahrbar. Insofern deckt sie auf. Aber sie kritisiert keine sozialen Gegebenheiten als vernünftig oder unvernünftig. Alltagsweltliche Methoden als „vernünftig oder unvernünftig" auszuweisen, bedeutet nur, einen Hinweis darauf zu geben, dass sie das Normale, das Übliche und deswegen Nachvollziehbare verkörpern.
4. *To account* als „Rechenschaft ablegen" ist nicht als der Kritik an bestehenden Verhältnissen zu deuten. Die Akteure geben durch ihre Sprechhandlungen allein kund, dass eine Praxis für sie tatsächlich als begründet, wohlbedacht, rational im Sinne einer als einverständig unterstellten Norm in einem gemeinsamen Horizont anzusehen ist. Ob das als „rational" von den Akteuren etikettierte Handeln tatsächlich „rational" in einem politisch oder ethisch höheren Sinn sei, das ist keine Frage, welcher Ethnomethodologie als Kritik nachgeht. Sie will nicht heilen und kritisieren, sie will vorzugsweise studieren und beschreiben, was der Normalfall ist.

Die Identitätsthese (= 1) erweckt den Eindruck des Bestehens einer Einheit von *Sinnorientierung* des Handelnden und *Sinndarstellung* für andere nach Regeln (Methoden), die in der Gesellschaft als „normal" angesehen werden. Die gemeinsame, methodische Darstellung der Situation durch die Interagierenden stellt die Interaktion eines bestimmen Typs dar, *sie ist sie*. Das soziale Sein ist gleich dem linguistischen Sein? Soziale Tatsachen sind allesamt linguistische Konstruktionen nach Methoden? Genau in diese Richtung gehende Verlautbarungen lassen sich in Hülle und Fülle heranziehen. Finn Collin bezeichnet sie als Varianten der „sozialen Konstruktionsthese." Sie besagt: „Von der sozialen Realität kann man behaupten, sie werde durch menschliche Sprache, Gedanken, Begriffe, oder Einverständnis hervorgebracht."[420] Der Grundgedanke ist identisch, die unterschiedlichen idealistischen und linguistischen Versionen werden jedoch auf verschiedenen theoretischen Hintergründen formuliert. Darauf nur einige kurze Hinweise[421]:

- *Wissenssoziologie*: „Diese wirklichkeitsstiftende Macht des Gesprächs ist mit der Tatsache der Objektivation durch die Sprache bereits vorgegeben."[422] Das gesellschaftliche Sein ist gleich dem Sein der Sprache?
- *Symbolischer Interaktionismus*: „Meine These ist, dass soziale Probleme im Grunde Produkte eines Prozesses der kollektiven Definition darstellen, anstatt, dass sie unabhängig als eine Menge objektiver sozialer Arrangements mit einem intrinsischen Gefüge (*make up*) existierten."[423] Demnach gibt es gibt keine tatsächlichen, *objektiven* Probleme. Probleme werden definitorisch gesetzt?
- *Sprachspieltheorie:* „Die Vorstellungen, die sich ein Mensch von der Wirklichkeit macht, durchwalten die gesellschaftlichen Beziehungen zu seinen Mitmenschen. ‚Durchwalten' ist sogar ein zu schwacher Ausdruck: gesellschaftliche Beziehungen sind Manifestationen von Realitätsvorstellungen."[424] Die gesellschaftlichen Beziehungen sind *gleich* Realitätsvorstellungen?
- *Ethnomethodologie:* Harold Garfinkel beschäftigt sich mit den „alltäglichen Aktivitäten ..., die Menschen in der Gesellschaft entfalten, um sich selbst und anderen ihre alltäglichen Angelegenheiten verständlich und erklärlich zu machen, – und mit Methoden, die sie einsetzen, wenn sie ihre Angelegenheiten hervorbringen und bearbeiten."[425] Die Aktivitäten folgen *Regeln,* von denen die meisten in einem unproblematisierten Horizont alltagsweltlicher Selbstverständlichkeiten verankert sind. *Sinn* wird übertragen um Verständlichkeit und Erklärungen für andere zu bewerkstelligen. *Sprache* ist natürlich das entscheidende Medium dieser Vorgänge. Das Sein der Alltagswelt ist also *gleich* linguistischem Sein bzw. dem Sein von Sinn?
- *Heroischer Konstruktivismus:* „Es ist unmöglich, die Interpretation eines Dinges vom Ding an sich zu unterscheiden ... denn die Interpretation des Dinges ist das Ding." „Ethnomethodologen sind ... dahin gelangt, die formale Logik als nichts als ein weiteres System unter vielen anderen zu betrachten. Dieses ist nicht mehr (oder weniger) anwendbar „als Tarock, oder Astrologie, oder Yaqui-Zauberei."[426]

Notiz: Vom heroischen Konstruktivismus wird das, was bei den anderen Beispielen ein sozialontologisches Implikat zu sein scheint, wirklich einmal heroisch als Klartext ausgesprochen! Die Interpretation von Sachverhalten ist *gleich* dem Sachverhalt. Alle die verschiedenen Regeln der *accounting practices* stellen konstitutive Regeln dar, die klassische formale Logik, von der selbst Adorno sagt, sie könne nicht „übersprungen" werden, bedeutet ein Ordnungsprinzip von Erfahrungen, das keinen höheren Rang genießt als etwa die Astrologie oder das Weltverständnis irgendwelcher Schamanen Ich bezeichne diese Version des absoluten Idealismus, der heutzutage eher ganz allgemein als „Konstruktivismus" bezeichnet wird, deswegen als „heroisch“, weil sie zentrale Prämissen formuliert, woran sich keine all jener Personen auch nur ansatzweise hält oder halten kann, welche sie vertreten: (a) Es wimmelt in den entsprechenden Texten nur so von Aussagen, die sich auf Sachverhalte beziehen, die unabhängig „von uns“ als Sachverhalte existieren. Damit wird jedoch wieder mal anerkannt, dass der Begriff der Katze nicht miaut oder der Begriff des Brotes wenig nahrhaft ist. (b) Die starken Prämissen und die Kritiken, die heroische Konstruktivisten an anderen Denkweisen üben, werden zudem allesamt nach den Regeln der klassischen Logik formuliert.

Hinter all dem steht der *konstruktivistische Fehlschluss.* Es stimmt: Alles Ansichsein ist nur für uns ein Ansichsein. Aber daraus folgt nach den Regeln jener Logik, welche sämtliche dekonstruierenden Texte benutzen, *überhaupt nicht,* alles Ansichsein sei immer *gleich* dem Fürunssein.

Ich halte es gleichwohl für unbestreitbar, dass die sprachspieltheoretischen und konstruktivistischen Denkweisen der Gegenwart in verschiedenen Zusammenhängen durchaus befreiend gewirkt haben. Alltagsweltliche Selbstverständlichkeiten werden trotz des Prinzips der ethnomethodologischen Indifferenz reflektiert und (etwa mit Hilfe der berüchtigten Krisenexperimente Garfinkels) geradezu erschüttert. Besonders relevant erscheinen mir die latenten oder manifesten Hinweise darauf, wie körperliche und/oder soziale *Unterschiede* (wie die bloße Farbe der Haut) definitorisch zum Aufhänger für soziale *Ungleichheiten,* für Diskriminierung und Unterdrückung gemacht werden (wurden). Aber spätestens da, wo diese Denkweise heroisch wird, fällt sie auf den Pol des absoluten Idealismus sowie auf gar nicht konsequent durchgehaltene Frontstellungen gegenüber dem Realismus zurück. Fichtes Zirkel wird zum Eiertanz. Oder der heroische Konstruktivismus wird zur Paranoia, wie Mehan und Wood als Vertreter eben dieser Denkweise selbst feststellen.[427]

Ich hoffe, dass mit dieser *introductio brevis* deutlich geworden ist: Kein sozialwissenschaftlicher Gedanke lässt sich frei von philosophischen Implikationen, nicht zuletzt von sozialontologischen Voranhahmen halten.

Literaturverzeichnis

Th. W. Adorno: Negative Dialektik, Frankfurt/M 1966.
Th. W. Adorno (Hrsg.): Spätkapitalismus oder Industriegesellschaft, Stuttgart 1969.
Th. W. Adorno: Philosophische Terminologie, Band 1, Frankfurt/M 1973.
Th. W. Adorno: Soziologische Schriften I, Frankfurt/M 1979.
Th. W. Adorno: Einleitung in die Soziologie, Frankfurt/M 1993.
Th. W. Adorno: Zur Lehre von der Geschichte und der Freiheit, Frankfurt/M 2001.
Aristoteles: Nikomachische Ethik, Ed. F. Dirlmeier), Frankfurt/M 1957 ff.
Aristoteles: Metaphysik. Schriften zur ersten Philosophie, Stuttgart 1970.
Aristoteles: Politik. Schriften zur Staatstheorie, (hrsg. v. F. F. Schwarz), Stuttgart 1989.
Augustinus: Bekenntnisse, Stuttgart 1979.
J. L. Austin: Zur Theorie der Sprechakte. (How to do things with words), Stuttgart 1986.
W. d'Avis: Geisteswissenschaftliche Grundlagen der Naturwissenschaften. Eine Kritik des Szientismus, Weinheim/Basel 2019.
P. L. Berger/Th. Luckmann: Die gesellschaftliche Konstruktion der Wirklichkeit. Eine Theorie der Wissenssoziologie, Frankfurt/M 1970.
E. Bloch: Naturrecht und menschliche Würde, Frankfurt/M 1977.
D. Bloor: Was ist das Ziel der Wissenssoziologie?, in M. Scharping (Hrsg.): Wissenschaftsfeinde? ‚Science Wars' und die Provokation der Wissenschaftsforschung, Münster 2001.
H. Blumer: Social Problems As Collective Behavior, in: Social Problems, Vol. 18/3, 1971.
K.-H. Brodbeck: Die fragwürdigen Grundlagen der Ökonomie. Eine philosophische Kritik der modernen Wirtschaftswissenschaften, Darmstadt 1998.
K.-H. Brodbeck: Die Herrschaft des Geldes. Geschichte und Systematik Darmstadt 2008.
W. Capelle: Die Vorsokratiker. Fragmente und Quellentexte, Stuttgart 1953.
R. Carnap: Scheinprobleme in der Philosophie, Frankfurt/M 1966.
M. T. Cicero : De Officiis. Vom pflichtgemäßen Handeln, Stuttgart 1984, S. 13.
G. A. Cohen: Karl Marx' Theory of History. A Defence, Princeton 1978.
F. Collin: Social Reality, London und New York 1997.
R. Collins: The Sociology of Philosophies. A Global Theory Of Intellectual Change, Cambridge Mass., 1998.
A. Comte: Rede über dem Geist des Positivismus, Hamburg 1956.
A. Danto: Analytical Philosophy of History, Cambridge 1968.
R. Dahrendorf: Gesellschaft und Freiheit. Zur soziologischen Analyse der Gegenwart, München 1962.
É. Durkheim: Über soziale Arbeitsteilung, Frankfurt/M 1988.
J. Elster: Nuts and Bolts für the Social Sciences, New York 1989.
J. Elster: Explaining social Behavior. More Nuts and Bolts for the social sciences, New York 2007.
F. Engels: Der Ursprung der Familie, des Privateigentum und des Staates, MEW 21.
H. Esser: Soziologie. Allgemeine Grundlagen, Frankfurt/New York 1993.
B. Fay: Contemporary Philosophy of Social Science, Oxford 1996.
L. Ferry/A. Renaut: Antihumanistisches Denken. Gegen die französischen Meisterphilosophen, München/Wien 1987.
J. G. Fichte: Erste und zweite Einleitung in die Wissenschaftslehre, Hamburg 1961.
J. G. Fichte: Die Bestimmung des Menschen, Hamburg 1979.
J. G. Fichte: Grundlage des Naturrechts, Hamburg 1979.
M. Foucault: Archäologie des Wissens, Frankfurt/M 1973.

M. Foucault: Die Ordnung des Diskurses, Frankfurt/Berlin/Wien 1977.
M. Foucault: Von der Subversion des Wissens, Frankfurt/Berlin/Wien 1978.
M. Foucault: Sexualität und Wahrheit, Band 3: Die Sorge um sich, Frankfurt/M 1989.
M. Foucault: Analytik der Macht, Frankfurt/M 2005.
M. Foucault: Was ist Kritik?, Berlin 1992.
G. Frege: Schriften zur Logik und Sprachphilosophie. Aus dem Nachlass, Hamburg 1978.
S. Freud: Das Unbehagen in der Kultur, in: Das Unbewusste. Schriften zur Psychoanalyse, Frankfurt/M 1960.
S. Freud: Massenpsychologie und Ich-Analyse. Die Zukunft einer Illusion, Frankfurt/M 1993.
H. G. Gadamer: Wahrheit und Methode, Tübingen 1965.
Chr. Geyer (hrsg.): Hirnforschung und Willensfreiheit. Zur Deutung der neuesten Experimente, Frankfurt/M 2004.
E. Goffman: Das Individuum im öffentlichen Austausch, Frankfurt/M 1974.
A. W. Gouldner: Die westliche Soziologie in der Krise 1, Reinbek bei Hamburg 1974.
D. Graeber: DEBT. The First 5000 Years, New York 2011.
D. Graeber/D. Wengrow: The Dawn of Everything. A New History of Humanity, London 2021.
J. Habermas: Erkenntnis und Interesse, in ders.: Technik und Wissenschaft als Ideologie, Frankfurt/M 1968.
J. Habermas: Nachmetaphysisches Denken. Philosophische Aufsätze, Frankfurt/M 1988.
S. Hahn/H. Kliemt: Wirtschaft ohne Ethik? Eine ökonomisch-philosophische Analyse, Stuttgart 2017.
G. W. F. Hegel: Werke in zwanzig Bänden, Frankfurt/M 1986.
P. B. Hill: Rational-Choice Theorie, Bielefeld 2002.
Th. Hobbes: Vom Menschen. Vom Bürger, Hamburg 1959.
Th. Hobbes: Leviathan oder Stoff. Form und Gewalt eines bürgerlichen und kirchlichen Staates (Ed. Fetscher), Neuwied und Berlin 1966.
M. Horkheimer: Gesammelte Schriften (Hrsg. G. Schmid-Noerr, A. Schmidt), Frankfurt/M 1987 ff.
M. Horkheimer/Th. W. Adorno: Dialektik der Aufklärung, Amsterdam 1947.
P. B. Hill: Rational-Choice Theorie, Bielefeld 2002.
K. H. Ilting: G. W. F. Hegel: Vorlesungen über Rechtsphilosophie (4 Bände), Stuttgart 1973.
H. Ihmig: Ethik und Ökonomie. Zum Eigen-Sinn Sozialer Arbeit in einer Marktgesellschaft, Norderstedt 2022.
I. Kant: Werke in sechs Bänden (hrg. v. W. Weischedel), Darmstadt 1963.
J. Locke: Zwei Abhandlungen über die Regierung, Frankfurt/M 1977.
J. Locke: Versuch über den menschlichen Verstand, Berlin 1997.
N. Luhmann: Gesellschaftsstruktur und Semantik. Studien zur Wissenssoziologie der modernen Gesellschaft, Band 2, Frankfurt/M 1981.
N. Luhmann: Macht, UTB 2003.
E. Luttwark: Turbokapitalismus. Gewinner und Verlierer der Globalisierung, Hamburg 1999.
M. Mann: Geschichte der Macht, drei Bände Frankfurt/New York 1994 und 1998.
K. Marx: Grundrisse der Kritik der politischen Ökonomie (Rohentwurf), Frankfurt/M o. J.
K. Marx/F. Engels:Werke (MEW).
G. H. Mead: Geist, Identität und Gesellschaft aus der Sicht des Sozialbehavorismus, Frankfurt/M 1968.
H. Mehan/H. Wood: the reality of ethnomethodology, New York 1975.
F. Meinecke: Die Entstehung des Historismus, München 1936.
P. Melanchthon: Augsburger Konfession.
L. v. Mises: Nationalökonomie. Theorie des Handelns und Wirtschaftens, Genf 1940.
C. Wright Mills: Die amerikanische Elite, Hamburg 1962.
B. Moore: Ungerechtigkeit. Die sozialen Ursachen von Unterordnung und Widerstand, Frankfurt/M 1987.

G. Mosca: Die politische Klasse (Ed. Skrziepitz), 2020.
St. Müller / J. Ritsert: Gesellschaft und Individuum (in Vorb.) Teil II.
F. Nietzsche: Werke in drei Bänden (Ed. Schlechta), München 1956.
R. Nozick: Anarchy, State And Utopia, 1974.
T. Parsons: The Structure of Social Action (1937), 2. Auflage, New York 1961.
Pelagius: Briefe an Demetrias (Internetquellen).
Platon: Sämtliche Werke, Hamburg 1957 ff.
K. R. Popper: Das Elend des Historizismus, Tübingen 1987 ff.
K. R. Popper: Alles Leben ist Problemlösen. Über Erkenntnis, Geschichte und Politik, 6. Auflage, München 2001.
S. Pufendorf: Über die Pflicht des Menschen und des Bürgers nach dem Gesetz der Natur, Frankfurt / M und Leipzig 1994.
H. Putnam: The Collaps Of The Fact / Value Dichotomy And Other Essays, Cambridge Mass. / London 2004,
J. Rawls: Eine Theorie der Gerechtigkeit, Frankfurt / M 1979.
J. Rawls: Political Liberalism, New York 1993.
J. Rawls: Gerechtigkeit als Fairness – Ein Neuentwurf (hrsg. v. E. Kelly), Frankfurt / M 2003.
J. Rawls: Gerechtigkeit als Fairness – Ein Neuentwurf, Frankfurt / M 2006.
J. Ritsert: Sozialphilosophie und Gesellschaftstheorie, Münster 2004.
J. Ritsert: Gerechtigkeit, Gleichheit, Freiheit und Vernunft. Über vier Grundbegriffe der politischen Philosophie, Wiesbaden 2012.
J. Ritsert: Zur Philosophie des Gesellschaftsbegriffs. Studien über eine undurchsichtige Kategorie, Weinheim / Basel 2017.
J. Ritsert: Wissen, Wahrheit und falsches Bewusstsein, Weinheim / Basel 2020.
J. Ritsert: Philosophie, Erkenntnistheorie und die Grundlagen der Soziologie. Weinheim / Basel 2022.
J. Ritsert: Was ist Dialektik? – Die Antwort von Th. W. Adorno, Frankfurt / M 2022, CD.
M. N. Rothbard: Die Entstehung des Geldes. Veröffentlichung des Ludwig von Mises Instituts, 16.9.2015.
J. J. Rousseau: Über den Staatsvertrag oder Prinzipien des politischen Rechts (Ed. Weigand), München 1959.
J. J. Rousseau: Diskurs über die Ungleichheit, Paderborn 1984
J. J. Rousseau: Über Kunst und Wissenschaft (1750) – Über den Ursprung der Ungleichheit unter den Menschen (1755), Hamburg 1995.
M. Sandel: What Money can't buy. The moral Limits of Markets, New York 2012.
F. Schiller: Über die ästhetische Erziehung des Menschen, Berlin 2019.
F. Schiller: Über Anmut und Würde, in: Schillers Werke in zwei Bänden, Band II, München / Zürich, 1953.
J. R. Searle: The Construction Of Social Reality, New York 1995.
J. R. Searle: Geist, Sprache und Gesellschaft, Frankfurt / M 2001.
A. Sen: On Ethics and Economics, London 1987.
A. Sen: Inequality Reexamined, New York 1992.
A. Sen: Ökonomie für den Menschen. Wege zur Gerechtigkeit und Solidarität in der Marktwirtschaft, München 2000.
G. Simmel: Philosophie des Geldes, Frankfurt / M 1989.
G. Simmel: Soziologie. Untersuchung über die Formen der Vergesellschaftung, Frankfurt / M 1992.
H. Simon: Homo Rationalis. Die Vernunft im menschlichen Leben, Frankfurt / M 1993.
A. Smith: Untersuchung über das Wesen und die Ursachen des Wohlstandes, Frankfurt / M 2009.
O. Spengler: Der Untergang des Abendlandes, München 1972 ff.
B. Spinoza: Ethik in geometrischer Ordnung dargestellt, Hamburg 2012.
A. Schütz: Der sinnhafte Aufbau der sozialen Welt, Frankfurt / M 1974.

A. J. R. Turgot: Betrachtungen über die Bildung und Verteilung des Reichtums, Frankfurt/M 1946.
P. Winch: Die Idee der Sozialwissenschaft und ihr Verhältnis zur Philosophie, Frankfurt/M 1966.
M. Weber: Gesammelte Aufsätze zur Wissenschaftslehre, Tübingen 1922 ff.
M. Weber: Wirtschaft und Gesellschaft, 2 Halbbände (hrsg. v. J. Winckelmann), Köln/Berlin 1956.
M. Weber: Gesammelte Aufsätze zur Religionssoziologie I, Tübingen 1988.
L. Wittgenstein: Tractatus logico-philosophicus. Logisch-philosophische Abhandlung, Frankfurt/M 1963.
L. Wittgenstein: Philosophische Untersuchungen, Frankfurt/M 1967.
L. Wittgenstein: Zettel (hrsg. v. G. E. M. Anscombe und G. H. von Wright), Frankfurt/M 1970.
L. Wittgenstein: Über Gewissheit, Frankfurt/M 1982.

Endnoten

1 Th. W. Adorno: Philosophische Terminologie, Frankfurt/M 1973.
2 M. Horkheimer/Th. W. Adorno: Dialektik der Aufklärung, Amsterdam 1947, S. 18.
3 Aristoteles: Meteorologie I 3 (984 a 5), zitiert bei W. Capelle: Die Vorsokratiker. Fragmente und Quellenberichte, 1953, S. 95. Anaximenes von Milet (585-zwischen 528 u. 524); Demokrit (460/454-um 400–380).
4 Horkheimer und Adorno, a. a. O., S. 22.
5 Ein Buch von Chr. Wolff trägt den Titel: Philosophia practica universalis, mathematica methodo conscripta (1744).
6 I. Kant: Metaphysik der Sitten, in: Werke in sechs Bänden (hrg. V. W. Weischedel), Band IV, Darmstadt 1963.
7 Aristoteles: Metaphysik, Stuttgart 1970, S. 21 (982b10).
8 L. Wittgenstein: Philosophische Untersuchungen, Frankfurt/M 1967, S. 68 (§ 119).
9 L. Wittgenstein: Zettel (hrsg. v. G. E. M. Anscombe und G. H. von Wright), Frankfurt/M 1970, S. 464.
10 A. Comte: Rede über dem Geist des Positivismus, Hamburg 1956, S. 35. (Herv. i. Org.).
11 A.a.O., S. 57 ff.
12 Vgl. W. d'Avis: Geisteswissenschaftliche Grundlagen der Naturwissenschaften. Eine Kritik des Szientismus, Weinheim/Basel 2019.
13 Aristoteles: Politik. Schriften zur Staatstheorie, (hrsg. v. F. F. Schwarz), Stuttgart 1989, S. 78.
14 I. Kant: Metaphysik der Sitten, Werke in sechs Bänden (Ed. Weischedel), Band IV, Darmstadt 1963, S. 432 (A 164).
15 G. W. F. Hegel: Nürnberger und Heidelberger Schriften, Werke in Zwanzig Bänden, Band 4, Frankfurt/M 1970, S. 246.
16 I. Kant: Metaphysik der Sitten, S. 565 ff.
17 A.a.O., S. 560 f.
18 A.a.O., S. 400 ff.
19 M. T. Cicero: De officiis – Vom pflichtgemäßen Handeln, Stuttgart 1984, S. 13.
20 S. Pufendorf: Über die Pflicht des Menschen und des Bürgers nach dem Gesetz der Natur, Kapitel 3; § 2.
21 M. Weber: Gesammelte Aufsätze zur Wissenschaftslehre, (hrsg. v. J. Winckelmann), Tübingen 1922 ff., S. 149.
22 M. T. Cicero, vgl., insbes. S. 149 f., 231 f. und S. 237–241.
23 M. Weber: Gesammelte Aufsätze zur Wissenschaftslehre (hrsg. v. J. Winckelmann), Tübingen 1922 ff., S. 181. (Herv. i. Org.).
24 K. R. Popper in: Adorno, Dahrendorf u. a.: Der Positivismusstreit in der deutschen Soziologie, Frankfurt/M 1989, S. 104 f. (Herv. i. Org.).
25 D. Bloor: Was ist das Ziel der Wissenssoziologie? In: M. Scharping (Hrsg.): Wissenschaftsfeinde? ‚Science Wars' und die Provokation der Wissenschaftsforschung, Münster 2001, S. 15.
26 Das dem nicht so einfach ist, habe ich in anderen Schriften zu zeigen versucht: Vgl. J. Ritsert: Wissen, Wahrheit und das falsche Bewusstsein. Metatheoretische Informationen zum Ideologiebegriff, Weinheim/Basel 2020, S. Kapitel 3 und 4.
27 M. Weber: Gesammelte Aufsätze zur Wissenschaftslehre, a. a. O., S. 163.
28 J. P. Thompson: Ideology And Modern Culture, Oxford 1990, S. 7.
29 Aristoteles: Nikomachische Ethik, a. a. O., S. 118 f. (V/10).
30 G. W. F. Hegel: Grundlinien der Philosophie des Rechts, Werke 7, a. a. O., S. 35.

31 M. Weber: Gesammelte Aufsätze zur Wissenschaftslehre, a. a. O., S. 214.
32 J. Habermas: Erkenntnis und Interesse, in ders.: Technik und Wissenschaft als ‚Ideologie', Frankfurt/M 1968.
33 M. Weber: Gesammelte Aufsätze zur Wissenschaftslehre, a. a. O., S. 166 (Herv. i. Org.).
34 K. Marx/F. Engels: MEW 3, S. 28 ff.
35 M. Weber: Gesammelte Aufsätze zur Wissenschaftslehre, a. a. O., S. 154. (Herv. i. Org.).
36 A.a.O., S. 152.
37 I. Kant: Metaphysik der Sitten, a. a. O., S. 344.
38 Vgl. dazu J. Ritsert: Gerechtigkeit, Gleichheit, Freiheit und Vernunft. Über vier Grundbegriffe der politischen Philosophie, Wiesbaden 2012.
39 D. Rae: Equalities, Cambridge Mass., 1989.
40 I. Kant: Grundlegung zur Metaphysik der Sitten, a. a. O., S. 59. (Herv. i. Org.).
41 J. J. Rousseau: Vom Gesellschaftsvertrag oder Grundsätze des Staatsrechts, Stuttgart 1977, S. 5.
42 I. Kant: Grundlegung zur Metaphysik der Sitten, a. a. O., S. 69.
43 Aristoteles: Metaphysik. Schriften zur Ersten Philosophie, Stuttgart 1970, S. 320 (1074b15).
44 A.a.O., S. 314.
45 G. W. F. Hegel: Enzyklopädie der philosophischen Wissenschaften im Grundrisse (WW 8), § 74 (Herv. i. Org.).
46 Im Anschluss an J. Ritsert: Gerechtigkeit, Gleichheit, Freiheit und Vernunft, a. a. O., S. 93 ff.
47 J. Habermas: Nachmetaphysisches Denken. Philosophische Aufsätze, Frankfurt/M 1988, S, 153 ff.
48 P. B. Hill: Rational-Choice Theorie, Bielefeld 2002, S. 40.
49 K. R. Popper: Alles Leben ist Problemlösen. Über Erkenntnis, Geschichte und Politik, 6. Auflage (1996) München 2001.
50 A. Schütz: Der sinnhafte Aufbau der sozialen Welt, Frankfurt/M 1974, S. 27.
51 Vgl. M. Weber: Gesammelte Aufsätze zur Wissenschaftslehre, a. a. O., S. 432.
52 I. Kant: Grundlegung zur Metaphysik der Sitten, a. a. O., S. 43 (BA 39). (Herv. i. Org.).
53 Im Anschluss an Max Horkheimers Buch ‚Zur Kritik der instrumentellen Vernunft' (Gesammelte Schriften 6) lassen sich drei elementare Typen der Rationalitätsnorm unterscheiden: *Subjektive Vernunft*, *instrumentelle Vernunft* und *objektive Vernunft*.[53] Obwohl Horkheimer keine genau in diese Richtung gehende Einteilung vorschlägt, weist sein Begriff der „subjektiven Vernunft" eine Doppelbedeutung auf: Zum einen wird er mit *Zweckrationalität* identisch gebraucht. Dann geht es um die möglichst gelingende Zuordnung von Mittel zu Zwecken unter den Rahmenbedingungen der jeweiligen Situation sowie je nach dem Kenntnisstand des Handelnden. Dahinter steht in letzter Instanz das Prinzip der Selbsterhaltung durch individuelle Arbeit und kollektive Produktion. Die instrumentelle Vernunft bedeutet eine Verkehrung von Zweckrationalität.
54 M. Horkheimer: Traditionelle und kritische Theorie, in ders.: Gesammelte Schriften, Band 4, S. 162 ff.
55 „Ich verstehe unter einem *Reiche* die systematische Verbindung verschiedener vernünftiger Wesen durch gemeinschaftliche Gesetze." I. Kant: Grundlegung zur Metaphysik der Sitten, a. a. O., S. 66 (BA 75). (Herv. i.Org.). Unter einem „Gesetz" lässt sich in diesem Falle auch das Sittengesetz im Anschluss an die Verpflichtung verstehen, welche der Kategorische Imperativ für substantiell moralische Handlungen vorschreibt.
56 G. W. F. Hegel: Phänomenologie des Geistes, WW 3, S. 147.
57 I. Kant: Grundlegung zur Metaphysik der Sitten, a. a. O., S. 69. (BA 79).
58 Th. W. Adorno: Zur Lehre von der Geschichte und der Freiheit, Frankfurt/M 2001, S. 308.
59 A.a.O., S. 247.
60 A. Sen: Ökonomie für den Menschen. Wege zu Gerechtigkeit und Solidarität in der Marktwirtschaft, München 2002.

61 Der Ausdruck „deontisch“ kommt aus dem Griechischen „deon“, was u. a. das Sollen und die Pflicht bedeutet.
62 A. Sen: On Ethics and Economics, London 1987, S. 10 f.
63 H. Simon: Homo Rationalis. Die Vernunft im menschlichen Leben, Frankfurt/M 1993, S. 23.
64 A.a.O., S. 85.
65 J. Elster: Nuts and Bolts für the Social Sciences, New York 1989, S. 24 (Herv. i. Org.).
66 A. Sen: Inequality Reexaminind, New York 1992, S. 13.
67 Vgl. H. Simon: Homo Rationalis, a. a. O., S. 41.
68 A.a.O., S. 15.
69 Dieser Ismus geht auf die griechische Vokabel *hedone* zurück, die so viel wie Lust, Vergnügen, Freude bedeutet.
70 Bei diesem Ismus werden die Akzente etwas anders als beim Hedonismus gesetzt. Unter *eudaimonia* ist eine gelungene Lebensführung zu verstehen, ein erfülltes Leben, das das Glück, die Glückseligkeit der Person verkörpert.
71 A.a.O., S. 44 f. (Herv. i.Org.).
72 Vgl. J. Ritsert: Sozialphilosophie und Gesellschaftstheorie, Münster 2004, S. 37 ff.
73 F. Schiller: Über die ästhetische Erziehung des Menschen, Zweiter Brief. (Herv. i. Org.).
74 I. Kant: Grundlegung zur Metaphysik der Sitten, Werke (Ed. Weischedel), Band IV, Darmstadt 1963, S. 32. (Herv. i. Org.).
75 „In der Kantischen Moralphilosophie ist die Idee der *Pflicht* mit einer Härte vorgetragen, die alle Grazien davon zurückschreckt und einen schwachen Verstand leicht versuchen könnte, auf dem Wege einer finstern und mönchischen Asketik die moralische Vollkommenheit zu suchen.“ F. Schiller: Über Anmut und Würde, in Schillers Werke in zwei Bänden, München/Zürich, Band II, 1953, S. 545
76 I. Kant: Kritik der praktischen Vernunft, Werke in sechs Bänden, (Ed. Weischedel), Band IV, a. a. O., S. 133 (A 46).
77 A.a.O., S. 210 (A 156). (Herv. i. Original).
78 G. W. F. Hegel: Grundlinien der Philosophie des Rechts (1821), WW 7. Die Gesamtausgabe der verschiedenen Hegelschen Vorlesungen zur Rechtsphilosophie findet sich bei K. H. Ilting: G. W. F. Hegel: Vorlesungen über Rechtsphilosophie (4 Bände), Stuttgart 1973.
79 A.a.O., S. 326 ff.
80 B. Fay: Contemporary Philosophy of Social Science, Oxford 1996, S. 31.
81 G. Frege: Schriften zur Logik und Sprachphilosophie. Aus dem Nachlass, Hamburg 1978, S. 145.
82 R. Collins: The Sociology of Philosophies. A Global Theory Of Intellectual Change, Cambridge Mass., S. 555.
83 Aristoteles: Nikomachische Ethik, a. a. O., S. 118 f.
84 G. W. F. Hegel: Grundlinien der Philosophie des Rechts (1821), a. a. O. § 3 (Herv. i. Org.).
85 Vgl. J. Ritsert: Sozialphilosophie und Gesellschaftstheorie, a. a. O., S. 62 ff. und ders.: Zur Philosophie des Gesellschaftsbegriffs. Studien über eine undurchsichtige Kategorie, Weinheim/Basel 2017, S. 188 ff.
86 Vgl. dazu beispielsweise E. Bloch: „Über das Naturrecht Epikurs und der Stoa“, in ders.: Naturrecht und menschliche Würde, Frankfurt/M 1977, Kapitel 5, S. 23 ff.
87 I. Kant: Grundlegung zur Metaphysik der Sitten, a. a. O., S. 68 (BA 78). (Herv. i. Org.).
88 Ebd.
89 Vgl. Aristoteles: Nikomachische Ethik, a. a. O., S. 205 ff (Buch X 7).
90 I. Kant: Grundlegung zur Metaphysik der Sitten, a. a. O., S. 68.
91 Th. Hobbes: Leviathan oder Stoff, Form und Gewalt eines bürgerlichen und kirchlichen Staates (Ed. Fetscher), Neuwied und Berlin 1966, S. 67. (Herv. i. Org.).
92 *Affectus* bedeutet im Latein u. a. so viel wie „angetan von“, „angenehm berührt.“
93 G. W. F. Hegel: Vorlesungen über die Ästhetik I, WW 13, Frankfurt/M 1970, S. 155 f.

94 I. Kant: Grundlegung zur Metaphysik der Sitten, ebd.

95 Hegel folgend, mache ich einen Unterschied zwischen „Person" und „Subjekt". „Person" wird das menschliche Individuum unter den Einwirkungen innerer und äußerer Existenzbedingungen, die ihren Charakter, nicht zuletzt den Sozialcharakter bestimmen. „Subjekt" ist das Individuum als Träger der Kompetenzen des Selbstbewusstseins und der Selbstbestimmung.

96 I. Kant: Metaphysik der Sitten, a. a. O., S. 600 f. (A 138 f.) (Herv. i. Org.).

97 I. Kant Metaphysik der Sitten, a. a. O., S. 571 (A 96).

98 Vgl. J. Ritsert: Zur Philosophie des Gesellschaftsbegriffs, a. a. O., S. 200 ff.

99 J. Locke: Zwei Abhandlungen über die Regierung, Frankfurt/M 1977, 2. Abhandlung §4.

100 Zur psychoanalytischen Analyse dieses Phänomens vgl. die berühmte Studie von Sigmund Freud über „Massenpsychologie und Ich-Analyse" (1921).

101 Aristoteles: Politik. Schriften zur Staatstheorie, Stuttgart 1989, S. 82.

102 A.a.O., S. 78.

103 K. Marx: Grundrisse der Kritik der politischen Ökonomie (Rohentwurf), Frankfurt/M o. J., S. 6 (Herv. i. Org.)

104 Vgl. F. Engels: Der Ursprung der Familie, des Privateigentum und des Staates, MEW 21. (Neuausgabe dieses Textes 2017 bei Holzinger).

105 Vgl. D. Graeber und D. Wengrow: The Dawn of Everything. A New History of Humanity, London 2021.

106 Zitiert bei E. Bloch: Naturrecht und menschliche Würde, a. a. O., S. 35.

107 Ebd. (Herv. i. Org.).

108 J. J. Rousseau: Diskurs über die Ungleichheit, Paderborn 1984, S. 79.

109 A.a.O., S. 153.

110 A.a.O., S. 135.

111 A.a.O., S. 191. (Herv. i. Org.).

112 A.a.O., S. 173 (Herv. i. Org.). „Konkurrenz und Rivalität auf der einen Seite, Gegensatz der Interessen auf der andern und das stets versteckte Verlangen, seinen Profit auf Kosten anderer zu machen; alle diese Übel sind die erste Wirkung des Eigentums und das untrennbare Gefolge der entstehenden Ungleichheit." J. J. Rousseau: Über die Ungleichheit, a. a. O., S. 209.

113 Vgl. J. J. Rousseau: Über Kunst und Wissenschaft (1750) – Über den Ursprung der Ungleichheit unter den Menschen (1755), Hamburg 1995.

114 J. J. Rousseau: Über die Ungleichheit, a. a. O., S. 207.

115 J. J. Rousseau: Über den Staatsvertrag oder Prinzipien des politischen Rechts (Ed, Weigand), München 1959, Buch 1; Kap. VI.

116 A.a.O., Buch 1; Kap. IV.

117 A.a.O., Buch 1, Kap VI.

118 So vertritt z. B. Cicero die Auffassung, dass Eigentum u. a. durch „Gesetz, Vertrag, Übereinkunft oder Los" zustande komme. M. T. Cicero: Vom pflichtgemäßen Handeln, a. a. O., S. 23.

119 A. J. R. Turgot: Betrachtungen über die Bildung und Verteilung des Reichtums, Frankfurt/M 1946, S. 15.

120 Th. Hobbes: Leviathan, a. a. O., S. 99. (Herv. i. Org.).

121 Th. Hobbes: Vom Menschen. Vom Bürger, Hamburg 1959, S. 83 ff. (Herv. i. Org.).

122 Vgl. Th. Hobbes: Leviathan, a. a. O., S. 94.

123 Th. Hobbes: Vom Menschen. Vom Bürger, a. a. O., S. 87.

124 Th. Hobbes, a. a. O., S. 128 (Herv. i. Org.).

125 J. Locke: Zwei Abhandlungen über die Regierung, A.a.O., S. 66 ff.

126 A.a.O., S. 66.

127 Vgl. zum Überblick J. Ritsert; Sozialphilosophie und Gesellschaftstheorie, a. a. O., S. 84 ff.

128 J. Rawls: Eine Theorie der Gerechtigkeit, Frankfurt/M 1979, S. 23.

129 J. Rawls: Gerechtigkeit als Fairness – Ein Neuentwurf (hrsg. v. E. Kelly), Frankfurt/M 2003, S. 32 f.

130 J. Rawls: Eine Theorie der Gerechtigkeit, a. a. O., S. 21.
131 Vgl. J. Rawls: Gerechtigkeit als Fairness – Ein Neuentwurf, Frankfurt/M 2006, S. 132 ff.
132 J. Rawls: Eine Theorie der Gerechtigkeit, a. a. O., S. 19.
133 A.a.O., S. 28.
134 J. Rawls: Gerechtigkeit als Fairness – Ein Neuentwurf, a. a. O., S. 41.
135 J. Rawls: Gerechtigkeit als Fairness, (hg. V. O. Höffe), Freiburg/München 1977, S. 44.
136 A.a.O., S. 4.
137 Ebd.
138 Ebd.
139 J. Rawls: Eine Theorie der Gerechtigkeit, a. a. O., S. 29 (vgl. auch a. a. O., S. 159 ff.).
140 A.a.O., S. 159.
141 In späteren Überlegungen schränkt Rawls seine Vorannahmen auf westliche Zivilisationen ein. Vgl. J. Rawls: Political Liberalism, New York 1993.
142 J. Rawls: Eine Theorie der Gerechtigkeit, a. a. O., S. 37.
143 J. Rawls: Gerechtigkeit als Fairness, a. a. O., S. 37.
144 J. Rawls: Eine Theorie der Gerechtigkeit, a. a. O., S. 81.
145 I. Kant: Metaphysik der Sitten, a. a. O., S. 345 (AB 45). (Herv. i. Org.).
146 J. Rawls: Eine Theorie der Gerechtigkeit, a. a. O., S. 336.
147 J. Rawls: Gerechtigkeit als Fairness, a. a. O., S. 49 und Seite 42.
148 Vgl. J. Rawls: Eine Theorie der Gerechtigkeit, a. a. O., S. 336.
149 R. Nozick: Anarchy, State And Utopia, 1974, S, 7.
150 Dokumentation bei D. M. Hart/davidmhart.com
151 L. v. Mises: Nationalökonomie. Theorie des Handelns und Wirtschaftens, Genf 1940, S. 45 f.
152 M. N. Rothbard: Die Entstehung des Geldes. Veröffentlichung des Ludwig von Mises Instituts, 16.9.2015.
153 MEW 23; 109.
154 Vgl. z. B. MEW 23; 129.
155 A.a.O., S. 109.
156 A.a.O., S. 23. Graeber sieht das Bartermodell als konstitutiv für das gesamte nationalökonomische Denken an. Es „kann nicht einfach verschwinden." D. Graeber: DEBT. The First 5000 Years, New York 2011, a. a. O., S. 43.
157 A.a.O., S. 40.
158 Vgl. a. a. O., S. 58 ff.
159 A.a.O., S. 59.
160 A.a.O., S. 134.
161 A.a.O., S. 131.
162 A.a.O., S. 61.
163 A.a.O., S. 74 (Herv. i. Org.).
164 A.a.O., S. 13.
165 Vgl. Graeber: DEBT, a. a. O.,
166 A.a.O., S. 29.
167 I. Kant: Kritik der praktischen Vernunft, a. a. O., S. 127.
168 I. Kant: Grundlegung zur Metaphysik der Sitten, a. a. O., S. 81. (Herv. i. Org.).
169 I. Kant: Kritik der praktischen Vernunft, a. a. O., S. 128. (Herv. i. Org.).
170 A.a.O., S. 127 (A 38).
171 A.a.O., S. 144 (A 58).
172 J. G. Fichte: Grundlage des Naturrechts, Hamburg 1979, S. 39.
173 A.a.O., S. 80.
174 I. Kant: Anthropologie in pragmatischer Hinsicht abgefasst, Werke VI, a. a. O., S. 399.
175 S. Freud: Das Unbehagen in der Kultur, in: Das Unbewusste. Schriften zur Psychoanalyse, Frankfurt/M 1960, S. 366.

176 J. Elster: Nuts and Bolts for the Social Sciences, New York 1989, S. 29.
177 A.a.O., S. 101
178 Ebd.
179 J. Elster: Explaining social Behavior. More Nuts and Bolts for the social sciences, New York 2007, S. 7.
180 Bei Prognosen wird q vorausgesagt. Wenn das Gesetz plus Randbedingungen vorhanden oder zu finden sind, woraus sich q ableiten lässt, dann stimmte die Vorhersage.
181 A.a.O., S. 35.
182 A.a.O., S. 3.
183 A.a.O., S. 37.
184 I. Kant: Grundlegung zur Metaphysik der Sitten, a. a. O., S. 18 (BA 1.2). (Herv. i.Org.).
185 A.a.O., S. 22 (BA 7).
186 Fragmente zitiert in W. Capelle: Die Vorsokratiker. Fragmente und Quellentexte, Stuttgart 1953,
S. 140 und 141.
187 Augustinus: Bekenntnisse, Stuttgart 1979, S. 175 (VII; 3).
188 Quelle: Ökumenisches Heiligenlexikon.
189 B. Spinoza: a. a. O., 48. Lehrsatz. Vgl. auch 17. Lehrsatz, Folgesatz 2 und 32. Lehrsatz.
190 W. Singer in: Chr. Geyer (hrsg.): Hirnforschung und Willensfreiheit. Zur Deutung der neuesten Experimente, Frankfurt/M 2004, S. 30 ff.
191 Aristoteles: Nikomachische Ethik, a.a.O, S. 56 (III/1) und 57 (III/3).
192 Pelagius: Briefe an Demetrias.
193 P. Melanchthon: Augsburger Konfession, XVIII. Artikel.
194 J. Locke: Versuch über den menschlichen Verstand, II, Kapitel 21/Abschnitt 27, Berlin 1997.
195 B. Walden in Chr. Geyer (Hrsg.): Hirnforschung und Willensfreiheit, a. a. O., S. 148 ff.
196 I. Kant: Grundlegung zur Metaphysik der Sitten, a. a. O., S. 91 (BA 113).
197 A.a.O., S. 92 (BA 113).
198 A.a.O., S. 97 (BA 121).
199 J. G. Fichte: Erste und zweite Einleitung in die Wissenschaftslehre, Hamburg 1961 ff., S. 48. (Herv. i. Org.).
200 A.a.O., S. 9.
201 A.a.O., S. 14.
202 Ebd.
203 A.a.O., S. 15 f.
204 A.a.O., S. 17.
205 Ebd.
206 A.a.O., S. 19.
207 A.a.O., S. 21.
208 I. Kant: Grundlegung zur Metaphysik der Sitten, a. a. O., S. 92 (BA 114).
209 Diese Interpretation der Freiheitsantinomie habe ich in verschiedenen Schriften vorgeschlagen. Z.B. in: J. Ritsert: Summa Dialectica. Ein Lehrbuch zur Dialektik, Weinheim/Basel 2017, S. 37 ff.
210 I. Kant: Kritik der reinen Vernunft, Werke II, a. a. O., S. 426 ff.
211 J. G. Fichte: Die Bestimmung des Menschen, Hamburg 1979, S. 15.
212 I. Kant: Prolegomena zu einer jeden künftigen Metaphysik, die als Wissenschaft wird auftreten können, Werke Band III, a. a. O., S. 189 (§ 36) (Herv. i. Org.).
213 A.a.O., S. 159 (§ 14)
214 A.a.O., S. 189 (§ 36).
215 Vgl.: „Dass unseren äußeren Wahrnehmungen etwas Wirkliches außer uns nicht bloß korrespondiert, sondern auch korrespondieren müsse, kann gleichfalls niemals als Verknüpfung der Dinge an sich selbst, wohl aber zum Behuf der Erfahrung bewiesen werden." A.a.O., S. 207

(§ 49). Die Verknüpfungen der „Vorstellung in uns" können nur „von den Grundsätzen der Verknüpfung derselben in uns", d. i. „von den Bedingungen der notwendigen Vereinigung in einem Bewusstsein" ausgehen. A.a.O., S. 188 (§ 36).

216 A.a.O., S. 172 (§ 23).

217 I. Kant: Kritik der reinen Vernunft, a. a. O., S. 226 (2. Analogie; Herv. i. Org.).

218 Im Anschluss an J. Ritsert: Reichtum, Macht und Ehre, Münster 2018, S. 105 ff.

219 M. Weber: Wirtschaft und Gesellschaft, a. a. O., 2 Halbbände (hrsg. v. J. Winckelmann), Teil I § 16, S. 38.

220 Ebd.

221 Ebd.

222 A.a.O., S. 153.

223 A.a.O., S. 152.

224 M. Weber: Wirtschaft und Gesellschaft, Teil II, a. a. O., S. 704.

225 A.a.O., 717.

226 Vgl. a. a. O., S. 716.

227 Ebd.

228 M. Weber: Wirtschaft und Gesellschaft, Teil I, a. a. O., S. 179.

229 A.a.O., S. 179 (Herv. i. Org.).

230 Die Trump-Administration erscheint in mancherlei Hinsichten als eine gefährliche Karikatur dieses Beziehungstypus.

231 Vgl. a. a. O., S. 182.

232 A.a.O., S. 183 (Herv. i. Org.).

233 M. Weber: Wirtschaft und Gesellschaft, Teil II, a. a. O., S. 846. Im Teil II, im Kapitel IX über „Herrschaftssoziologie" aus „Wirtschaft und Gesellschaft" hat Weber eine sehr detaillierte sozialgeschichtliche Untersuchung chung der drei Herrschaftstypen durchgeführt.

234 B. Moore: Ungerechtigkeit. Die sozialen Ursachen von Unterordnung und Widerstand, Frankfurt/M 1987, S. 581.

235 Ebd.

236 A.a.O., S. 583.

237 A.a.O., S. 587.

238 Vgl. J. Ritsert: Reichtum, Macht und Ehre, a. a. O., S. 61 ff.

239 B. Moore, a. a. O., S. 587.

240 A.a.O., S. 588.

241 A.a.O., S. 585.

242 Vgl. C. Wright Mills: Die amerikanische Elite, Hamburg 1962.

243 G. Mosca: Die herrschende Klasse, englische Ausgabe von 1939 (E-Book), inzwischen gibt es eine Neuausgabe (2020) mit dem Titel ‚Die politische Klasse' (Ed. Skrziepitz).

244 R. Dahrendorf: Gesellschaft und Freiheit. Zur soziologischen Analyse der Gegenwart, München 1962, S. 154. Vgl. J. Ritsert: Reichtum, Macht und Ehre, a. a. O., S. 105 ff.

245 M. Mann: Geschichte der Macht, drei Bände Frankfurt/New York 1994 und 1998.

246 A.a.O., S. 9. (Majuskeln i. Org.).

247 Vgl. a. a. O., S. 18.

248 A.a.O., S. 19.

249 A.a.O., S. 22.

250 Ebd.

251 G. Simmel: Philosophie des Geldes, Frankfurt/M 1989, S. 672.

252 M. Mann: Geschichte der Macht, a. a. O., S. 23.

253 A.a.O., S. 24.

254 Ebd.

255 A.a.O., S. 25.

256 A.a.O., S. 46 ff., Zitat S. 56.

257 A.a.O., S. 47. (Herv. i. Org.).
258 A.a.O., S. 49. (Herv. i. Org.).
259 Ebd.
260 A.a.O., S. 50.
261 A.a.O., S. 53.
262 Friedrich Nietzsche: Werke in drei Bänden (Ed. Schlechta), München 1956, Band 3, S. 604 (Herv. i. Org.). Den Sozialismus versteht Nietzsche als ein „Agitationsmittel des Individualismus", den Anarchismus als „Agitationsmittel des Sozialismus."
263 A.a.O., S. 605. (Herv. i. Org.).
264 F. Nietzsche: Werke, a. a. O., Band 2, S. 976 f.
265 F. Nietzsche: Werke, a. a. O., Band 1, S. 878.
266 A.a.O., S. 1015. (Herv. i. Org.).
267 F. Nietzsche: Werke, a. a. O., Band 2, S. 344
268 L. Ferry/A. Renaut: Antihumanistisches Denken. Gegen die französischen Meisterphilosophen, München/Wien 1987, S. 81 ff.
269 F. Nietzsche, Werke in drei Bänden, a. a. O., Band 3, S. 489. (Herv. i. Org.).
270 A.a.O., S. 534.
271 A.a.O., S. 487. (Herv. i. Org.).
272 A.a.O., S. 917. (Herv. i. Org.).
273 A.a.O., S. 483. (Herv. i. Org.).
274 F. Nietzsche: Werke in drei Bänden, a. a. O., Band 1, S. 240.
275 Vgl. J. Ritsert: Wissen, Wahrheit und falsches Bewusstsein, Weinheim/Basel 2020, S. 105 ff.
276 M. Foucault: Analytik der Macht, Frankfurt/M 2005, S. 256.
277 M. Foucault: Archäologie des Wissens, Frankfurt/M 1973, S. 175.
278 M. Foucault: Die Ordnung des Diskurses, Frankfurt/Berlin/Wien, S. 14.
279 A.a.O., S. 30.
280 A.a.O., S. 19.
281 M. Foucault: Von der Subversion des Wissens, Frankfurt/Berlin/Wien 1978, S. 16.
282 A.a.O., S. 28 f.
283 A.a.O., S. 114.
284 A.a.O., S. 43.
285 M. Foucault: Sexualität und Wahrheit, Band 3: Die Sorge um sich, Frankfurt/M 1989, alle Zitate S. 59.
286 M. Foucault: Was ist Kritik? Berlin 1992, S. 20.
287 I. Kant: Beantwortung der Frage: Was ist Aufklärung? in: Werke in sechs Bänden, a. a. O., Band 6, S. 53 ff. (A 481 ff.).
288 Vgl. J. Ritsert: Reichtum, Macht und Ehre, a. a. O., S. 116 ff.
289 N. Luhmann: Macht, UTB 2003, S.
290 A.a.O., S.
291 A.a.O., S.
292 A.a.O., S.
293 G. W. F. Hegel: Vorlesungen über die Philosophie der Geschichte. Werke in zwanzig Bänden, Band 12, Frankfurt/M 1970, S. 22.
294 G. W. F. Hegel: Phänomenologie des Geistes, Werke Band 3, a. a. O., S. 33 f.
295 G. W. F. Hegel: Vorlesungen über die Philosophie der Geschichte, a. a. O., S. 11.
296 F. Schiller: Was heißt und zu welchem Ende studiert man Universalgeschichte, in F. Schiller: Werke in zwei Bänden, Band 2, München/Zürich 1953, S. 967.
297 A.a.O., S. 967.
298 A.a.O., S. 966.
299 A.a.O., S. 965.
300 I. Kant: Kritik der reinen Vernunft, Werke in sechs Bänden, Band II, a. a. O., S. 78 (B 46).

301 A.a.O., S. 82 (B 52).
302 Augustinus: Bekenntnisse, Stuttgart 1950, S. 330.
303 G. W. F. Hegel: Vorlesungen über die Philosophie der Geschichte, a. a. O., S. 23.
304 Ebd.
305 A.a.O., S. 11 ff. Vgl. J. Ritsert: Geschichtsbilder und Gesellschaftstheorie, a. a. O., S. 26 ff.
306 G. W. F. Hegel: Vorlesungen über die Philosophie der Geschichte, a. a. O., S. 31.
307 A.a.O., S. 31.
308 Nietzsche schreibt allerdings „Historie", worunter ich jedoch die Realgeschichte verstehe. Vgl. F. Nietzsche: Vom Nutzen und Nachteil der Historie für das Leben, in: F. Nietzsche: Werke in drei Bänden, Band 1, München 1954, S. 221 ff.
309 A.a.O., S. 222.
310 A.a.O., S. 228.
311 A.a.O., S. 222.
312 A.a.O., S. 233
313 F. Meinecke: Die Entstehung des Historismus, München 1936, Band 1, S. 2.
314 F. Nietzsche: Werke, Band 1, a. a. O., S. 225.
315 A.a.O., S. 225 (erv. i. Org.).
316 A.a.O., S. 211.
317 A.a.O., S. 219.
318 Ebd.
319 E. Bloch: Naturrecht und menschliche Würde, a. a. O., S. 13 (Herv. i. Orig,).
320 G. W. F. Hegel: Vorlesungen über die Philosophie der Geschichte, a. a. O., S. 17.
321 Platon: Sämtliche Werke, Band 2, Hamburg 1957 ff., S. 23 (82 a).
322 A.a.O., S. 21 f. (81 c).
323 F. Nietzsche: Werke in 3 Bänden, Band II, A.a.O., S. 463.
324 O. Spengler: Der Untergang des Abendlandes, München 1972 ff., S. 3. (Herv. i. Org.).
325 A.a.O., S. 29.
326 H. G. Gadamer: Wahrheit und Methode, Tübingen 1965, S. 161 (Herv. i. Org.).
327 A.a.O., S. 275.
328 A.a.O., S. 269.
329 I. Kant: Idee zu einer allgemeinen Geschichte in weltbürgerlicher Absicht, Werke, Band VI, a. a. O., S. 34 (A 387).
330 M. Weber: Gesammelte Aufsätze zur Wissenschaftslehre, a. a. O., S. 171.
331 D. Graeber / D. Wengrow: The Dawn of Everything. A New History of Humanity, London 2021, S. 448.
332 K. R. Popper: Das Elend des Historizismus, Tübingen 1987 ff.
333 A. Danto: Analytical Philosophy of History, Cambridge 1968, S. 233 ff.
334 A.a.O., S. 235.
335 A.a.O., S. 214. (Herv. i. Org.).
336 Vgl F. Engels in einem Brief an C. Schmidt MEW 37, S. 436.
337 I. Kant: Grundlegung zur Metaphysik der Sitten, a. a. O., S. 18 (BA 1).
338 F. Engels: Brief an J. Bloch vom 21.9,1890, MEW 37, S. 462.
339 Vgl. G. A. Cohen: Karl Marx' Theory of History. A Defence, Princeton 1978, S. 150 ff.
340 MEW 3, S. 28.
341 Ebd.
342 A.a.O., S. 29.
343 I. Kant: Werke in sechs Bänden, Band III, S. 448 (A 25) (Herv. i. Org.).
344 Vgl. J. Ritsert: Zur Philosophie des Gesellschaftsbegriffs. Studien über eine undurchsichtige Kategorie, Weinheim / Basel 2017.
345 É. Durkheim: Über soziale Arbeitsteilung, Frankfurt / M 1988, S. 110.

346 Vgl. G. Simmel: Soziologie. Untersuchung über die Formen der Vergesellschaftung, Frankfurt/M 1992, S. 42 ff.
347 G. Simmel: Das Problem der Soziologie, a. a. O., S. 43.
348 A.a.O., S. 19.
349 A.a.O., S. 47.
350 Vgl. T. Parsons: The Structure of Social Action (1937), 2. Auflage, New York 1961, S. 89 ff.
351 A.a.O., S. 91.
352 R. Dahrendorf: Gesellschaft und Freiheit. Zur soziologischen Analyse der Gegenwart, München 1962, S. 124.
353 A. W. Gouldner: Die westliche Soziologie in der Krise 1, Reinbek bei Hamburg 1974, S. 306.
354 N. Luhmann: Gesellschaftsstruktur und Semantik. Studien zur Wissenssoziologie der modernen Gesellschaft, Band 2, Frankfurt/M 1981, S. 195.
355 A.a.O., S. 198.
356 E. Goffman: Das Individuum im öffentlichen Austausch, Frankfurt/M 1974, S. 41.
357 Vgl. dazu St. Müller/J. Ritsert: Gesellschaft und Individuum (in Vorb.) Teil II.
358 A. Comte: Rede über den Geist des Positivismus, Hamburg 1956, S. 109.
359 R. Dahrendorf: Gesellschaft und Freiheit, a. a. O., S. 110.
360 A.a.O., S. 154.
361 A.a.O., S. 125.
362 Vgl. E. Luttwark: Turbokapitalismus. Gewinner und Verlierer der Globalisierung, Hamburg 1999.
363 G. W. F. Hegel: Grundlinien der Philosophie des Rechts, a. a. O., § 191. (Herv. i. Org.).
364 G. W. F. Hegel: Jenaer Realphilosophie, Hamburg 1969 ff., S. 215. (Herv. i. Org.).
365 É. Durkheim: Über soziale Arbeitsteilung, a. a. O., S. 112.
366 A.a.O., S. 109.
367 A.a.O., S. 160.
368 A.a.O., S. 156.
369 A.a.O., S. 185.
370 A.a.O., S. 102.
371 A.a.O., S. 110.
372 A.a.O., S. 267.
373 A.a.O., S. 44.
374 Ebd.
375 M. Weber: Gesammelte Aufsätze zur Wissenschaftslehre, a. a. O., S. 501. (Herv. i. Org.).
376 A.a.O., S. 157 (Herv. i. Org.).
377 A.a.O., S. 529.
378 Vgl. a. a. O., S. 510 f.
379 A.a.O., S. 507.
380 H. Putnam: The Collaps Of The Fact/Value Dichotomy And Other Essays, Cambridge Mass./London 2004, S. 9.
381 A.a.O., S. 7.
382 A.a.O., S. 30 (Herv. i. Org.).
383 M. Weber: Gesammelte Aufsätze zur Wissenschaftslehre, a. a. O., S. 599 f.
384 M. Weber: Gesammelte Aufsätze zur Religionssoziologie I, Tübingen 1988 ff., S. 49.
385 J. Habermas: Erkenntnis und Interesse, in ders.: Technik und Wissenschaft als Ideologie, Frankfurt/M 1968, S. 146 ff.
386 A.a.O., S. 157.
387 Ebd.
388 A.a.O., S. 162.
389 M. Weber: Gesammelte Aufsätze zur Wissenschaftslehre, a. a. O., S. 163.

390 D. Bloor: Was ist das Ziel der Wissenssoziologie?, in M. Scharping (Hrsg.): Wissenschaftsfeinde? ‚Science Wars' und die Provokation der Wissenschaftsforschung, Münster 2001, S. 15.
391 W. Capelle (hg.): Die Vorsokratiker. Die Fragmente und Quellenberichte, a. a. O., S. 165. (Herv. i. Org.).
392 F. Collin: Social Reality, London und New York 1997.
393 Vgl. J. Ritsert: Philosophie des Gesellschaftsbegriffs, a. a. O., S. 73 f.
394 G. W. F. Hegel: Enzyklopädie der philosophischen Wissenschaften im Grundrisse, WW 8. § 26 ff.
395 L. Wittgenstein: Tractatus logico-philosophicus. Logisch-philosophische Abhandlung, Frankfurt / M 1963, Aphorismus 1.
396 K. Marx: MEW 23, S. 86.
397 R. Carnap: Scheinprobleme in der Philosophie, Frankfurt / M 1966, S. 77.
398 Th. W. Adorno (Hrsg.): Spätkapitalismus oder Industriegesellschaft, Stuttgart 1969, S. 153.
399 Th. W. Adorno: Soziologische Schriften I, Frankfurt / M 1979, S. 544.
400 Th. W. Adorno: Einleitung in die Soziologie, Frankfurt / M 1993, S. 31.
401 A.a.O., S. 41.
402 Arbeitsgruppe Bielefelder Soziologen (Hg.): Alltagswissen, Interaktion und gesellschaftliche Wirklichkeit, Band 1, Reinbek b. Hamburg 1973, S. 84.
403 Vgl. J. R. Searle: Geist, Sprache und Gesellschaft, Frankfurt / M 2001, S. 147 f. Searle bezeichnet den zweiten Typus als „regulative Regeln". Das klingt nach einem Pleonasmus. Deswegen verwende ich den Ausdruck „direktive Regel".
404 A.a.O., S. 147.
405 A.a.O., S. 136.
406 A.a.O., S. 160.
407 A.a.O., S. 149.
408 Vgl. J. R. Searle: The Construction Of Social Reality, New York 1995, S, 23.
409 Vgl. a. a. O., S. 27.
410 A.a.O., S. 43 ff und J. R. Searle: Geist, Sprache und Gesellschaft, a. a. O., S. 154 ff.
411 Zu den Facetten von Durkheims Dingbegriff vgl. J. Ritsert: Zur Philosophie des Gesellschaftsbegriffs, a. a. O., S. 75 ff.
412 J. L. Austin: Zur Theorie der Sprechakte. (How to do things with words), Stuttgart 1986.
413 G. H. Mead: Geist, Identität und Gesellschaft aus der Sicht des Sozialbehavorismus, Frankfurt / M 1968, S. 331.
414 A.a.O., S. 24 (Aph. 23) und S. 169 (Aph, 491).
415 L. Wittgenstein: Über Gewissheit, Frankfurt / M
416 L. Wittgenstein: Philosophische Untersuchungen, a. a. O., S. 17 (Aph. 7).
417 Vgl. I. Kant: Werke in sechs Bänden, Band V, a. a. O., S. 526.
418 J. R. Searle: Geist, Sprache und Gesellschaft, a. a. O., S. 159.
419 A.a.O., S. 185.
420 Finn Collin: Social Reality, a. a. O., S. 5.
421 Vgl. a. a. O., S. 4 f.
422 P. L. Berger / Th. Luckmann: Die gesellschaftliche Konstruktion der Wirklichkeit. Eine Theorie der Wissenssoziologie, Frankfurt / M 1970, S. 164.
423 H. Blumer: Social Problems As Collective Behavior, in: Social Problems, Vol. 18/3 (1971), S. 298.
424 P. Winch: Die Idee der Sozialwissenschaft und ihr Verhältnis zur Philosophie, Frankfurt / M 1966, S. 34.
425 Arbeitsgruppe Bielefelder Soziologen (Hg.): Alltagswissen, Interaktion und gesellschaftliche Wirklichkeit, Band 2, Reinbek b. Hamburg 1973, S. 270.
426 H. Mehan / H. Wood: the reality of ethnomethodology, New York 1975, S. 69 (Zitat bei H. Schwartz) und S. 66.
427 A.a.O., S. 152 ff.